U0944488

特区高山样板
——白交祠村

戴嘉树 沈建阳 郑敬夫◎著

Wuhan University Press
武汉大学出版社

图书在版编目（CIP）数据

特区高山样板：白交祠村 / 戴嘉树，沈建阳，郑敬夫著．— 武汉：武汉大学出版社，2021.11

ISBN 978-7-307-22556-5

Ⅰ．特…　Ⅱ．①戴…　②沈…　③郑…　Ⅲ．农村 — 社会主义建设 — 概况 — 同安区　Ⅳ．F327.575

中国版本图书馆 CIP 数据核字（2021）第 182361 号

责任编辑：黄朝昉　　　责任校对：牟　丹　　　版式设计：中北传媒

出版发行：武汉大学出版社　（430072　武昌　珞珈山）

（电子邮箱：cbs22@whu.edu.cn　网址：www.wdp.com.cn）

印刷：三河市天润建兴印务有限公司

开本：710×1000　1/16　　印张：19.5　　字数：284 千字

版次：2021 年 11 月第 1 版　　2021 年 11 月第 1 次印刷

ISBN 978-7-307-22556-5　　定价：86.00 元

时代的缩影（序）

李泉佃

作为地处厦门的高校，近年来集美大学乡村文化研究中心团队在戴嘉树主任的带领下，将乡村文化的研究投向厦门市同安区，在同安区委区政府的支持下，启动“同安乡土文化丛书”大型系列丛书编撰工作。目前他们已编撰了三本，分别为《脱贫致富的乡村典范——军营村》《特区高山样板——白交祠村》《独特的乡村文化形态——竹坝农场》)，并已陆续付梓。

利用辛丑年春节假期，我把这套近 70 万字的著作浏览了一遍，深感这是一套紧扣时代脉搏，客观、系统、全面地反映军营村、白交祠村和竹坝农场（竹坝华侨农场）这三个村（场）的自然、政治、经济、社会、人文诸方面的历史与现状的佳作。

“同安乡土文化丛书”主笔戴嘉树主任让我作一篇序。同安是我的第二故乡，而且于我而言，缘分就是一次奇妙的旅行，让我与同安再次交集；我对同安的情况应当说是有所了解，比如，书中着墨的军营村、白交祠村、竹坝农场等，我曾数次踏足；但要真正落笔写序，仍是颇费思量。考虑许久，我觉得还是从书中写到的三个村（场）和“同安乡土文化丛书”两个方面简约谈一点自己的感受。

首先，三个村（场）是同安区十分寻常的村庄。论面积、人口，三个村（场）在同安区的 80 余个行政村中，都不算大、不算多；论经济实力，它们也远不及同安区的一些沿海村；论知名度，它们在相当长的时间里，也是榜上无名，或者叫“养在深闺人未识”。尤其是军营村、白交祠村，虽然它们是厦门市海拔最高的行政村，但在人们的印象中，也不过是同安区西北部偏僻的山旮旯。

当然，与全国无数个乡村一样，沐浴着改革开放的春风，三个村（场）同样行进在中国特色社会主义的康庄大道上；那里的村民（场员）也和亿万中国农民一样淳朴善良，用勤劳的双手，一天天改变着村（场）的面貌。

但是，三个村（场）又是同安区非同寻常的村庄。

一个众所周知的原因是，军营村、白交祠村是让习近平总书记牵肠挂肚的两个山村。

历史不会忘记，1985 年 6 月，习近平同志从河北省正定县委书记的岗位上调到厦门工作，担任中共厦门市委常委、副市长。在厦门工作期间，习近平同志直接挂钩联系厦门市最边远、最贫困的老区山区村——莲花镇军营村和白交祠村。

1986 年 4 月 7 日，习近平同志沿着弯弯曲曲的羊肠小道，风尘仆仆地首次来到军营村、白交祠村访贫问苦，与村干部共商脱贫致富大计，提出了“山上戴帽、山下开发”的全新发展理念。

1998 年 10 月 16 日，时任中共福建省委副书记的习近平同志再次走进军营村、白交祠村，提出要搞好教育，提升村民文化水平；大力发展经济，提高村民收入水平。

习近平同志到中央工作之后，仍然时常挂念厦门老区边区的发展情况。2010 年春节，时任中央政治局常委、中央书记处书记、国家副主席的他，还专门向厦门市领导询问了军营村、白交祠村的发展情况。

习近平同志的两次视察和多次关心，为军营村、白交祠村的发展指明了方向。30 多年来，两个村子的人民遵循习近平总书记的谆谆教诲，发挥艰苦奋斗、自力更生的精神，走上了经济、文化、社会全面快速发展的快车道，成为福建省和厦门市“百姓富、生态美”的明星村庄和新农村建设的典范村庄。

竹坝农场之所以成为明星村庄，一个鲜为人知的原因是它的特殊性。20 世纪 60 年代以来，这个仅十多平方千米的农场，担负着特殊的使命，陆续安置了来自印尼、越南、柬埔寨、泰国、缅甸、新加坡、马来西亚、菲律宾的 5000 多名归侨，所以，竹坝农场一度被称作华侨农场，但几乎长期不为外人所知；20世纪70年代、90年代，竹坝农场还先后安置了山美水库和三峡水库的移民。华侨带来了异国的风情舞蹈、南洋美食、斑斓服饰、风土人情，以及有别于本土的人体、语言等特征，对于研究东南亚国家的民俗文化，领略异国风情具有重要的意义；而其他省份的移民也带来了当地的民风民俗。侨民、移民、原住民的交融，形成了竹坝农场独特的乡村文化形态。

当然，我更愿意将“同安乡土文化丛书”看作三个村（场）的演变史。

在我看来，乡村文化人，应该深植于乡村厚土，懂得农民的喜乐哀愁，有着强烈的文化自觉和历史使命感，这样才能让文化“留下来”。作为一部演变史，“同安乡土文化丛书”有着厚重的历史感。

“同安乡土文化丛书”按照详今略古的原则，全面记述了三个村（场）自然、政治、经济、文化、社会等各个方面的历史与现状，史料翔实，内容全面，文笔洗练；书中有自然演变、农事活动、时代更迭、民风民俗、家族谱系、历史事件、历史古迹、人物传略等内容，可以说是一套完全符合一般志书要求的乡村志。

有关军营村、白交祠村的历史，“同安乡土文化丛书”就提及，明末清初，郑成功以控制东南沿海地区的海外贸易为经济基础，以厦门、金门为抗清复明的基地，修筑了多处城寨作为驻扎和训练军队的营地，如高崎寨、嘉兴寨、集美寨、龙头山寨等，成为这一时期厦门城寨的一个特点。近年来，人们在厦门同安区莲花镇西北部的军营村、白交祠村等村落相继发现许多古寨遗址和废弃的烽火台，更有甚者在军营村中发现了埋藏很久、类似明清年代的喂马槽，不禁让人对军营村的名称由来与郑成功安军扎营的历史联系产生了无限遐想。

尤其是对于军营村名称的由来，有很多种说法，但却无人可以拿出确切依据。为此，“同安乡土文化丛书”的作者走访了当地老人，据他们回忆，该村建村历史应该可以追溯到四五百年前，恰好与明末清初这个时间节点吻合，虽然现存的相关记载和历史遗物已经很难考证，但“同安乡土文化丛书”作者大胆地做出以下分析：军营村位于同安区莲花镇西北部，与漳州长泰、安溪大坪成犄角之势，紧邻南安市，地理位置十分突出，可想而知作为当初东南沿海地区防御的军事基地的可能性非常大。况且军营村村庄坐落处地势平坦，视野开阔，非常适宜驻扎军队和作为训练军队的营地；再加上周边地势高峻险要，易守难攻，是军队安营扎寨的理想选择。

相对而言，竹坝农场的史料就比较欠缺了。2006 年，我还在报社工作期间，曾读过《华声报》上的一篇文章，题目叫《在同安竹坝华侨农场的岁月》。作者写到，当时只有五六岁的他，随父母从印尼辗转广州，再到同安竹坝农场。当时，竹坝不见大树，只长茅草，一片光秃秃的山丘。农场硬是平整出一片片地来，并种上了日后成为农场支柱产业的龙眼树。为了解决孩子们的读书问题，先是借用当地废弃的养猪场，直至 1961 年，农场的大礼堂建好了，学校才搬回农场。当时的大礼堂，没有隔墙，从一年级到六年级，都挤在一块。到 1962 年，农场才有了真正意义上的小学。

诸此种种，“同安乡土文化丛书”作为学术性著述而非文学性作品，虽然无法描绘得更为丰满、细腻，但作者历尽艰辛，面对汗牛充栋的史料，或整理，或访谈，或口录，像从浩瀚大海里捞起了一枚枚贝壳，而这一枚枚精美的贝壳，则是三个村（场）宝贵的精神财富，是走出家乡远离故土的人们认识家乡、了解家乡的特殊礼物。特别是对后代子孙，“同安乡土文化丛书”就更是他们将来缅怀先人、寻根觅祖的可靠依据，仅凭这一点，我就对作者充满了深深的敬意！

一个时代有一个时代的文化。当代同安农村正经历着广泛而深刻的历史变革，也正在进行宏大而独特的脱贫攻坚和乡村振兴的实践创新。作为一部演变史，“同安乡土文化丛书”又呈现出鲜明的时代感。

军营村、白交祠村是古老而又年轻的村庄。两个村子位于厦门、漳州、泉州三市交界的地方，海拔 1000 米左右，云雾游离在重山之间，宁静雅致，舒爽怡人，人文资源、自然资源十分丰富。但在中华人民共和国成立前，漫长的封建统治，风雨飘摇，苛捐杂税繁多，留给村民的只是贫穷和荒凉；即使到了 20 世纪八九十年代，由于它们是全市海拔最高、最偏远的村子，仍然是厦门经济特区的偏僻穷山村。

同样，竹坝农场虽然素有“小联合国”之称，但从建场归属国务院侨联管理直至 1997 年下放到地方之前，农场的发展仍然以种植果树为主，仍然实行公社化时期的“一平二调”（即平均主义、无偿调拨）政策，产业发展单一，文化生活单调，职工生活也十分清苦。

改革开放后，尤其是党的十八大以来，三个村（场）认真学习贯彻落实习近平总书记关于脱贫攻坚以及乡村振兴系列重要讲话精神，尤其是遵循习近平总书记“乡村振兴既要塑形，也要铸魂”的重要指示，在推进乡村文化振兴“铸魂”的过程中，始终牢记产业兴旺、生态宜居、乡风文明、治理有效、生活富裕的总要求，致力于通过特色文化与现代农业的深度融合，走“农、文、旅”结合的绿色发展路径，催发“产业兴旺”这一乡村振兴核心动力，最终实现“生活富裕”的乡村振兴目标。

以竹坝农场为例，党的十九大后，他们与厦门国贸控股集团有限公司开展紧密合作，以侨文化为核心，通过南洋风情建筑等硬件提升、特色歌舞文化等软件培育，开展“铸魂”工程，并依托成熟的现代科技农业资源，打好“侨牌”和“农牌”，推动文化旅游与现代科技农业融合发展，为农民的转产就业和增收搭建平台，给农民带来最直观的幸福感和获得感，先后荣获全省侨务工作先进单位、省级休闲农业示范点、省级安全社区、福建省乡村旅游休闲集镇等荣誉称号。

同样，军营村、白交祠村良好的村容村貌、配套的生活设施、整洁的环境卫生、独特的文化品牌，也使昔日的穷山村，蜕变成福建省和厦门市“百姓富、生态美”的明星村。所以，从这个意义上看，总书记“山上戴帽、山下开发”的嘱托与“绿水青山就是金山银山”的发展理念是一脉相承的，都是我国乡村振兴战略的伟大实践。

总之，“同安乡土文化丛书”既生动再现了改革开放后三个村（场）的沧桑巨变，也再现了乡民在历史巨变中的思想感情、心理状态和理想追求，从而唱响了共产党好、社会主义好、改革开放好的主旋律；是一部让人们从更深层次认识如何用文化为乡村振兴“铸魂”的极好教材，人们可以通过它追踪历史、着眼现实、规划未来，推动社会主义新农村文化建设。

古往今来多少事，尽在长河大海中。三个村（场）历经社会变革和人间沧桑，留下了丰富而鲜明的时代印记。重塑乡村文化生态助力乡村振兴，“同安乡土文化丛书”见微知著，不仅可以让人感悟三个村（场）的变迁史，又能让人从它们的发展轨迹中看到一个国家向前跨越的矫健步伐，听到一个时代进步的厚重跫音。

古同安，今厦门。厦门的历史文化在同安，拥有1700多年历史的“古同安”为厦门留下了太多珍贵的历史和文化遗迹，用千年古县文明滋养着百年鹭岛。今天，作为厦门市农村面积最大、农业人口最多的行政区，同安是厦门实施乡村振兴战略的主战场，乡村振兴伟业的种子正在这片热土上播撒。作为我的第二故乡，我对同安怀有深厚情感，希望看到戴嘉树团队能够更好地发挥集美大学（同安）乡村振兴研究中心的产学研基地、学生实践基地功能，将编撰“同安乡土文化丛书”这样烦琐、细致却非常有意义的工作覆盖到同安的每一个村庄，将我们千百年来积淀的磅礴时代浓缩进来。

是为序。

辛丑年春节

（作者为厦门市委宣传部原副部长、厦门日报社原党委书记、社长）

目　录

第一章　白交祠村概况

一、村落形成及村名由来

（一）村落形成

1949 年 9 月 19 日，同安解放，解放军兵临厦门。10 月 17 日，厦门全部解放，宣告国民政府对厦门统治的终结。1958 年 7 月 24 日，晋江专区管辖的同安县划归厦门市。1970 年 6 月，同安县重新划给晋江地区，1973 年 6 月，再划归厦门市。1996 年 11 月 20 日，经国务院批准，撤销同安县，设立厦门市同安区，并于 1997 年 5 月 1 日正式挂牌。据《大同志》记载：“同安县治在府西南一百三十里。东至南安小盈岭界四十里，西至龙溪父子岭界七十五里，南至大海黄牛峡界八十里，北至安溪龟洋岭界五十五里，东南至南安欧岭界四十五里，西南至龙溪冲浓头界七十五里，东北至南安九溪旧隘界四十里，西北至长泰竹隐村界五十里。东西长一百一十五里，南北长一百三十五里，自县治下至漳州府一百五十里，上至福州府五百四十里，至京师七千三百八十五里。”

白交祠村位于同安的西北部——同安区莲花镇境内，与泉州市安溪县、漳州市长泰区毗邻，是厦门的边远山区村，海拔近1000米，是全市海拔最高的行政村，常年雾多、湿气大，素有“云雾山庄白交祠”之称。由于交通不便、资源缺乏，经济基础较薄弱，发展较为滞后。全村共有山地8700亩，耕地1100亩（其中旱地500亩，水田600亩），茶园3500亩，生态公益林2000亩。根据目前数据统计，白交祠村共有294户，1034人。村民收入来源主要靠茶叶生产加工、“一村一品”地瓜种植和外出务工。据《厦门城寨沧桑》记载，白交祠山寨遗址位于厦门市同安区莲花镇白交祠村东南2千米外，即416县道分叉后往白交祠约1.5千米道路旁山顶。寨址中心地理坐标为：北纬24° 50′ 36.9″，东经117° 57′ 30.1″，海拔高度976米。寨址建于宋代，沿用至清代。山寨由建于山顶的内寨和下层的外寨组成，内小外大，内高外低，外寨外围面积约800平方米。寨址内散见少量的板瓦、筒瓦，以及少量陶、瓷片等遗物，并采集到宋代青瓷碗碎片标本。寨门、寨墙基本保持原有风貌，但寨址内已开垦种植茶树，受到一定程度破坏。此山寨建于大山之顶，北面和东面为大山谷，极为壮观险峻，山顶常常云雾缭绕，颇具神秘氛围，它是厦门目前已发现的最高海拔的山寨。由此可推断，白交祠村早在宋代就已经得到开发。

（二）村名由来

白交祠地名出自何时，为何要如此称呼现已无人知晓。《杨家族谱》中记载了一个传说：“杨氏先祖原先居住在永安，至15世纪下半叶，为了躲避‘粮累’搬到同安的莲花山。刚开始，杨氏族人在罗溪村短暂逗留后迁往军营村居住。春分时节的一天，杨氏族人在山上耕作时，瞬间云雾翻腾，雷电暴雨突至，只见百丈崖底原本平静的湖面突然水柱冲天，接着一白色蛟龙飞腾而起，扶摇而上九万里，蔚为壮观。杨氏族人认为，杨氏祖先一直以守护疆土、保护祖国为己任（如杨家将的故事），蛟龙在此现身，必是藏龙福地，他们得守护好它。回去后，杨氏族人集中在杨六郎庙前征求六郎神的旨意并得到了授意，于是举族迁至蛟龙出没地定居并将之命名为白蛟祠，后简化为白交祠。果不其然，白交祠这个地方土地肥沃，风景优美，云雾缭绕，杨氏族人搬来后常年得到独特气候滋养，人丁兴旺，年轻夫妇多生双胞胎，老人健康长寿者众。”该说法神话色彩较重，真实性仍待考究。内文“杨氏世纪”又有：“三世长房文玄公，崇勉公之长子也，生卒未详，移居白蛟祠水头垵，葬白蛟祠员仑坐艮向坤；配祁氏，生卒未详，葬在白蛟祠隔坵后坐壬向丙。”族谱还有多处“白蛟祠”字眼记载，说明“白蛟祠”这个地名的叫法、写法早在杨氏一族迁入白交祠村居住就存在了。

笔者查阅军营村的旧族谱（该谱成书在1844—1850年，无时间记录，根据内文推断）发现了白交祠叫“白交畲”的写法，“畲”与“祠”在闽南方言上音相近。军营村高氏旧谱有载：高氏十世植履生崇祯丁丑年（1637年），配杨氏白交畲人。族谱上凡有白交祠杨氏与军营高姓联姻的都是如此写法。另外该谱中出现了多处含畲字墓葬地地名：如山平林左畲后、后寮畲尾田墘、大畲田中、左畲后蛇格内、大岭后垵左边茶畲等，并且有两处记载配陈氏石空畲尾人。前述地名经实地走访军营村、白交祠村乡老，大部分仍能找到或知大概方位，从高氏族谱成书年间推断上述含畲字地名，应是清代后期当地的土叫法，如“茶畲”现在就是茶园的意思。

二、地理位置及自然环境

（一）地理位置

白交祠村位于福建省厦门市同安区莲花镇，位于厦漳泉三市交界地方。同安区，位于经度 118.15° E 及纬度 24.73° N 的东半球和北半球。同安区作为厦门市的管辖区，其历史渊源已久，旧时称为“银城”，地界较之今日更为广阔，但后经时代变迁，厦门市统一规划后，原本的同安区被分割出一部分土地作为翔安区，但其仍属于厦门市最大的行政区，作为连接厦漳泉的中心地带，又称“金三角”，与集美区、翔安区相连。在地形地势方面延续着闽南多山地的特性，西北高东南低，以山地为主，丘陵、平原、海岛等为辅，形成地形复杂多样的地理特质。同安区属南亚热带海洋性季风气候，位于亚热带大陆东岸，受热带海洋气团和极地大陆气团交替控制。

莲花镇作为同安区的下辖镇，在同安区的发展中占据重要的地位，其地理位置偏西北处，交通方便，村村通公路。其地理位置特殊，地势西北高东南低，山地面积大，而耕地面积不足 3 万亩。白交祠村位于莲花镇的山上，其海拔为 500~1000 米，而这也影响到了白交祠村的温度状况。莲花山山势峻峭雄伟，主峰巨石瓣状劈裂，酷似莲花。莲花山有三大奇景——华练环腰、石释观日、顶峰观海。

“华练环腰”，每年春季和夏季相交时，青翠明晰的山上山下会出现一种奇观——半山腰缠着一环如绢如练的白色云雾，十分奇特。这种绮丽的景观与天气变化有很强的相关性，深受游客喜爱。

“石释观日”，黎明前周遭一片黑暗时，在山脚可以望见日出，随着太阳不断上升，亮度不断增强，直到肉眼无法直视，此时清晨的第一缕阳光已投到石释洞口，令人叹为观止。

“顶峰观海”，登至莲花山山顶，俯瞰山底，眺望远景，令人心旷神怡。

白交祠村坐落在海拔上千米的高山上，相对高度大，地形起伏大，通往白交祠村的盘山公路环绕曲折，并不便捷，606路是唯一开往白交祠村的公交车；山村茂林修竹，日照时间短，水分不容易蒸发，因此湿度大、水汽多，每年三月至五月是白交祠村云雾最多的季节；雨雾多，较为阴冷，同时因为山高谷深，植被覆盖率高，故是著名的避暑胜地；白交祠村位于郊区，远离都市，受城市影响小，故无过多光污染，赶上好天气抬头可见银河，是绝佳的观星地点。

（二）河流

白交祠村长期被山海云雾浸沐着，海拔上千米的众多山川与河流交相辉映，流水蜿蜒曲折，顺由地势分布在村庄各处。白交祠村属永丰乡范围内，因而地势特征颇为丰富，水系范围也覆盖极广，叠水小道众多，河流溪潭形态各异、清澈见底。潭水宛若小型瀑布，百余丈的下陷，其中有大粒盘石，盘石形状千奇百怪且大小不一，大的如盘，小的如碟。石中还有石眼，都盛满清水，水深莫测，优异的水质与丰沛的水量为村民的日常生活与耕种灌溉提供了充分的水资源。由于落差较大，每至下雨，潭谷中由雨水激荡所产生的声音如雷声一般响亮。除潭之外，还有利用当地水系条件而建成的陂、坡、塘、坝等多种多用于农业灌溉的水利工程。据《大同志》记载，在归德里范围内，陂与坡数量相当，而塘的数量最多，而坝这种在现代更常见的水利单位被记载数量则是最少的。陂的宽度大多于三至五丈之间，深度多为四尺，灌田面积较小，其中甚至还有专门的官陂，专为朝廷所用，具有一定的历史背景，但如今大多被废除。坡的大体概况与陂差别较小，但深度较其而言更深，可储水量随之增加，灌田面积更大。而塘与前两者相比，宽度与深度跨度更大，可容纳限度也更为宽泛。宽少则六尺，多则宽达十四丈，深度则与前两者差别不大，灌田面积有三顷的，但也不乏五六十顷大小的成果，如今的塘大多数也已作废。坝则比其他水利工程单位的数量更为稀少，在宽度与深度方面并无太多突出特点，但据资料记载其长度相较其他被特别提及，且保存到现今的数量更多。

白交祠村中较为出名的便是蛟龙瀑布，水路漫长，最开始穿梭于青石与树丛中的蜿蜒溪流，随着山体落差的不断增大，于山体坡度近乎垂直于地平线处水量骤然增大，水流也更加湍急，从而形成了瀑布之景。相较于我国其他地区极负盛名的瀑布而言，白交祠村的蛟龙瀑布或许不如其他瀑布那般壮观，但其在福建省内已是十分稀有的独特自然风貌。除此之外，徐水垵水库更是白交祠村一处不可或缺的水利工程。白交祠村的独特气候使当地常年凉爽且多雾多水，水分不易蒸发且含量高，为村庄提供了丰富的水资源，徐水垵水库正是在此基础上将水资源汇集利用，满足了白交祠村人民日常生活的供水、灌溉、发电等多方面的需求，也更有利于节约自然资源，维护白交祠村的良好生态环境。近几年作为“五位一体”建设试点村，白交祠村因地制宜，利用当地特色的气候与资源，将众多独特的自然风景地、工程设施、文化建筑等开发为文化旅游景点，在为人们的生活提供便利的同时，也成了市民养心怡情、旅游观光、休闲度假的热门地点。

（三）气候

白交祠村海拔近1000米，是厦门市市内海拔最高的行政村，依山临湖，属亚热带气候，四季温润，常年多雾，雨水充沛，雨热同期而雨季时间长，且山高谷低，地势高低悬殊，这些构成了白交祠村独特的自然气候，故其素有“云雾山庄白交祠”之称。村庄自每年的正月开始，直到五月，都被云雾包裹着，其中每年三月至五月的春夏之交，正是白交祠村云雾最多的时节，更是一年当中欣赏白交祠村特有云海之景的绝佳时机。所以有人将其与英国的伦敦以及我国西南的重庆相媲美，称之为厦门的“雾都”。雨过天晴，连绵的茶山上云海翻腾，具有“云雾奇观，浮云世界”的诗意美名。正是因为这些独特的气候特征以及得天独厚的土壤条件等原因，白交祠村当地才能培育出众多优良的物产。同时，白交祠地处厦门、安溪、长泰三地交界处，山高林密，在未达到当今这般发达的年代，此处的地理位置较为偏僻，交通也较为闭塞，以至于此处人烟稀少，因而保留有较完好的植被和清澈见底的溪流泉水，为白交祠村提供了一整季凉爽的夏天，这也造就了白交祠村具有“厦门最佳避暑胜地”这一称号。由于白交祠村处于山的上部至顶部，村落整体的气温会比山下低6℃左右，在清晨时甚至还会时不时觉得有些凉意袭人。

白交祠村所处的同安区固有“七山、一水、二分田”的俗称，再加之受亚热带气候的影响，雨季集中，水系十分密集，河流短促，导致当地风灾不断，旱情频繁而农作物收成稀薄，白交祠村也不免受其影响。据《大同志》记载，自元至正二十六年（1366年）七月丙辰开始，便有了当地关于自然灾害的记录。其中包含了大雷雨、长时间积雨导致庄稼歉收、虎患、久旱、飓风、冰雹、地震、洪涝、下黑雨或红雨、虫灾等，出现频率最高的是积雨洪涝和旱灾，旱涝灾害除了会对当地气候、农业收成造成影响之外，在白交祠村本身的高海拔及地形起伏较大的条件下，更可能引发一系列其他的自然灾害，如滑坡、塌方等，对当地居民的人身与财产安全造成了很大的安全隐患。除此之外，白交祠村的三地交界方位决定了其在早些时期交通发达程度较低，交通闭塞，人烟稀少，自然植被被完好地保留下来，更是为野生动植物提供了良好的生存环境，这在一定程度上也造成了资料记录中野生猛兽袭击白交祠村事件的发生。

（四）物种

白交祠村位于厦门市同安区。依山临海，南面临海，丘陵、台地居多，又因其为亚热带气候，夏热冬温，四季分明，季风发达，雨季集中，水系密集，植被主要表现为亚热带常绿阔叶林带。壳斗科、樟科、山茶科、木兰科和金缕梅科等是常绿阔叶林中的主要树种。由于气候适宜，雨水充沛，在土壤中存在丰富的微生物群体，土壤的肥力大，适合发展种植业。

同安区靠海，滩涂宽阔，有着异常丰富的渔业资源，其以海洋资源为主要经济推力，以农耕资源为辅，同时提高花生、蔬菜等经济作物的产量，来促进整体经济的发展。白交祠村其渔业、海洋资源丰富，盛产鱼虾蟹贝等各种海产品。

白交祠村所处的厦门市莲花山地区，是厦门国家森林公园的一部分，属于亚热带雨林区、闽南博平岭东南温热带雨林小区，其中植被种类丰富、层次复杂，有多种植被类型相混合，包括常绿阔叶林、针叶林、针阔混交林，等等。

白交祠村位于高山之上，其生态环境整体较好，很少有人去破坏其自然生态，所以在白交祠村中，存留的物种多样。据不完全统计，其生态环境中的野生动物主要有蟒蛇、穿山甲、水獭、苏门羚、勺鸡、刺猬、果子狸、野猪、黄麂、鹧鸪等，存在维管束植物 131 科 521 属 754 种，包括了 700 多种的被子植物、30

多种的蕨类植物，其中以马尾松和阔叶混交林为主。在莲花山景区中种植了龙眼、柑橘、蜜柚等经济树种，还有桃金娘、黄栀子、黄瑞木、小叶赤楠、木冬、芒萁、檵木、杜鹃、荚蒾、金樱子、白花苦灯笼、野菊等，甚至还存在国家II级保护植物桫椤、闽楠、白桂木和国家I级保护植物金线莲、灵芝草、风鼓草等中草药材以及省级保护植物翼核果、福建青冈、绒毛小叶红豆等，种类繁多。

三、重要历史事件

（一）莲花镇叶氏渡台

同安先民入台的人数及特征与清政府的对台政策息息相关。明代岭下叶姓称“三牧叶家”（十二世祖叶赐、十三世祖叶录、十四世祖叶荡均科举入仕），终明之世，佛岭叶氏有七人进士及第，其中万历年间进士叶成章官至御史、江南巡按、大理寺卿，世称望族。政治经济地位的稳定及清初的海禁政策，决定了明末清初同安叶姓冒险渡台者较他姓为少，仅十数人而已，多居于台南地区。且因康熙廿二年（1683 年）收复台湾省后，即颁《台湾编查流寓六部处分则例》，驱逐在台无家室产业之流民、严禁携眷渡台等，故在台移民多系“春时往耕、秋成回籍、只身去来，习以为常”（《台湾通志》），为候鸟式作业或单身定居。康熙初年，仅廿一世叶定举家迁台，系偷渡性质。康熙廿二年至雍正十年（1683—1732 年）海禁最严，关于偷渡有“六死三留一回头”之谚，成功者仅三成而已，故此间关于叶姓渡台者记载较少。

由于人民反抗海禁，偷渡不止，雍正十年（1732 年）五月准大学士鄂尔泰奏，允许携眷入台。仅雍正十二年至乾隆六年间（1734—1740 年），即有领照渡台的大小男妇不下二万余人。同安长兴里下杭乡（今下峰）的叶猛即于此间携妻渡台，定居苗栗竹南镇，至今已传九代。此后至乾隆末年，时禁时弛，同安叶氏廿二世祖至廿五世祖先多支渡台，明确记载父子同渡或举家迁台者即有德意（举家）、叶佳（举家）、叶阮（与子士那、士极）、云官（与子长轮举家携眷）。并有莲花乡春卿派大三房兄弟叶变、丘、匏、院等集体渡台之记载。据残存族谱中记载统计，乾隆年间同安叶姓渡台世祖即有廿一世至廿五世 30 多名（同期全同安有近 30 个姓氏 200 个宗支渡台，其中柑岭邵氏即有 29 户渡台），形成首次渡台高潮。

（二）同安解放

中国共产党领导同安人民开展革命斗争，始于 20 世纪 20 年代中期，经历了第一次、第二次国内革命战争时期和抗日战争时期。进入解放战争时期，我党继续领导同安人民开展革命斗争，终于 1949 年 9 月 19 日解放全同安，建立了人民民主政权。

1935 年春，中共同安县委受破坏后，党的县委组织一直未能恢复。抗日战争时期，分散在南（安）同（安）边区、金（门）南（安）同（安）边区和集美学村等地的地下党员，大部分参加了“抗日后援会”，继续领导群众参加抗日活动。

1949 年 4 月 23 日，人民解放军占领南京，延续 22 年（从“训政”时期开始）的国民党反动统治宣告覆灭。之后，解放军各路大军迅速向中南、东南、西北、西南各省攻击前进。5 月，人民解放军第二野战军连续解放了闽北、闽中地区。7 月 2 日，第三野战军第十兵团在司令员叶飞、政委韦国清的率领下进入福建，担负解放福建的任务。8 月，成功解放了福州与泉州。

同安与厦门、金门隔海相望，境内的集美、澳头又是通往厦门的码头。国民党在同安驻扎重兵，严密布防妄想据守同安以保厦门。敌军在县城东、南、北三面层层设防，在大轮山、梅山等制高点构筑交叉火力网，在梵天寺驻扎军队，并在轮峰顶上修筑炮楼，架设大炮；在东门派重兵把守，在北门城墙上修碉堡，在城南东溪对面的九跃山和塔下布置重兵，据险扼守。

9月16号，第十兵团下达漳厦战役作战命令。

9月18日晚，第31军93师一部向同安西南的西山守敌发起攻击，攻占西山，切断了同安守敌逃往漳州、厦门的退路，形成关门打狗之势。

9月19日凌晨2时，第31军93师之277团、278团在第91师之271团部的配合下兵分三路，向同安县城发起攻击。南路由游击队员陈企攀、颜有道当向导，带领解放军经马字塘、猴石山，进抵顶溪头村，在“土地公宫”宫口与敌人激战，全歼该敌，随即向九跃山推进；北路由游击队员戚卿当向导，带领解放军第277团2营经宋宅村迂回双圳头王公宫，从小西门进攻县城。东路由其他军队配合夹击，一同进攻。我军突击队从桥下涉水冲锋，炸毁桥头堡，全歼守军。这时，大轮山上的敌军还想负隅顽抗，我军发射三发炮弹，击毁炮楼。接着一阵冲锋，守军除被歼外，其余狼狈逃窜。我军随即推进至仙殿口（现同安一中校墙外罗汉峰谷地），直抵北门，敌军依托城墙顽抗，我军用大炮摧毁墙上的碉堡，歼灭了守军。清晨5时，第277团2营从北门首先突入城内并向纵深发展。为了保住同安，敌保安3团由马巷出发，沿公路向同安增援，进至洪塘。第277团从攻城部队中抽出部分兵力狙击援敌，第271团一部也向洪塘敌军侧后袭击，7时30分，将敌军压缩于下溪头地区全歼。同安城内守敌看到援军被歼，大势已去，仓皇弃城向西溃逃，被我278团堵截围歼。上午9时，同安战斗胜利结束。俘敌福建省保安第二纵队司令所率领保安第1、2、5团及同安自卫队共2000余人。

9月19日凌晨1时许，国民党同安县政府最后一任县长余愚，带领同安反共救国军副司令刘谦成和一帮官僚政客、宪警头目国民党残渣余孽以及他们的家属子女，分乘三辆大客车，趁着我军攻城前夕摸黑出城，妄图逃往厦门，在涂山遭到我军的伏击，一百多人全部被俘。

同安县城就此解放。这一天是农历己丑年闰七月二十七日，公历 1949 年 9 月 19 日。

（三）供销社和农村生产责任制

在合作化的热潮中，1952 年初，为了更好地发展生产、繁荣经济、开展物资交流，加强工农联盟，同安县委、县政府发动组织了 7 个供销社（包括同安、马巷、集美 3 个职工消费合作社），并于 1952 年 4 月正式建立同安县供销合作总社，吸收社员股份 6500 股，股金 13000 元。之后，用 9 个月的时间，建立了莲花、角美、灌口、前场等 16 个联合供销社，连同原有的自发社，全县共有 22 个供销社、1 个消费社（集美）。1953 年初，根据省供销总社的指示精神，进行民主整社，批判资本主义经营思想，划清合作社与私商的思想界限，加强了思想政治工作，促进了民主制度建设，供销社得到迅速发展。至 1954 年，全县 10 个区已有 9 个区建立区供销社，共有 37 个门市部，32 个分销处，20 个代销店，固定肉摊 12 摊，加工厂和油坊 28 间。在山区、沿海、平原都有了供销社的机构，初步形成了农村购销市场网络。到 1956 年，国家对资本主义商业实行社会主义改造取得基本胜利以后，供销社已成为农村社会主义商品流通的一条重要渠道。

县供销社成立以后，通过供销关系，扶持农村生产，使小农经济与国家计划结合起来，逐步取代资本主义商业在农村的阵地，切断了小农经济与城市资本主义的联系，促进了农业和手工业的互助合作运动，支援国家社会主义工业化建设。1952 年，县供销社建立伊始，就积极开展业务活动，供应生活生产资料。据 1953 年统计，县供销社共供应生产资料 233.2 万元，供应农药、化肥、农具等生产资料 186.22 万元，共收购小麦、稻谷、大豆、龙眼干、花生、木炭、珍珠、海产品等 220.22 万元，大大方便了农民群众，为广大农民群众创造了有利的生活、生产条件。之后，随着生产的发展和人民生活的不断提高，供销社的经营范围也不断拓展，逐步发展了代营、联营业务，经济效益大为增加。

新中国成立后，同安县农村经营形式经历了从单干—农业互助组—农业初级社—农业高级社—人民公社—家庭联产承包责任制的迭变。其中，人民公社体制长达 26 年之久。

在 20 世纪 70 年代，同安农村曾一度刮起"割资本主义尾巴"之风。圩日自古是农民自产的瓜菜、杂粮、禽蛋拿到圩场出售的日子，农民从中赚些小钱以补贴家用。但在当时，却被视为走"资本主义道路的尾巴"要被割掉，圩日形同虚设。

农民在交易农产品的地方卖自种农产品，会被夺下秤杆，禁止交易。当时农民劳动记工分，年终才能按工分分红。为了日常生计，有些农民利用房前屋后种些零星瓜菜。但在"宁种社会主义的草，不栽资本主义的苗"的极"左"口号下，农民房前屋后的瓜菜也难逃一劫。大清早全社大小干部、职工（包括公社食堂炊事员）分组到各生产队拔苗（说是"割资本主义尾巴"）。拔苗小组所到之处，见一根拔一根，不留"尾巴"，农民欲哭无泪。知青下乡，发现各公社、大队都有一些不成文的规定：母猪只能养一头，鸡鸭只限养几只，自产菜蔬禽蛋肉主要自己消费，上市贸易必按圩日，且只能小量出售，等等，超过规定，就是"走资本主义道路的倾向"，要"割尾巴"。广大农民在严厉束缚下，物质精神生活极度贫乏，丧失了集体生产的积极性，生产关系严重束缚了生产力的正常发展。直至 1980 年起的农村生产责任制改革，农民生活才有所改善。

早在1978年前，同安县有些大队，如郭山、后埔村等，已经暗地里搞甘蔗包干，亩产量比集体经营大幅度提高。当时县里知道后，既默许又不敢提倡。1978年12月，党的十一届三中全会召开，提出进行农村经济体制改革，解放生产力。全国许多农村闻风而动，纷纷跟进。但直到党的十一届三中全会后，有一段时间，县里仍持观望态度，不敢明确表态支持搞生产责任制。1980年底，同安县委坚决执行厦门市农村工作会议精神，总结、推广莲花公社后埔村的经验，从此揭开了同安农村经营体制改革的帷幕，全县农村以家庭联产承包责任制为主的经营形式迅速推进。白交祠村紧跟风潮，也开始实行以家庭联产承包责任制为主的经营形式。截至1982年2月15日，全县2445个生产队中，实行包干到户的有1388个生产队，占56. 8%；包产到户的有297个生产队，占12.1%；包产到组的有162个生产队，占6.6%；未承包的有71个生产队，占2.9%；部分包部分统的有126个生产队，占5.2%；分田单干的有14个生产队，占0.6%；统一经营核算的有351个生产队，占14.4%。实践证明：农村实行家庭联产承包责任制后，广大农民的生产积极性空前高涨，第二次解放了生产力，有力地促进了农业增产，农民增收。随着时间的推移，部分仍由集体统一经营的，也相继转为家庭承包责任制，同时这个经营形式也延伸到林业、果业、水产业等领域。随着农副产品价格的逐步放开和统购统销的改革，20世纪80年代，可说是白交祠村农民群众硕果颇丰的日子，至今令人怀念。

四、主要的姓氏宗族

（一）杨氏宗族

杨氏来源有几种说法。其一，来源于姬姓。源于周武王孙，叔虞次子，晋侯燮父之弟。晋武公（叔虞十一世孙）时，封次子于杨，称杨侯，是为杨姓人的受姓始祖；源于周宣王子长父，宣王时期，周宣王姬静将子长父封到杨国（今山西省洪洞县），为杨侯，春秋时杨为晋所灭，其后裔以杨为姓；源于晋武公子伯侨，晋灭杨后，封杨地为大夫羊舌肸（字叔向）的食邑。羊舌氏出于姬姓，因晋武公次子伯侨之孙突，当时食邑于羊舌，故以羊舌为姓。至晋顷公十二年（前514年），晋灭羊舌氏，食我的儿子杨道逃到华山，居住在弘农华阴，以祖宗封地杨为姓，其后代开基各地，成为杨氏繁衍发展的主流，史称杨氏正宗。其二，源于扬姓，古时杨扬不分，以邑为氏。其三，源于古代由同源、避难、避仇、收养过继、赐姓等改姓而来。

杨氏入闽始祖之一——杨安隐

杨安隐，字乾庵，原居住于河南省汝宁府固始县傅庆乡海下里。曾任开封府法曹，崇拜祖先杨震“辞金不受”的美德，在自家大厅内自题一副对联：“唯爱清白二字留人世，拒收黄金四知振家声”。唐景福元年（892年）为躲避北方兵荒马乱的事态，举家随行营兵马使詹缵入闽，最初居住在建宁、福州，后来迁居仙游于赵德山麓。杨安隐卒后，杨家举家迁居至泉州承天巷内。

杨安隐生二子，长子为杨逸，次子为杨肃。杨肃自幼爱好并学习医术，在入闽路途中，帮助父亲治疗疾病。杨肃为唐昭宗皇后治病有功，御封赐匾“太乙真人”，卒后，安葬于南安高田山仙迹岩。

关西支派开同

一支派崇勉（二世）因为粮食问题，迁居至福建延平府永安县四十一都二图黄坑。至四世宗伯、宗养迁居至同安感化里军营村，后来居住在罗溪村，最后选择居住在莲花镇白交祠村。后宗伯去往广东，宗养为白交祠村杨姓开基祖。白交祠村有族人分居在海澄海门、厦门后寮、长泰水头、中国台湾等地。

白交祠、水洋、尾林杨姓堂号关西，昭穆从二世起开始修订：崇文宗安怀信，济植焕培锺，元宗振鸿烈，丕建裕文孙，奕世嘉允德，秀敏被云祁。

明清时期，同安杨氏有进士 3 名，举人 24 名。同安的杨氏继承祖先杨震的美好品德“四知”，建树颇丰，人才济济，例如明朝嘉靖年间进士杨逢春，清正廉洁，曾经担任南京浙江道御史，为官刚正忠直，后被提拔为广东、四川佥事及湖广参议。在职期间，杨逢春修政息民，平赋分役，凡是他所担任的职位事务，都倾尽全力去完成。后升职于云南安察副使，但是还没上任，卒于湖南。还有清朝道光年间的杨康灵，功绩斐然，署海坛守备，从提督王得禄剿蔡牵，有水师飞将五虎之名，升瑞安副将，赴任卒。

（二）陈姓宗族

陈氏起源有三。其一出自妫姓，是舜帝的后裔，在周朝时期，被周武王封在陈（今河南淮阳）建立了“陈国”。陈国国君胡公满（妫满）四十五代孙翔，官居至御史中丞，孙翔的儿子孙宇，孙宇的儿子孙麒，官拜御史大夫，起初居住在浙江吴兴武康地区，后来迁居至河南颍川。颍川陈氏以陈实为始祖，自此进入繁荣昌盛的大发展时代，逐渐为中国望族。胡公满传至十世孙妫完，后陈国内乱，妫完怕株连自己，于是出逃到齐国，以故国为姓氏，称为陈氏后改姓田，为田氏始祖。其二，为其他姓氏改姓而来，如刘氏、白氏、侯氏等。其三，为其他少数民族改姓或赐姓而来。

西晋末年，中原动荡，居民纷纷南迁，直至南朝时期，陈姓已经成为福建地区四大姓氏之一，其中主要为颍川派陈宸的后裔。唐朝初期，陈政陈元光父子率领58姓经过江西进入福建。祖孙四代一直任漳州地区的行政长官，后人尊陈元光为“开漳圣王”。唐末期，王审知在福建创建了闽国，大批中原陈姓再一次移民福建。

颍川陈姓进入福建，主要有三支。其一，颍川始祖陈实的第九代孙陈霸建立陈朝，陈朝历经三世五帝，而亡于隋朝。其二，陈实派第九世霸汉的四代孙陈政，原居住在河南光州，在唐高宗总章二年（669年）入闽。其三，陈实派第九世霸图五代孙陈忠。陈忠的儿子陈邕，唐中宗神龙初中进士（705—707年），官至太子傅，因与宰相李林甫关系紧张，唐玄宗开元廿四年（736年）被谪入闽，先住在福州三山，后居仙游枫亭井上，再而移居惠安社坛后，又迁居漳州通津桥头南驿路南山下。

浯阳陈氏，始祖为陈达，出生于唐昭宗光化元年（898年），原属于颍川郡。陈达生有三子，陈洪济、陈洪进、陈洪金。其后子孙居住在莲花镇等地。浯江陈氏为陈达三子陈洪金，字天举，任泉州卫指挥使，分居浯江后创建浯江派。浯江陈姓居住在莲花镇，自立为昭穆。莲花镇陈姓支系由明代金门浯江陈氏迁入开基，繁衍成族。

田洋陈氏，对近代同安贡献较大。

南院陈氏，从漳州分衍，灯号为南院。

漳南陈氏，明仁宗洪熙年间，余氏五世祖余子玉从漳州府靖城沥水乡迁居同安，其子余怀珍娶了一个陈姓妻子，改从妻姓。灯号漳南。

同安的陈姓为同安县第一大姓氏，人口众多，明清时期东渡开发澎湖列岛，中国台湾也开发较早。陈氏在宋、明、清科举考试中金榜题名者也居全县第一，其中进士 25 名，举人 154 人。

历史中，陈姓的著名人物也有很多，最著名的有郑成功的参军、东宁总指使陈永华，清末第二次鸦片战争抗英民族英雄、江南提督陈化成以及被毛泽东同志誉为“华侨旗帜，民族光辉”的侨界领袖陈嘉庚。

陈姓原本聚居于中原地区，随着历史发展，中国人口逐渐由黄河流域向南方拓展繁衍，早在 1800 多年以前的汉代，陈氏族人已经进入福建，据统计，已知入闽支系达 150 多个，福建陈氏入闽支系繁多，但是其源头只有一个，就是河南淮阳颍川。福建陈氏，一个有着 430 多万人的大家族中，脉络盘根错节，支系纵横交错。虽然入闽时间有先后，血脉有亲疏，宗派有大小，但是都是舜帝的血脉，满公世胄，颍川衍派，一脉相承。千百年来，源远流长，根深叶茂，成为中华陈氏的主要枝干，屹立在中华民族姓氏之林。

（三）高氏宗族

高姓最早出现在上古黄帝时期，中国最早系统记载姓氏来源的典籍《世本》记载“皇帝臣高元作宫室”。高氏渊源深厚，其中三种来源较为可信。其一为源于姜姓，出自西周时期的齐文公吕赤之子公子高，即为高傒。高傒后成为著名的渤海高氏的始祖。战国时期齐太公之后食采于高，便把“高”用来当作姓氏。其二，为源于鲜卑族或赐姓改姓。北魏孝文帝实行改革，推行汉化政策，在这个过程中，改变北方胡人多音节复姓为汉字单字，鲜卑族拓跋部落寔娄氏部落改为高氏。北齐文宣帝高洋赐予元景安、元文遥为高氏。北齐太保高隆的本姓原是徐氏，他的父亲被高氏人所收养，所以改名高氏。其三为源于官位，出自汉朝时期官吏高庙令，属于以官职称谓为氏。

高姓入闽始祖为高钢，唐末为了躲避战乱携带家眷南下，择居福州怀安凤岗。高钢的世孙高士表迁至同安县安仁里高浦，高士泽迁至南安县埕边村。同安区高氏的主要聚居地位于莲花镇、汀溪镇一带。这一派系是由高钢的十七世孙高山发展而来，因为不愿意在元朝为官，高山隐居安溪大坪。后高钢十九世孙高世臣，迁居至同安军营。而二十六世孙高文礼去世后，高文礼的四个儿子，高钦和、高钦长、高钦脩、高钦印即迁居至庙村。此后，高族人在安溪、同安、长泰边缘地带广为播迁，主要分布在莲花镇、后溪、小坪、内山、下江、孙厝等村落。

据 1987 年人口普查，同安区高姓氏人口为 2400 人，居全区姓氏排位的第 34 位。高氏两个派系虽然是由不同的路线进入同安，但是入闽的始祖都是高钢，郡望均为渤海，使用的字辈也相同。

安海镇高姓科举成绩突出。宋朝时期安海中进士者有 60 人，高姓即占 53 人。所以王十朋得知以后感叹道："泉南一郡，不如高家一门"。进入同安以后，高姓也是人才辈出，清代有举人 4 人。《同安县志 · 人物志》还收录颇具闻名的高一挥、高超然父子和以书画闻名的铜鱼管人高峻的事略。光绪年间，高开霁出洋经商致富，回国后提倡兴办新式教育。在征得海内外乡亲的支持后，于 1912 年 2 月在家乡创办光华学校。

（四）叶氏宗族

叶姓来源有三，其一，叶氏出自芈姓。根据历史记载，帝颛顼的后裔陆终娶鬼方氏女为妻子，生了六个孩子，其中第六个儿子叫季连，赐芈姓。楚昭王芈轸（熊壬）十八年（公元前 498 年），封沈诸梁于叶邑（今河南叶县旧城），史称叶公。叶公之后，以封邑为氏。其二，出自许姓。滐头《叶氏族谱》：唐宣宗大中乙亥九年秋（855年），许延一、许延二兄弟携家人、童仆七十余口，由河南汝宁府光州固始县新安村白马渡向福建迁徙，次年四月落脚于福建政和东湖。政和滐头遂成为许裔叶氏祖地，其后裔多分布于政和邻近地区。其三，出自其他少数民族，如蒙古族叶赫氏，为汉化改姓为氏，或源于河的名字。又如源于满族仰古氏、叶穆氏，也属于汉化改姓为氏等。楚惠王于壬寅（公元前439年，楚惠王50年）以南阳之地赐予沈诸梁，世称叶姓为南阳望族，叶姓后裔均以南阳为总堂号。

同安叶氏主要聚居分布在莲花镇莲花村、后埔村、云洋村、澳溪村、溪东村、美埔村、上厝村、宋宅村、白交祠村、四林村、西洋村、军营村、后塘村、路下村、褒美村、古坑村、西源村等大小村落及各街道。据1987年人口普查，叶氏共有34792人，居全县姓氏排列第3位，旅居海外的人口也众多。

晋永嘉之乱期间，争权逐渐演变成"八王之乱"，战火遍及中原地区，中原士族纷纷南逃，其中中原叶氏族人当中有不少移居到福建等地。唐宋时期，是叶姓迁移最频繁的时期，有的是为了躲避唐末战乱，有的是在宋朝为官随宋室南渡。宋末迁往福建的叶昂、叶洙、叶霆成为安柄、佛岭、莲溪叶姓的始祖。叶氏族人大举南迁在唐朝共有两次，第一次在唐高宗总章第二年（669年），福建泉漳之间，蛮獠啸乱，朝廷派朝议大夫、岭南行军总参陈政率府兵3600多名，战将123人入闽征讨，其中多为叶氏士卒，战后士族在福建各地定居繁衍，史称"五十八姓入闽"。第二次在唐朝末期。唐朝末年天下大乱，光州固始王潮王审知兄弟率领民众起义，举兵南下，中州地区的叶氏兵众跟随二王南下，在福建辗转作战八年，王氏兄弟在福建建立"八闽王国"，叶氏将士也在福建各地定居开族。福建仙游《古濑叶氏族谱》中说："始祖叶湛，世居雍州，五季之乱，举族流徙莫定；至宋，卜居光州固始，若祖有叶炎会者，随宋南渡，卜家仙游之古濑。"《佛岭叶氏谱序》中称："吾稽叶氏，居雍州，徙居光州固始县。"《思实公重修族谱序》中也说："吾祖河南固始人也。"《明元公谱序》中谓："吾宗自光州入闽。"

同安叶姓门派又有"佛岭派"与"莲溪派"。根据莲溪族叶氏族谱记载，其始祖为叶文炳，祖居北京河间府。后金兵南侵，叶文炳举家南迁，居漳州府。叶文炳生三子：叶颜、叶颐、叶颙。二子叶颐，移居同安二十三都嘉禾里双莲保莲坂，景泰进士李贤祐为其居处作《莲溪志》，其后裔便以莲溪作为分灯号，尊叶文炳为始祖，叶颐为开基祖。

叶氏世代英才辈出，登仕甚多。"佛岭派"系有登进士者21人，中举者149人。

（五）杂姓

同安洪氏，主要于唐宋时期进入福建地区，同安洪氏在1987年人口普查时，共有33385人，居全区姓氏第四位。洪氏分布在全县109个自然村，有基本村60个，插花村49个。其中，古山支派有分支分布在莲花镇。古山支派由南安石井镇古山派洪菊轩十一世孙洪东斋长子洪源，于南宋末迁居同安大同镇霞路外较场，因洪源无子嗣，由南安古山村其侄儿洪体畴顶承，他们在这里发展成祖。同安洪姓在明清两朝时期有进士5名，举人35名。

同安蔡氏，由隋唐五代十国时期迁入闽地。据1987年人口普查数据，同安有蔡姓人口23458人，居全县姓氏人口排列第6位。莲花镇蔡姓主要是晋江青阳蔡姓在同安的宗支，乌山（帽山）蔡姓宗支。蔡文仲原是晋江东石镇后湖村蔡氏七世孙，于元末明初迁居同安县新圩镇乌山村，为乌山蔡氏开基祖，至今已经繁衍二十六世。莲花镇蔗内村百父蔡氏，乃由新圩镇乌山村宫仔尾先分居西柯镇阳翟村烧灰社，后迁居百谷村，另立昭穆。目前，同安蔡姓尚有人居于莲花镇小坪村的洋尾、新城等。

同安李姓，主要是唐朝时期入闽，现同安李姓人口众多，分布于6个镇的114个自然村。同安李姓因一些村落族谱失传，暂时无法溯其本源，仅能记其分堂于昭穆。如燕山李姓，分布于莲花镇等地区；陇西李姓，由于一些村落没有分堂号，只知郡望陇西，分居在莲花镇内庵、树兜村，莲花镇上社、田中央等村落。同安李姓人才辈出，明代科举鼎盛，进士多达7人。清代武科，尤为出色，中武者多达15人，任总兵、提督军门以上的武将有5人。同安近代李姓也有许多出类拔萃的人才。

同安白交祠村，姓氏较为单一，主要姓氏为杨氏。杨氏族人在祖先杨六郎的庙前征求其旨意并得到了授意，举族迁至现在白交祠的所在地，并在此繁衍后代，世世代代生活在这里。

五、古今人物传略

（一）杨氏先祖

据白交祠九世孙植瞻于康熙乙未年（1715年）春正月修杨家族谱记载，杨氏先祖原先居住在永安，至15世纪下半叶，搬至同安的莲花山。白交祠土地肥沃，风景优美，云雾缭绕，杨氏族人搬来此地后，人丁兴旺，年轻夫妇多生双胞胎，老人健康长寿者众。杨氏先祖开白交祠，因而如今村中村民也大多姓杨。

白交祠村中有一名为德元堂的祖祠，供奉白交祠杨氏的先祖杨五郎、杨六郎和杨文广三公。相传明朝天启年间，忠渊公带着先祖杨五郎延德公、杨六郎延昭公金身，以及族中人，辗转迁徙至同安军营一带，历经千山万水，细察周边地理，发现白交祠风顺水正，十分适合子孙后代，于是在此处定居。某一年端午节前后，由于天气变化无常，许多村民染上了各种罕见病，用了许多药迟迟未见好转，作为忠渊公随行的大夫香龟先生，面对痛苦的病人连连摇头叹气。这时恰好忠渊公来访，香龟先生便将无药治病救人的情况与忠渊公说起。忠渊公想说去德元堂拜拜延德公、延昭公，兴许能够救村民一命。于是香龟先生备了牲礼香烛，前往德元堂祭拜。当天夜里，香龟先生便梦到仙人老者对他授法："药屉都开着，不要关！"另一个白发老者对他说："药方写好，放在米筛里，米筛过水就有药啦……"香龟先生觉得是延德公、延昭公托梦，于是集中村里的病人，支起风炉开始烧火煎药，风炉上头支着一个米筛，一副药方放在米筛中央，就这样，药罐里的水慢慢有了草药的味道，病人喝了药罐里的水，病也就痊愈了。

还有一个传说，民国初期，有一个连长叫高云良，他带着一个连的士兵常驻白交祠，也十分信奉杨府元帅。有一年正月十六进香的日子，他出面请了两棚大戏参加节日演出，演出前又请了张、高、林三个姓十八条蜈蚣队参加进香活动，为一睹这多年未见的热闹场面，村民奔走相告，随着进香团和蜈蚣队，把杨家祖祠和德元堂串在一起，宛若一条四里长的长龙，又热闹、又喜庆。两个戏班子，其中一个班主不服风头被蜈蚣队抢走，就没参加进香活动。当天晚上，两台大戏在村里的两头同时开锣竞戏。奇怪的是，那个未参加进香活动的戏班子的戏棚子，在演出到一半的时候，竟然塌了下来，把众人吓出一身冷汗，所幸未闹出什么人命关天的大事，唯独戏班子的班主受了点儿皮肉小伤。村民都说，这是杨府元帅显灵，轻轻地惩罚了这个戏班子一下。

除此之外，朱熹与苏颂这两位历史名人也对白交祠的发展影响极深。

（二）朱熹

朱熹（1130 年 10 月 18 日—1200 年 4 月 23 日），字元晦，又字仲晦，号晦庵，晚称晦翁，谥号“文”，世称朱文公。祖籍徽州府婺源县（今江西省婺源县），出生于南剑州尤溪（今属福建省尤溪县）。宋朝著名的理学家、思想家、哲学家、教育家、诗人，闽学派的代表人物，儒学集大成者，世称朱子。朱熹与“二程”合称程朱学派，以程朱理学闻世。程朱理学成为古代朝廷的官学，对元明清影响甚大，是孔子儒学的进一步继承，因此朱熹也享孔庙，受人祭拜。

朱熹是我国思想文化史上杰出的哲学家和教育家。闽南许多地方都留下过他“过化”的贤踪，同安一带尤其多。历史上朱熹确有两次到过闽南：第一次是宋绍兴二十一年（1151 年），时年 22 岁的年轻进士朱熹初授左迪公郎，任泉州同安县主簿，1153 年秋到任，1156 年冬离任，前后在同安待了 4 年。第二次是淳熙十六年（1189 年），60 岁的朱熹改知漳州，第二年到任，翌年辞职回建阳，首尾不足 2 年。

同安作为朱熹为官生涯和理学兴起的发源地。在此之前，朱熹在尤溪老家读书应试，得到主张调和儒佛理论的刘彦冲等人的启蒙。20 岁后开始转入对传统儒家“义理”的钻研。

1160 年，朱熹正式拜李侗为师。绍兴三十一年（1161 年）以后，才是朱熹多次参政和讲学授徒、著书立说、集理学之大成的阶段。他在同安的起步与实践，可以说奠定了他一生学术工作的基础，尽管仅有短短的 4 年，却也对当地的文化教育发生了不可限量的影响。1157 年 10 月，朱熹“任满罢归，同安士子怀其惠，相与立祠于学宫”（林苏《朱熹年谱简编》）。200 年后的元代，同安人对朱熹住过的“高士轩”也“敝则必茸，俾勿坏”。同安多古碑刻，凡朱子所撰述者，邑人能诵之。

至今朱熹在同安的遗迹仍备受重视。可惜遗留下来的多为无署名题字石刻，例如其中有大轮山上明代摹刻的“瞻亭”，梅山的“同山”，小盈岭的“同民安”，莲花山的“太华岩”“灵源”，新店香山的“真隐处”，洪塘郭山的“郭岩隐安乐窝”，以及大同镇内的“中流砥柱”和“石台”等，据说皆是朱熹的手迹。为官期间除了这些游玩放松，朱熹的工作并不轻松，特别是1155年同安发生饥民起义，朱熹还亲自率兵把守城西北要冲，事后“仍团练不懈”，加之还有“被府檄，访境内先贤碑碣事序传，悉上之府”的任务，还得读书讲学。据元代《大同书院记》所载，朱熹当年在同安“撰述”过一些令邑人“能成诵”的碑刻，至少应该有《朱文公全集》辑入的《丞相苏公祠堂记》和《高士轩记》等名篇。综上可见，朱熹年轻时代非常忙碌充实。

（三）苏颂

苏颂（1020—1101年），字子容，原籍福建泉州府同安县（今属厦门市同安区），后徙居润州（今镇江市）。北宋中期官员，杰出的天文学家、天文机械制造家、药物学家，是我国古代著名科学家。北宋庆历二年（1042年）进士，为官近55年，经仁宗，英宗、神宗、哲宗、徽宗五朝，历任集贤校理、刑部尚书、吏部尚书、尚书右仆射兼中书侍郎，以太子少师致仕，死后赠司空，追封魏国公，南宋理宗皇帝赐号正简。苏颂为官清廉，勤政爱民，兴利除弊，处事精审，因此朱熹称赞他为“道德博闻，号称贤相，立朝一节，始终不亏”。苏颂主持《嘉祐补注神农本草》的编校工作，编著的《本草图经》是我国上承隋唐下至元明的药物学巨著，也是流传至今最早的附图本草药书，为明代李时珍《本草纲目》等著作提供了珍贵资料。同时，苏颂主持研制了集天体观测、天象演示、报时的天文仪器——水运仪象台。综上所述，苏颂是集科学家、政治家、文学家于一身的古代先哲。科技史专家英国李约瑟博士称他是“中国古代和中世纪最伟大的博物学家和科学家之一”。

宋真宗天禧四年（1020 年）十一月廿三日（12 月 10 日），苏颂在福建同安县芦山堂（今福建省厦门市同安区城关）出生。苏颂的故居芦山堂，位于厦门同安区大同街道洗墨池路 23 号，是苏氏芦山派入闽始祖苏益之子苏光诲于五代后晋开运年间（944—946 年）始建的府第，系入闽苏氏芦山派的发源地。芦山堂因建筑物后有葫芦山而得名。宋天禧四年（1020 年）苏颂诞生于此，10 岁随父入都。其子苏携于宋靖康年间（1126—1127 年）归居于此。芦山堂至南宋绍兴二十二年（1152 年）之前倒塌，但宅基犹存。此后到元至大元年（1308 年）之前，府第改建成苏氏祠堂，至大年间（1308—1311 年）被焚毁。除此之外，相传苏颂童年时在芦山堂读书，常到池内洗笔墨，苏颂任宰相后，同安父老乡亲为纪念他乃将该池称为“洗墨池”。

除了苏颂自己，其父亲也闻名于世，并且与厦门同安有分不开的密切关系。苏颂的父亲苏绅，字仪甫，初名庆民，泉州同安县人，博学多才爱国爱民。唐武安侯苏益由原籍河南固始县随威武节度使王潮入闽。苏绅为苏氏入闽始祖苏益第五世孙，又为宋代丞相、中国杰出科学家苏颂之父，可谓世代名门。苏绅、苏缄、苏颂被称为“芦山三苏”，与“眉山三苏”齐名于世。

六、白交祠之风俗民情

（一）莲花褒歌

白交祠村民风淳朴，村民热情好客，到了采茶季节，我们经常可以看到男男女女在茶园里高唱莲花褒歌，这是他们的一大特色活动。

据宋朝蔡襄的《茶录》记载：宋朝时期，同安地区的茶园主要在与安溪大坪接壤的小坪一带，受地域文化的影响。安溪大坪与同安莲花小坪一带有茶园的地方，一直保留着对歌、褒歌的习俗。在植茶、制茶等农事之余，人们也传承了唱山歌、对歌、褒歌的习俗，而其中最有名的莲花褒歌距今已有四五百年的历史。据记载，明代嘉靖年间，因倭寇作乱，原本住在山下的居民纷纷转移到山区开垦茶园，在茶园劳作的村民一边生产劳动，一边即兴对歌，因此莲花褒歌得以在同安莲花山区小坪及毗邻的安溪各村祖祖辈辈流传下来。

“褒歌”通常是互相问答的对唱，褒歌表演时采取二人对答的演唱形式，也叫“相褒歌”。莲花褒歌是山民在从事劳动生产过程中即兴创作而唱的短歌，具有浓郁的乡土气息，大多以男女爱慕思念，互相表达感情，以褒扬对方的情歌为重要内容。男女对唱，一方起歌，另一方答歌。莲花褒歌曲调优美，内容通俗易懂，体现了人与自然的和谐之美。其种类包括爱情类、采茶类、农作类、道德类等内容。

莲花褒歌形式短小、单纯，一般分为上下两句的乐段结构。词、曲格律都比较自由，便于歌唱者直接抒发自己的感情。莲花褒歌歌词的内容一般是歌唱者根据自己的劳动或自己的思想感情即兴编创的，因而感情真挚、朴实，曲调流畅优美，无须伴奏，时而激情、时而委婉，因而这种曲调适合在峡谷内穿透回荡。莲花褒歌的语言多运用闽南方言，丰富多彩、生动活泼，且诙谐风趣，比较符合大众的审美!

20 世纪 80 年代改革开放后，厦门外来人口增多，人们为了方便交流而使用普通话。闽南方言、民间俗语、俚语的使用频率式微，导致当代青年对莲花褒歌的这些内容知之甚少。生活方式的改变，精神文化生活的丰富，使得人们不愿传承和接受山歌这一“下里巴人”的乡间口头传统艺术。特别是农村推进城镇化建设以来，因为没有专门组织，莲花褒歌只能松散性地传承，所以莲花褒歌几乎沉寂了二十几年。到 21 世纪初，仅剩一些年老的山村老人会唱，许多传统的具有研究价值的段子大多失传。幸运的是，在 2007 年，莲花褒歌以其独特的历史研究价值和文化价值，成功入选福建省第二批省级非物质文化遗产名录，在政府和民间艺人的共同努力下，继续传承了下去。

其中的代表人物有小坪村村民洪参议，他用了整整十几年时间将小坪地区的山歌传统歌词整理成册，为后人的研究和褒歌的传承做出了巨大贡献。还有非遗传承人洪国、高素珍等，他们都致力于莲花褒歌的传承，也为此做出了努力。白交祠村位于同安县莲花峰一带，深受其地域文化的影响，所以莲花褒歌在白交祠村村内也一直流行，当地人修筑了莲花广场，定期举办莲花褒歌比赛。在 2004 年元宵节，白交祠村褒歌队获得海峡两岸褒歌暨第八届莲花褒歌比赛第二名，“五位一体”试点村建设也被村民编入歌词之中。莲花褒歌已经深刻地融入白交祠村村民的生活，白交祠村也为莲花褒歌的传承做出了卓越贡献。

（二）鲁班信仰

鲁班宫作为白交祠村一大古迹遗址，不仅承载着白交祠村村民对美好生活的向往，而且还体现了村民对鲁班深刻的敬仰。这里与全国其他地区的鲁班宫一样，都是为纪念巧匠鲁班而设，但有所不同的是，他们所寄托的感情是不一样的。

鲁班作为历史上的真人，在手工业方面有着高超的技艺，因此也在木匠行业作为极具影响力的被信仰的神而存在。

相传，于清朝年间，白交祠村村野之间盛行竹编木凿，手工业一度十分发达。村内一位高姓木匠为了祈求生意顺遂，于是供奉了墨斗、墨尺在家。说来也神奇，自从供奉了墨斗、墨尺之后，日子渐渐有了起色。木匠心中是又惊又喜，为表敬意，又精心雕刻了一尊鲁班神像摆在家中，日夜供奉以求平安兴旺。

不久后，村里爆发疫情。村民家中的鸡鸭牛羊纷纷死去，唯独木匠家里的牲畜安然无恙。村民们倍感惊讶，有人问他使用了什么法子能免于灾害。木匠也一头雾水，思索半晌也想不出个所以然来，村民只好随着木匠到家里。进门儿一看，桌上竟坐着位老人，只见他一手执墨尺，另一手托着墨斗，长须及地、双耳垂肩，正眉目含笑地看着村民。村民心头一惊，连忙躬身行礼，心想村里哪来的这位长者，如此的慈眉善目！可他弯腰了许久也等不到回应，于是往前一步又行了个礼，一连往前了三次，老人还是一动不动。村民悄悄抬头，发现这哪是什么老人，分明是一座雕像！

村民大惊，口中连连称奇。再仔细瞧瞧，这神像面色红润，须发根根分明，连身上衣服褶皱都栩栩如生，周身还散发着淡淡的金光！木匠解释此为鲁班神像。村民这才回过神来，原来木匠家能躲避这场瘟疫全是靠着这尊神像的福荫！

村民对着神像拜了又拜，抱着暂且一试的想法从木匠家中请回神像，每日晨参暮礼，好不虔诚。不久后，疫情竟也神奇般随之消除。

有传说抗战时期，国民党的一支部队为了躲避敌军，辗转逃至白交祠，恰逢赶上白交祠村三年一度的“出巡割香”大祭祀。祭祀期间，家家户户都杀猪宰鸡，聚齐在村内广场行香上供，祈求未来国泰民安、风和雨顺、家庭和睦、人丁兴旺。街上人山人海，一派节日欢乐热闹的气氛。

该队连长唯恐祭祀的声响引来敌兵，于是勒令村民停止“割香”祭祀。岂料一夜之间，部队官兵集体上吐下泻、浑身虚浮无力，不知这怪病从何而来，竟一连吃了几天汤药也不见好转。此时正值战事的危急关头，敌军随时就能找到他们的踪迹，万一敌军到来，己方却无力回击，这可如何是好？

正在连长发愁之际，村民告诉他说，是连长打断了“割香”祭祀，引得神明动怒，这才降下惩罚。连长又惊又惧，急忙叫来夫人一起俯首叩拜鲁班神像。说来也神奇，拜完之后，连名医都束手无措的怪病竟突然好转，所有士兵都恢复了健康。此后村内人对鲁班更为尊敬，白交祠村村民们连修屋建房、娶妻生子都要将鲁班神像请至家中加以供奉，鲁班信仰已深深扎根于白交祠村村民心中。

由此种种传闻，而知鲁班信仰在民众心中地位非同凡响，具有很深的影响力，鲁班信仰透露着白交祠村村民对手工业的依赖，对技艺高超的匠师有崇高的敬佩之情，也反映出闽南地区对于神明有一种特殊的情怀。

在中国传统社会中，鲁班祖师信仰源远流长，深入人心，且遍及华夏大地。

在科技日新月异的今天，现代科技飞速发展，不仅极大地推动了社会生产力，同时也对传统的生产方式与生活方式带来了猛烈冲击。而作为一种民间信仰，鲁班信仰却已在中国延续了几千年，弥久不衰。这体现出了鲁班信仰内在的强大生命力，并在与各种文化碰撞交融时期，产生出了新的时代意义。

鲁班信仰表现在对理性与智慧的传承。中华民族有着上下五千年的历史，在长期的历史发展中创造了辉煌灿烂的中华文化，其中蕴含的杰出人物不计其数，鲁班被视为木石匠作之祖，在中国人民心中其已经成为智慧的化身。我们如今仍崇拜鲁班、宣扬鲁班文化，不仅是对其具有开创性的功绩与精益求精的技巧的追求，更是对中华民族一直以来的理性与智慧的赞美与传承。

鲁班信仰表现在对创新精神的追求。创新是一个民族进步的灵魂，是国家兴旺发达的不竭动力，步入21世纪，创新已然成了世界共同追求的目标，只有不断提高自主创新能力，才能繁荣昌盛。而鲁班身上所凝聚的发明精神、创新精神正契合了新时代的要求，以鲁班光辉伟大的形象鼓励世人要不断创新、积极进取，进而推动科技进步、国家复兴。

如今，鲁班信仰已经超出了行业信仰的范围，不仅对各行各业具有引领和示范作用，且对民间尊师重教传统的形成有积极作用。鲁班不仅是工匠的代表，而且已经成为智慧人物的化身。与其他地方单纯对鲁班工艺的敬仰不同，白交祠村的鲁班信仰更是一种对美好健康生活的寄托。直至今日白交祠村民们修屋建房、娶妻生子都要将鲁班神像请至家中加以供奉，鲁班信仰深深地影响着一代又一代的白交祠人。

（三）杨六郎信仰

白交祠村村民极其信仰杨六郎，他们中一些人不仅自称杨家后人，还为杨六郎修建宫庙。杨六郎庙作为白交祠村的一大古迹，在村民的保护下遗留至今。

据说杨六郎是杨家将第二代代表人物杨延昭（958—1014年）。杨延昭本名延朗，生于武官家庭，生来便受其父杨业的影响，自小沉默寡言，熟读兵书。在其父的教导下，杨延昭的军事才能得到充分的积累。雍熙三年（987年）北伐，杨延昭随父出征，担任先锋。在他进攻朔州时，被箭射穿了手臂，但他依然顽强作战，终于攻下朔州。杨业死后，杨延昭在景州（今河北景县）、保州（今河北安新县）等地抵御辽军侵扰。以杨延昭为代表的杨家将是精忠报国、敢于抗争的中国人的典范，他们的事迹虽然不能分辨真伪，但他们的故事却在民间广泛流传，他们所代表的精神也被广大人民所称颂。白交祠村的村民们为了纪念杨家将的英雄事迹，修筑了杨六郎庙，并时时参拜。

白交祠村村民以杨家后人自居，修筑了德元堂。德元堂供奉的则是白交祠杨氏的先祖杨五郎、杨六郎和杨文广三公。德元堂位于白交祠村西南四里外的山坡上，这里山势陡峭，前不着村后不着店。其选址一度令很多人不解，据当地人介绍，关于德元堂的选址，是有一段传说的。传闻在明朝天启年间，忠渊公领族内群众，携先祖杨五郎延德公、杨六郎延昭公金身，自永安跋山涉水山辗转迁徙到同安军营一带居住下来。一段时间之后，忠渊公又仔细地考察了周边的地理环境，发现白交祠一带风顺水正，更适宜杨氏子孙安居乐业，于是再迁此处定居。在白交祠村的杨氏宗祠落成之后，忠渊公便请来了看风水的先生，在村里勘察好地址选好日期后奠基建造祖庙。当时正逢吉日良辰，艳阳高照。各房各户，都备好三牲果品，忠渊公率领族内群众进行祭祀仪式时，突然电闪雷鸣，延德公、延昭公的金身焕发出阵阵金光，一股大风从白交祠东北方向刮了过来，独独将奠基祖庙的香炉席卷起来，朝西南方向飞了过去。众人起身寻找，三日后在西南方杂草刺蓬里发现了香炉，炉火不熄。忠渊公说：“这是天意，是延德公、延昭公金身显灵，重新选好了风水宝地，就照这个香炉的位置、坐向，即时奠基。”

人们根据这些事，对延德公和延昭公更加信任，杨六郎信仰也越发深入人心，进而影响着一代又一代的白交祠村村民。

（四）节日风俗

白交祠村的村民与广袤的中国大地的同胞一样过着差不多的节日。除去一些地理人文因素的影响，白交祠村村民的节日习俗与其他地方大致相当。白交祠村民间岁时节庆习俗源远流长，重要的传统节日有春节（元旦）、元宵、拗九、清明、端午、七夕、中元、中秋、冬至、除夕等，这些与我国其他地方的习俗大同小异，但白交祠村也有它特有的节日以及习俗如下：

在民俗活动上，白交祠至今仍保留着独具特色的民俗节庆即“杨公节”和“趟火节”。“杨公节”于每年农历正月十六在杨六郎公庙举行。到这一天，从各地赶回来的宗亲会举行隆重的仪式，祭拜杨六郎，共同缅怀先人的丰功伟绩。“趟火节”于农历十月二十八日举行，三年一次。趟火者个个都要赤脚，或侃旗，或抬尪，或挑供品，或抱男童，或单身蹚过直径约三米的圆形火炭堆，此情此景英勇果敢，很是壮观，是白交祠村村民祈求身体健康的一大特色。

白交祠村的七夕节是祭拜孩子保护神“七娘妈”。七娘妈作为孩子们的保护神，在民间有着极大的威望，据闽南籍中国台湾学者林再复的《闽南人》一书考证，由于旧时男子经常到中国台湾地区或者其他国家谋求生计，大多不能归家，妇女们只好把希望寄托在孩子身上，她们认为小孩子 16 岁之前都是由天上的仙鸟也就是七娘妈照顾长大的，在小孩子刚满周岁时，就会由家中的妇女带上丰盛的祭品，其中要特别带上鸡冠花和千日红，到寺庙里祈求保佑。在孩子脖子上系上由古钱或锁牌串成的项链，待到 16 岁时，在七夕节再去庙中答谢七娘妈，《鹭江志》中记载的“解去续命缕”说的便是这个意思。

七夕这天，白交祠村的人家，他们会摆上鲜花、瓜果、胭脂水粉、油饭各七份以及“七娘妈亭”和“七娘妈轿”进行祭祀。祭拜结束后将“七娘妈亭”和

“七娘妈轿”焚化，并将祭品扔一半到屋顶上去，给七娘妈享用，另一半留着自己用，或者是在卧室门前挂上绘有抱着小孩的七娘妈“七娘神灯”，通过这种方式来保佑自己的孩子健康平安地长大。有的人家还会为孩子举行成人礼，宴请亲友，庆贺一番。

每年的正月十五是元宵节，又称“灯节”。这天一大早，家家户户就会向天宫神烧香祭拜，以五牲、果子、酒菜、纸钱为供品，大街小巷家家户户都点缀着美丽的花灯，吃着汤圆。福建民歌《卖汤圆》中的“卖汤圆，卖汤圆，小二哥的汤圆是圆又圆……”正是“元宵吃汤圆”的真实写照。自古以来，白交祠村的元宵节就有一些特例，比如“十五上元，十六照原”，这句话说的是杨氏族亲每逢己、酉、丑年等大年，在正月十六隆重敬拜先祖。

总而言之，白交祠村受福建省多神崇拜的地域文化的影响，村民的节日都带有祖先崇拜和神仙崇拜的特性。

第二章　神话传说与历史古迹

一、民间神话传说

地名，是人们赋予某一特定空间位置上自然或人文地理实体的专有名称。这些名称承载着人们对其特有的认知和思考方式，是历史的见证，也是文化延续和传承的载体，更是我国重要的文化遗产。

地名文化可分为三种内涵，一为地区承载的历史文化内涵，二为地区承载的地理文化内涵，三为地区承载的乡土文化。[1]同时，这三种文化内涵也能体现出地名的来源，以厦门同安为例，军营村的村名由来与当地历史相关，传闻郑成功在此驻营扎寨、训练军队，“军营”二字便由此得来。而关于白交祠村的地名的由来则与乡土文化中的宗族图腾有关，这一点可从其后缀看出来。《汉书》中解释“祠，神祠也”，祠是供奉鬼神、祖先或先贤的庙堂。白交祠村内供奉的“白交”却有两种不同的传说，分别来自不同的民间神话故事。

[1] 王胜三．关于地名文化的几点思考 [J]. 中国地名，2018（6）:4-5.

（一）白蛟神

蛟，龙之属也。——《说文解字》

许多神话传说有蛟变化为龙的情节，似乎自古以来，人们便把蛟当作龙的一种未完全进化形态，隶属于龙的某个分支。《述异记》中也说“蛟千年为龙”，因此，人们常常把“蛟”称为“蛟龙”。

可蛟与龙之间究竟有什么差异呢？

1. 形象不同

龙是中华民族的图腾，是中华传统文化的象征与沉淀，其形象并非某种单一的动物，而是凝聚了多种动物元素。具体的形象众说纷纭，不过至今为止，宋代画家董羽所描述的龙的形象获得了较多的认可，他认为：角似鹿、头似牛、眼似虾、嘴似驴、腹似蛇、鳞似鱼、足似凤、须似人、耳似象。

而蛟的形象与龙大同小异，《广雅》卷十中说蛟云：“蛟状鱼身而蛇尾，皮有珠鬘，似蜥蜴而大身，有甲皮，可作鼓。”《韵会》有云“无角曰蛟”，可见蛟与龙最大的区别在于角。龙之角似鹿，长且有分岔，而蛟的角大多小而短，有的蛟甚至无角或只有一只。

2. 活动范围不同

古人认为蛟为水生，《山海经》中有“帝苑之水出焉，东北流注于视，其中多水玉，多蛟”的说法，《淮南子》中有“实而走，蛟龙水居，虎豹山处，天地之性也”的记载。在古籍中，蛟主江河，常隐于湖泊、深潭、水库、江河支流、地洞之中，而龙则更加无所拘束，能腾云驾雾、兴云作雨。

世间并无“蛟”这种生物，后人猜测蛟应当是在鳄鱼、大鱼、蟒蛇等动物特点的基础上组合而成的。可能震慑于这种坚硬凶猛的外形，人们对蛟的感情则更偏重畏惧，出于这种心理，蛟往往被赋予了嗜血、可怖的特性，在书中的记录也被蒙上了一层神秘色彩。宋代文人彭乘在《墨客挥犀》卷三中描述蛟，“蛟之状如蛇，其首如虎，长者数丈。多居溪潭石穴，声如牛鸣。岸行或溪行者，时遭其害。见人先腥涎绕之，即于腰下吮其血，血尽乃止”。

由于人们对龙的崇拜之情不断加深，与此同时人们对蛟的情感也在逐渐由贬转为褒，后人常用“蛟龙得水”来比喻有才能的人获得施展的机会，如《管子·形势》中“人主待得民，而后成其威，故曰：蛟龙得水，而神可立也，虎豹得幽，而威可载也”；李商隐的《代李玄为东兆公祭萧侍郎文》中“及春闱献艺，会府试才，骐骥出尘，蛟龙得水”。由此可见，人们对蛟也渐渐产生了崇敬之情。

白交祠村的“白交”二字便是来自这种对蛟龙的崇拜。

传说，白交祠村内的百丈崖底的湖里住着条白色蛟龙，腾跃而起，可扶摇直上九万里。不过那时的白交祠还未形成如今繁盛的村子，村名也非“白交祠”，仅是一处山清水秀，终年云雾缭绕、人迹罕至之地。

将时间倒转至15世纪下半叶，明王朝已显颓势，皇室官吏豪奢的生活、军事政治繁重的财务皆从百姓身上索取压榨。全国哀鸿遍野，人民生活苦不堪言，杨氏一族不堪为粮税所累，于是从永安清水四十二都二图搬迁至延安府永安县四十一都二图黄坑。

起初，杨氏族人在罗溪村短暂停留后又迁往军营村，村为好村，地为好地，可终是客居，并非长远之计。

正所谓“山重水复疑无路，柳暗花明又一村”。

那日正是一年的春分时节，山间草长莺飞，一派万物生长、欣欣向荣的景象。杨氏族人正耕作着，倏忽之间，天地大暗、云雾翻腾、空中电闪雷鸣，竟是风雨突至！族人们正心中纳罕，只见对面百丈崖底往日那平静无波的湖面，一时间水柱冲天，飞出一条白色蛟龙来！那白蛟牛首蛇尾、鹿角鱼鳞，双眼大如铜铃，吼声震若雷鸣，当真是神采奕奕、威风凛凛！其体形之巨大，仿佛能遮蔽日月；身姿之矫健，腾云而直冲九霄，化而为龙！

待白蛟化龙后，山间云销雨霁，从疾风暴雨到云开日出不过短短几个呼吸间，若不是田间湿润得紧，只怕刚才的一切皆如梦幻也!

图 2-1 百丈崖

众人无不心想：吾辈乃杨氏后人，定当以守疆护国为己任。这湖泊本就秀丽非凡，又有蛟龙隐身于此，想来必是福地，此事若是传开，不免被小人所觊觎。便把这忧虑相互一说，众人皆点头称是。与其被旁人争个头破血流，不如就由杨氏一族来守护它，保此处世代安宁。

迁居之事毕竟不小，回村后，杨氏族人齐聚于六郎庙前祈求六郎神的旨意。一番祭拜后，六郎神周身竟射出万道霞光，乃应允之意。众人大喜，惊呼祖宗显灵，又忙去白蛟化龙处探查，仔细一瞧，此地果真顺风顺水，最是适宜安居乐业。杨氏若迁族于此，定能繁荣昌盛、子孙兴旺。

为供奉白蛟龙神，杨氏族人定居后便将此处命名为“白蛟祠”，后逐渐简化为“白交祠”。

（二）白狗神

据 1962 年的《福建省地图集》载，“白交祠”还写为“白狗祠”。白狗为畲族的图腾，因白交祠与畲族聚居地毗邻，于是推测从前这里是否也曾是畲族聚集的地方。

畲族信仰“盘瓠”，而“盘瓠”的原型也是众说纷纭，有龙犬、鱼龙、麒麟等形象。事实如何，如今已难以得知，不过能从古籍文献中窥得一二。

《搜神记》[1]中有记载：

高辛氏，有老妇人，居于王宫，得耳疾，历时，医为挑治，出顶虫，大如茧。妇人去，后置以瓠篱，覆之以盘，俄尔顶虫乃化为犬。其文五色。因名盘瓠，遂畜之。

时戎吴强盛，数侵边境，遣将征讨，不能擒胜。乃募天下有能得戎吴将军首者，赠金千斤，封邑万户，又赐以少女。后盘瓠衔得一头，将造王阙。王诊视之，即是戎吴。为之奈何？群臣皆曰：“盘瓠是畜，不可官秩，又不可妻。虽有功，无施也。”

少女闻之，启王曰：“大王既以我许天下矣。盘瓠衔首而来，为国除害，此天命使然，岂狗之智力哉？王者重言，伯者重信，不可以女子微躯，而负明约于天下，国之祸也。”王惧而从之，令少女从盘瓠。

盘瓠将女上南山，草木茂盛，无人行迹。于是女解去衣裳，为仆竖之结，着独力之衣，随盘瓠升山，入谷，止于石室之中。

王悲思之，遣往视觅，天辄风雨，岭震，云晦，往者莫至。

盖经三年，产六男、六女。盘瓠死，后自相配偶，因为夫妇。织绩木皮，染以草实。好五色衣服，裁制皆有尾形，后母归，以语王，王遣使迎诸男女，天不复雨。衣服褊裢，言语侏㒧，饮食蹲踞，好山恶都。王顺其意，赐以名山、广泽，号曰蛮夷。蛮夷者，外痴内黠，安土重旧，以其受异气于天命，故待以不常之律。田作、贾贩，无关繻、符传、租税之赋。有邑，君长皆赐印绶。冠用獭皮，取其游食于水。今即

[1] 干宝．搜神记 [M]. 北京：北京燕山出版社，2007.

梁汉、巴蜀、武陵、长沙、庐江郡夷是也。用糁，杂鱼肉，叩槽而号，以祭盘瓠，其俗至今。故世称“赤髀，横裙，盘瓠子孙”。

译文如下：

传闻高辛氏时期，有位老妇人居住在王宫之中，她的耳朵患上疾病已经很久了。医生为她治疗，在耳朵里挑出一只硬壳虫，大小像蚕茧一般。当老妇人离去后，医生把硬壳虫放在瓠（瓢）里，并把盘子盖了上去，不久，这只硬壳虫就变化成了一条毛发为五彩花纹的狗。因此，医生给它取名为盘瓠，并饲养它。

当时北方的戎吴部落十分强盛，多次侵扰边境，帝王派遣将领前去征讨，可总是不能擒敌获胜。于是帝王向全天下招募，只要有人能取得戎吴将军的首级，就赏赐他一千斤黄金、分封一万户城邑，还把自己的小女儿嫁给他。后来盘瓠叼来了一枚头颅来到王宫门外。帝王仔细一看，发现正是戎吴将军的人头。那这下该如何是好呢？众位大臣皆说：“盘瓠是条牲畜，不能做官又不能娶妻。虽然有功劳，但大王也不必给它实施赏赐了。”

帝王的小女儿听说了这件事，对帝王说：“大王已经把我许诺给天下了。盘瓠叼来了首级，为国家除了祸患，这是天命让它这么做的呀，难道仅仅是因为狗的智慧与力量吗？称王的君主重视诺言，称霸的君主重视信用，您不能因为我这小小的身躯，就在天下人面前违背了誓言，这会给国家带来灾祸的呀！”帝王害怕了，于是听从了她的话，让小女儿跟从了盘瓠。

盘瓠把公主带上了南山，山上草木茂盛繁密，没有行人的踪迹。在这种情况下，公主脱去了华丽的衣裙，梳起了仆从的发髻，穿上了方便干活的朴素衣服，跟随盘瓠爬山进入山谷，最后居住在山洞中。

帝王十分悲伤，经常想念小女儿，于是就派人前往去寻找他们的踪迹。然而，只要人一去，就刮风下雨，地动山摇，天昏地暗，前去的人从来没有找到过他们的身影。

大约过了三年，公主生下了六个男孩儿、六个女孩儿。等盘瓠死了以后，这六对孩子便自行配对，结为配偶，成为夫妻。他们用树皮来织布、用草籽来染色。喜欢穿着五彩的衣服，就像父亲盘瓠身上的毛色一样，裁制的衣服上也都带有尾巴。

后来他们的母亲回到王宫向帝王说明了一切，帝王便派人把几个孩子迎了回来，这时天没有再下雨了。几个孩子身上衣服的颜色都十分鲜艳多彩，说出的话语也含糊不清，难以辨别，吃饭喝水的时候都蹲着，喜欢山间田野而讨厌城市建筑。所以帝王便顺从了他们的习性，赐给他们山川大泽，称呼他们为“蛮夷”。

这些蛮夷人，外表看起来愚钝，实则内心狡猾，他们心恋故土，重视旧俗。因为他们接受了上天所赋予的特殊气质，所以就要用特殊的法律来对待他们。关于农事与经商，他们都不需要凭证与缴税，族中的首领与长老都能被授予官职、得到封地。他们的帽子用獭皮制成，这是因为他们的生活与生产都是取自于水中（以此来表达他们对水的尊敬）。后来的梁山、汉中、巴、蜀、武陵、长沙、庐江等郡的蛮夷人都是这样的，在米饭中掺着鱼肉，敲打着木槽当节奏，高声呼喊着来祭祀先祖盘瓠，这种习俗流传至今。于是世人都说，“那些光着大腿，在腰间横系着短裙的人，就是盘瓠的子孙”。

这个传说大致讲述了畲族的起源与生活习惯，但仍有一些问题值得思考：为何畲族会以盘瓠来当作民族信仰呢？盘瓠的形象又为何是狗呢？

首先，盘瓠信仰可能与葫芦崇拜相关。古语的“瓠”是葫芦的意思，葫芦多子，于是原始先民便认为葫芦是多子多孙的象征，《诗·大雅·绵》有言：“绵绵（延续不断的样子）瓜瓞（dié，小瓜），民之初生。”可见人们常常把对子孙繁衍的美好祝愿寄托于葫芦这一物象中。而“盘”，本义是盛放物品、扁而浅的用具，其形极像女阴，“盘”“瓠”两字的结合更体现了当时对母体的崇拜。

其次，之所以将盘瓠畜犬化也可能是儒家对少数民族歧视的思想反映。盘瓠故事本是在少数民族之间以神话传说的形式口头流传的，后经由儒家学者整理入册。由于儒家对华夏民族之外的少数民族皆为“异类”的思想，在成文加工时会

出现将外族形象描绘成凶兽的现象。畲族崇拜白狗的信仰到了儒家文人笔下，不免被大做文章，将其祖先盘瓠畜犬化。❶

自古至今，犬与人类朝夕相处，从劳动生产到生活起居，犬和人类都结下了深深的缘分。以犬为民族信仰也体现出人民对大自然的敬畏，是古人天人合一的思想反映。

在同安莲花地区，还流传着莲山大人的传说，其中，白狗神又有另外一种说法❷：

相传在远古时代，天神杨戬由于耽于与众神共赏美酒，同参盛宴，以至于疏忽了对哮天犬的看管，哮天犬于是无所拘束，乃至私自下凡，化名为白狗神。白狗神结交群魔鬼怪，狼狈为奸，肆意妄为，闯祸不计其数，民众苦不堪言。白狗神的恶行很快为天界所知，众神大怒，群起而攻之。白狗神奋力顽抗，不敌众神熊熊怒火，只好率其残部退居莲花山，在莲花山一带胡作非为，使得莲花山一带百姓叫苦不迭，怨声载道。见此惨状，志同道合、疾恶如仇、对白狗神恶行愤慨万分的莲花山南麓的樟树王和西岳华山道长二人经商议，决定联合清水祖师与莲花湖四乡民众，根据白狗神畏惧火的致命弱点剿杀白狗神，还莲花山一带百姓的太平。

在制定具体战略的过程中，樟树王化形为普通道士，夜以继日地四处探查白狗神的行踪，四方打点指挥，为降妖做充足准备，最后制订了以自焚与神民联合的降妖计划。

当年农历十一月十六日，华山道长化作西岳华山道观的形态镇于莲花湖东路口，清水祖师把持莲花山北面，青壮乡民手持各式神器据守西南面，将白狗神向莲花山驱逐，白狗神狼狈不堪，情急之下钻进樟树王的树洞，樟树王趁机关闭树洞，引神火自焚。白狗神果然对火惊惧万分，登时现出原形跪地求饶，于是众神

❶ 刘满衡．寻找失落深山的脚印 [M]. 北京：民族出版社，2017.

❷ 传说改编自《同安优秀文学作品选 · 散文集 · 莲山大人》。

用符咒和神链拘禁白狗神于西岳道观，彻底降服了白狗神。

樟树王引火焚烧了足足七日，滚滚浓烟挥之不去，直达天庭，惊动了玉皇大帝。玉皇大帝急急派遣天兵天将下凡探查缘由，在了解具体情况后，立即派遣杨戬押回哮天犬，杨戬得到命令后，当下便骑着白马飞驰下凡，从西岳道观押回了哮天犬，从此莲花山百姓终于不再受白狗神的侵扰，过上了安居乐业的生活。

据考察，莲花山人的民俗信仰其实是当地人民对坐落在莲花山南麓海拔 700 余米处的一棵千年古樟王的崇拜。如今古樟树已消失无存，留下的仅有一处据说是樟树王石化后的岩洞和种种神秘缥缈的传说。

同安区文化馆馆长袁和平先生认为，樟树王引白狗神入树洞焚烧的故事，影射出古代闽越蛮獠土著群与中原移民之间为自然生存空间所进行的争夺、征战和不断磨合、同化的过程。上文也有猜测，白交祠村可能曾是畲族聚居地，白狗正是当地供奉祭祀的民族图腾，而如今，这里已然成为汉族族群繁衍生息的家园。虽然村落内的族群构成发生了改变，但村名“白狗祠”却依旧保留了下来。

无论“白狗神”来源于何种神话传说，都代表了人类原始的宗教信仰，显示出人们对生态自然的敬畏之情，象征着对美好生活的祈愿与追求。后因“狗”字不雅，于是用了方言同音字“交”作为代替，“白狗祠”才逐渐叫成了“白交祠”。

二、历史古迹

历史古迹，是指人类在历史发展过程中遗留并保存下来的社会活动痕迹，包括遗迹、遗址、遗物及遗风等。有的经过历代的保存、修缮、重修从而相对完好地留存下来，更多的则在历史变迁下不断地磨损、破坏最终消失。但留存下来的每一处都有着极高的历史参考价值，是研究当时人类的生活水平、生产情况、社会环境等内容的重要材料。

本节从古遗迹与古建筑两个方面来介绍白交祠村的历史古迹，包括附近的古寨、相通的古桥、古道等交通遗址。并希望从中可以感受到当时人民的生活状况、生产力的发展水平与其中所包含的文化意蕴。

（一）古遗迹

寨的本义为防守用的栅栏，是一种用于军事的障碍物，后引申为古代驻兵的营地、营垒，也可以用来指代村庄等。

根据其政治倾向来分，可分为绅士寨堡与土寨两种，前者为富裕的乡绅所建，后者为地方叛乱者所建造，即土寇之寨。根据建造地域而分，又可分为群山之间的土寨、石寨；滨海地区的铳楼、城池；田野乡村的古堡、炮楼等。

同安地区多山地丘陵，复杂崎岖的地形决定了此地既可以建造用于安全防卫的防御型山寨，也可以依照地势险要、易守难攻的特点修建攻击型城寨。至今为止，同安地区已发现超过50处不同时期的古寨遗迹，其中最早的建造于宋朝，共26座，其余的几乎均为明清时期修建，并一直延续到民国时期。

同安古城寨的兴建是随着社会经济的发展和社会环境的变化而出现的，这些遗迹在一定程度上反映了各历史时期的社会、政治、经济、军事等状况，大致可分为四种：

①宋代中原汉族的大规模迁入，与当地原住民难免发生经济与文化上的碰撞，迫使势力单薄、生产力相对落后的当地居民迁往偏远山区。此时，山寨大部分建于远离居住区的高山山巅，地势陡峭，规模或大或小，内有房屋，可供较长时间居住生活。

②宋时赋税繁重、战乱不断，因此村民为逃避官府征税、抓兵抽丁，经常躲

避到偏远的山区高地，并建造山寨。如位于汀溪镇西源村溪仔境自然村东南500米的苏垅山寨，寨址唯一的寨门便是朝向村庄的，虽然地势陡峭，但路程最近，若是出现紧急情况，村民能在最短的时间内逃入寨中。

③为山道上过往商旅和行人提供保护而修建。如位于汀溪镇堤内村西南2千米村尾山山顶的村尾山山寨，其建在堤内村通往小坪的穿山道隘口旁。旧时，由同安小坪通往安溪的古道从山寨下的山谷隘口通过，此山寨正好建在离隘口不足100米的小山顶上，因此，应当是当时商旅行人翻山越岭时，为防盗防抢、栖身歇息而建的。

④土匪、起义军作为据点、躲避官军围剿而修建的山寨。如位于寨仔兜自然村北面的陈皇寨山的陈皇寨。相传此寨为元末地方农民起义首领陈友谅于明初时建，当时陈友谅被朱元璋重创后流亡到南方，在此地安营扎寨，当上土皇帝。因此，直到现在当地还流传着“陈友谅打天下，臭头洪武坐天下”的俗语。

明清之际，社会经济得到较大发展，为防范贼匪偷盗、抢劫，偏僻山区的村庄常于附近的小山冈高地建筑山寨，寨门朝向村庄一侧，便于匪患之际紧急避难，寨址一般规模较小，作为临时避难之所。如位于汀溪镇褒美村的寨山山寨，其山脚的古碑上便记载了当时抗倭的历史。

至清代，有的石寨已成为村旁的民用住宅，而富裕的家族则在村庄内就地建造坚固的古堡，成为兼具防卫功能的居住建筑。清代及民国时期，社会的发展使人们住有所居，耕有其地，社会较为安定，此时在村口和大片农田中间建造的铳楼，主要功能是用于夜间守更报警和看护庄稼农作物。

白交祠山寨位于厦门市同安区莲花镇白交祠村东南外，寨址建于宋代，沿用至清代。山寨由建于山顶的内寨和山腰的外寨组成，内小外大，高低错落6~8米。寨墙由就地开采的石块垒砌，厚0.6~1米，残高0.5~4米，内寨环绕山顶而建，直径约20米，寨内耸立数块约一人高的岩石，可作指挥台；南侧有长方形寨门，宽1.15米，高2米，厚1.5米。寨址北面和东面较为陡峭，外寨建于西南部山腰，面积约 800 平方米，平面呈梯形，靠山体内侧宽 34 米，外侧宽约 10 米，总长约 60 米；外寨南侧有寨门，门梁掉落，门高 1.8 米，宽 1 米，墙厚 1.1 米。

此寨建于大山之顶，北面和东面为大山谷，极为壮观险峻。山顶常年云雾缭绕，是迄今厦门已发现的海拔最高的山寨。寨内已开垦为茶园，可采集到少量的板瓦、筒瓦及陶瓷片，其中有宋代青瓷碗碎片。

翻阅资料可以发现，同安区几乎所有的寨址都能发现青瓷碎片，这与同安自古以来就是我国著名的陶瓷产区是分不开的。同安窑系以盛产青瓷而出名，兼产青白瓷、陶器，同安地界极多山寨、瓷窑遗址，有些山寨虽冠以“寨”的名称，实际上作用与瓷窑无二，平时也会烧制并贩卖瓷器。据《同安科学技术志》记载，在宋元时期，同安便拥有了先进的制瓷技术;《留氏族谱》上也有记载，公元 10 世纪中叶时期，同安的陶瓷、铜铁泛于蕃国，取金贝而还，民甚称便。

值得一提的是，在同安窑系中，一种名为珠光的青瓷不仅畅销国内，在海外也受到了各国人民的喜爱，尤其在日本，珠光青瓷更是作为茶具掀起了一场堪称空前绝后的茶道革命。

珠光青瓷是一种青黄釉刻划花篦纹的青瓷。之所以称为“珠光”，并非因为其色彩闪耀绚丽，正相反，珠光青瓷颜色古朴自然，花纹简洁大方，极富禅意与韵味。尤其是上品的珠光青瓷，釉色光亮透明，受到不少文人雅士的喜爱。

珠光青瓷的名字得源于日本的一位禅宗大师——村田珠光。村田珠光被誉为日本的茶汤之祖，他将禅宗中的情意雅趣完美地融入茶道，开创了“茶禅一味”的至高境界，形成了哲学、宗教、艺术、礼仪为一体的新风尚，让茶文化转向崇尚朴素、自然、平等、清廉、自我，鄙弃了追逐名利、趋炎附势的世风。传闻村田珠光极其青睐于这种青黄釉花篦纹的青瓷，故日本学者便将其统称为“珠光青瓷”。

1956 年，有关部门在福建同安地区挖掘出大量瓷具碎片，陈万里等学者前来调查，最终考证认为这就是被日本称为“珠光茶碗”的青瓷，从此也以“同安窑”相称。

杜志政先生认为标准的珠光青瓷应涵盖以下四点：①釉色青黄，以同安汀溪窑枇杷黄为正宗，允许稍有偏差；②釉面光亮、透明、开片、玻璃质；③装饰技法为刻花、划花、或双面或单面；④装饰纹样以梳篦纹为典型纹样，以“米”字形荷花纹为标志性纹样。但这四点也非绝对，应视具体情况而定。除此之外，杜志政先生另总结出两点珠光青瓷的特征：一为底足裸露无釉，或多或少，有的施“半釉”，有的施釉至足根，但至少是圈足内无釉；二为胎色为灰白色，或深或浅，深者近黑色，浅者近白色，但浅者再浅也不会是白胎。

珠光青瓷作为青瓷的代表，由于颜色造型的别致与低廉的成本而大量销售到海外各国。北宋年间，泉州港正值最为繁荣的时期，是我国“海上丝绸之路”的起始港口，无数载满了瓷器、丝绸、茶叶等商品的船只从泉州港出发，顺着航道销往异国他乡，尤其受到日本民众的欢迎。据考察，不仅在泉州港宋时沉船中发现有珠光青瓷，在日本镰仓海岸、唐津山麓遗址和太宰府附近、福冈湾底以及福山草户庄等地的镰仓时代遗址等都有大量出土。

为何珠光青瓷如此受日本人的推崇？这与时人的审美情趣是分不开的。以村田珠光的茶道思想为例。

珠光青瓷不仅色彩古朴，花纹也自然流畅，其纹饰有篦划纹、篦点纹、莲花纹、菊花纹、刻花纹、花草纹及动物纹等。佛教中，莲花是佛的化身，用莲花来装饰器物，象征着佛光普照、如意吉祥、清净纯洁。在考察过众多珠光青瓷窑址后，杜志政先生发现莲花纹是珠光青瓷纹饰中最常见的花纹。以莲花或莲叶，以苞莲或折枝莲，以单莲或多莲，以单层莲瓣或多层莲瓣，以写实莲或写意莲，以莲为主题或以莲为辅助，或内里或外壁，均表现得淋漓尽致；莲纹或花肥叶茂，或细长秀丽，或含苞待放，或畅笑盛开，或迎风摇曳，或婀娜静立，皆栩栩如生。珠光青瓷与莲相通、莲与禅相随相伴。

珠光青瓷不仅在同安有窑址，在浙江、广东等地也均发现了窑址，甚至在同安窑还未发现时，日本学者都认为珠光青瓷产自浙江德清后窑。为什么现在能将同安窑与珠光青瓷画为等号呢？同安窑在珠光青瓷系中处于一种什么地位？杜志政先生为我们做出了详细回答。

据现有资料来看，同安窑系与浙江龙泉金村窑系一脉相承，当时应该是以龙泉为基点向北影响至浙江义乌，向南过渡浦城、松溪，到福州、莆田，到泉州同安，到漳州漳浦、东山，一路扩展影响到广东潮州。这种说法十分符合逻辑，不过历史的真相如何还有待商榷，因为两者相似度虽高，可不同之处也不少。同安窑珠光青瓷丰富多样的纹饰种类、洒脱奔放的纹样线条，别具一格的鹿纹以及使用的匣钵，都与龙泉窑有着明显的不同。

若论瓷胎质量、制作精细程度，同安窑珠光青瓷与龙泉窑之间的差距可能还不小，但同安窑所具有的特点，是其他窑所不及的：

一是同安窑珠光青瓷纹饰种类繁多，工匠想象力非凡。如前所述，仅一种荷莲纹就有多种样式，这在其他窑均不多见。

二是同安窑珠光青瓷纹样洒脱、奔放，刻画技法挥洒自如，“下笔如有神”，似“大师”制作。

三是同安窑珠光青瓷生产集中、规模宏大。在蜿蜒的水库周边，窑炉密集，窑渣碎瓷堆积如山，显然是大规模化、高集中化了的生产地。

四是同安窑影响范围广大。时为泉州辖区的同安窑在设窑产瓷各方面条件优势兼具，加上有似“官窑”“大师”般的制造氛围，对周围窑场的设立和烧造是有较大影响的。

从现有的遗址上也可看出，在同安附近的珠光青瓷窑址最为密集，其出产的珠光青瓷特征均与同安窑大同小异。这些窑主要分布在同安、漳浦、南安、惠安，属厦、漳、泉闽南金三角地带，而同安恰位于此三角的几何中心，在地理位置上容易起到辐射和影响周围地区的作用。我们再结合故宫古陶瓷研究中心集全国各地的瓷窑标本展示来看，珠光青瓷以福建产品种类最多、规模最大、总体质量较好。同安窑以其窑场规模之大，窑群之密集，造型之秀丽，釉色之纯正，纹饰之多样，刻画工艺之美妙，堪称为“最”。珠光青瓷以“同安窑系”命名，并确立同安窑在珠光青瓷窑系中的“中心地位”是恰如其分和当之无愧的了。[1]

（二）古建筑

“古建筑”是“古代建筑”的简称，是相对现代建筑而言，是社会对历史遗存建筑的通用俗语，一般是指现存清代（含清代）以前的建筑物和构筑物，但民国初年的部分建筑在结构、形式、用材、艺术等方面与古代建筑类同，所以在传统习惯上，也称其为古代建筑。本节从民居、宗庙、亭阁这三方面来介绍白交祠村内遗留的古建筑，从这些古建筑中感受当地村民的历史源流与民俗信仰。

1. 石厝民居

白交祠村现存民居建筑大多为石头房，但部分保存的建筑风格仍属于典型的闽南石厝红砖建筑。

福建作为移民大省，早期多是中原汉人为躲避战乱迁移至福建，直至南宋时期，南迁的汉人才逐渐减少并稳定下来，福建随之变为定居社会。而闽南地区（这里主要指厦门、漳州、泉州）又为我国古代“海上丝绸之路”的起点，对外交流频繁，也在很大程度上受到外来文化的影响。因此，闽南建筑文化兼具中国传统农耕文化与海洋文化，在我国建筑中独树一格，具有别样的风采。

而同安地区多山、丘陵，地势东南低西北高，属亚热带季风气候。同时背山向海，每年降水几乎能达到 1200 毫米 ~2000 毫米，于是在闽南的近山区部分，通常以天井为中心形成三间起或五间起的虎头厝作为基本模式，以适应山区的丘

[1] 杜志政 . 同安窑系：珠光青瓷 [M]. 厦门：厦门大学出版社，2017.

陵、台地等复杂地形。

闽南地区以红壤、黄壤为主，加上加工砖石技术水平高，因此便于就地取材，闽南民居以红砖瓦为主。也有学者从历史角度推断，是战乱等原因导致宋人南迁至闽，中原地区工匠亦随着皇族迁移至此，按皇族观念在闽南建造出了高规格“皇宫起”的红色起居，这也使得红砖在闽南地区盛行。无论何种原因，闽南地区形成了独特的红砖文化，“闽南红”成了闽南民居普遍的代表颜色。

闽南的石厝民居通常有以下特征：

（1）多以歇山式与悬山式的设计为屋顶部分，脊角部分燕尾脊的设计极有特色，有利于排水也可抵御强风；

（2）红砖红瓦的运用使得建筑色彩鲜艳，富有地域特点；

（3）“出砖入石”的设计体现了闽南人民对于砖与石的巧妙运用；

（4）对屋面的砖瓦进行的雕刻设计，可减小风对屋面的侵蚀作用；

（5）外墙部分常使用“裙堵”，材料一般为白色花岗岩；

（6）早期风格以官式大厝为主，后融合西洋风格，展现出中西结合的美感。

石厝建筑是闽南地区人民审美与智慧的完美体现，接下来对以上特征进行详细展开。

①屋顶

闽南石厝建筑的屋顶极具特色，与传统建筑中正脊与地面水平不同，石厝屋脊从中间逐渐向两侧翘起，中间弧度略缓，两端的脊角则高高翘起。这种向上高翘的脊角也被称为“燕尾脊”，又称为“双燕归脊”，这名称得源于其形态，又尖又细的脊角在尾部经常有一个或者是连续的开叉，如同归巢的乳燕一般，既俏丽活泼，又华美轻盈。燕尾脊则经常用各种脊兽装饰，这也是当地人体现财富的一种象征，根据装饰物的华丽程度来显示这户人家的财力水平。

从建筑学角度来说，这种曲线型屋脊不仅可以增加屋面的重量，降低房屋承重的中心，也有利于房屋排水、避雷灾、抵御沿海台风；从艺术审美上看，高高翘起的屋脊极具美感，用于装饰的花纹、脊兽也令人赏心悦目。

② 红砖红瓦

由于地理与历史的原因造就了闽南人民对于红色的偏爱，红色也就成了闽南地区的代表颜色。同样地，闽南人民也把对红色的爱融入建筑中，其中着重体现在红砖红瓦的运用上。

在建筑材料上，广泛使用烟炙砖，其属于红砖的一种。它的代表色是砖红色，鲜艳的颜色由于其间分布着黑色条纹而显得更为庄重沉稳。这种烟炙砖在烧制上也独具特色，王弘鸣曾在《闽南大厝的地域性特征》中介绍道："在砖的烧制方法上有其独特之处。红砖在烧制方法上与青砖具有本质的区别。烧制青砖时先密封砖窑，在烧制后期需要用水灌入窑内，冷却砖块的同时挥发出大量氢气，氢气本身强烈的还原作用，使得砖块中的已经与氧气发生反应的铁元素迅速还原为氧化亚铁。此种方法烧制而成的砖为青砖，砖体表面呈青灰色。而属于红砖的烟炙砖，在烧制时并不封闭窑炉，砖坯在窑中呈逐层斜向叠加摆放的布局，这样的方式一来是为了使作为燃料的马尾松枝叶和干草充分燃烧产生热量，二来是为了使窑内的氧气与砖坯中的铁元素充分反应形成红色的氧化铁。燃料烧尽后的灰烬会依附在斜向叠加的砖块上，便形成了具有黑色条纹的红砖——烟炙砖。[1]"红砖红瓦的原料也与闽南地区的土壤有关，其坯多取自于稻田中的泥土或黏土，其中蕴含着比较丰富的铁元素，于是在烧制过后，砖体瓦片呈现出艳丽的红色，因此，烟炙砖又被称为"胭脂砖"。

③ 出砖入石

石厝建筑在墙面上采取"出砖入石"的构筑方式，这种独特的墙体砌筑手法是将砖块、石块兼之以瓦片、牡蛎壳、鹅卵石等材料混合而砌成墙面。"红砖微凸横置作点，白石微凹竖立作面，砖石缝隙为线。这种以点、线、面为基础形成

[1] 王弘鸣，李瑞君．闽南大厝的地域性特征 [J]. 设计，2017（18）：117-119.

的具有节奏性的墙面混合方式”就是“出砖入石”。

据说这种砌筑手法起源于1604年的一次地震，灾后重建时人们便将毁坏建筑的旧材料重新融入新建筑中，这样既节省了建筑材料，又缩短了重建时间。新建成的房屋不仅异常坚固，还呈现出一种材料混砌的美感，白灰色的石料和红砖带来了强烈的冲击力，砖与石的完美契合又体现出闽南人民特有的智慧。

④ 白石壁堵

大门两边的面墙分为两部分，上半部的墙体由红砖构成，下半部分是由石块构成的墙基与墙堵，整面墙上部分轻盈而艳丽，下部分厚重而敦实，具有和谐统一的美感。面墙可分割为几个面，每个面叫作“堵”，普通来说少则三堵，多则可到七八堵，由下往上数，依次为：裙堵、腰堵、身堵、顶堵、水车堵。最顶部的垛因其长如水车，因此俗称“水车堵”。

用来做堵的材料为东南沿海地区盛产的灰白色花岗岩，这种石料坚硬、牢固且美观，既能防潮，又可抵御昆虫的侵咬，是十分适合做地基、台基、柱基的材料。

有的壁堵直接为白色，有的则用石雕、砖雕来装饰，雕刻出的人物花鸟极为精美，或加以彩绘，或贴上金箔，与红色庄严的墙体交相辉映，更显华丽。

⑤ 中西结合的风格

早期的闽南石厝风格以官式大厝为主，红砖白石、古朴典雅。后期由于对外交流的增强，石厝也逐渐趋向中西结合的建筑风格。

首先体现在建筑外观上。屋顶仍保持着传统闽南建筑中的燕尾脊，斜飞翘起，张扬华丽。墙面则采取西洋的建筑模式，融合了古罗马式、哥特式等建筑风格的特点，修建成极具闽南特色的新式石厝——西洋楼。

其次体现在建筑材料上，红砖与白色花岗岩仍是最主要的原料，但用于装饰屋顶、墙面、走廊等处的材料则使用了带有浓郁西洋特色的瓷砖。这种瓷砖色彩明艳、光滑亮丽，多以黄、绿、红、白等为主要颜色，花纹也多以几何线条、花卉、水鸟鱼虫等元素为主。

在近现代，这种新式西洋楼多为留驻中国的外国人或归国的华侨修建，其风格中西合璧，既有中式的典雅大方，又具西式的精美浪漫，这也是对传统石厝民居的一种创新与发展。

⑥红砖古厝的历史来源：建筑文化内涵和精神文化内涵

红砖古厝，不论在闽南还是在全国，都是一朵夺目的奇葩。白交祠地处闽南，拥有许多保存完好的红砖古厝，其历史来源直到今天都值得人们深究。

“厝”，本义为用于停放灵柩的房子，而在闽方言中，“厝”意为百姓所居住的房子。红砖古厝的由来最早可以追溯到唐昭宗光化年间。起初是闽王被皇帝许可建造一种皇宫式的房屋，其中便有了今日红砖古厝的雏形。因其高高翘起的脊角与精美华丽的装饰，又被称为“皇宫起”。原先，这种燕尾脊只使用于宗祠庙宇等建筑中，后随着越来越多的百姓们对王府进行房屋仿制，红砖古厝在闽南各地也越来越常见，逐渐成为闽南地区一抹靓丽的风景线。

闽南建筑博物馆原馆长、泉州古民居研究专家黄金良这样高度概括红砖石厝的特点与风格，“红砖白石双坡曲，出砖入石燕尾脊；雕梁画栋皇宫式，土楼木楼融中西”。

这几句总结了闽南古厝的几大特征：坐北朝南、硬山式屋顶、双翘燕尾脊、红砖白石墙体。红砖古厝以石砌屋身，外墙以坚实厚重的石块与色彩鲜艳的红砖共同砌成，上红下白，对比鲜明。石块、砖缝的相互交织，体现了点、线、面的形式之美，犹如一幅美轮美奂的作品。

红砖石厝同时体现了对中国儒家文化的传承，主要表现在建筑中对“尊卑有序”等伦理思想的继承中。传统的闽南古厝建筑采用以居中为尊、左右严格对称的布局结构，突出了中轴对称，区分了主次空间。作为中轴线上规模最大、空间等级也最高的顶厅，在整个建筑中也是作为装饰最为豪华的存在。而在装饰形式上也讲究左右对称、前后均衡，其花纹更是蕴含着儒家文化中的仁义礼智信等内涵。种种表现都彰显了儒家文化对闽南人民潜移默化的影响。

汉文化内涵也在古厝中的图案内容当中得到体现。云卷纹、花草纹等中国传统纹样在古厝中出现，这些纹样都有其本身的象征与寓意。古厝屋顶山墙的三角形，恰好是云气纹倒置而成，寓意着高升和如意。莲花寓意着高洁，钱币寓意着富贵，龟寓意着长寿，石榴寓意着多子多福。“图必有意，意必吉祥”是中国传统民居装饰纹样发展的内在动力，体现了中国文化的基本精神，即从社会伦理出发来建构文化，红砖古厝砖墙图案同样延续这一规律。

闽南人民对“红”是偏爱的。这种偏爱不是没有原因的。早在红砖石厝建造之初便体现出来了，依照皇宫仿造的古厝便是人们心中权势与财富的象征，人们建造红砖石厝也是对于幸福生活的向往与追求。其次，闽南地区多为红壤，烧制出的砖块也呈现出亮丽的红色。人们使用红砖来建造房屋也体现出闽南人对土地的尊敬与眷恋。最后，红砖的易获取也大大降低了房屋建造的难度，与石材相结合的“出砖入石”技术不仅提高了原材料的利用率，也极大地增强了房屋的坚固度，其中也凝聚着闽南人的聪明才智。

所以红色正代表了闽南人的精神文化，体现出闽南人的热情开放、积极进取、充满智慧。红色造就了闽南文化，闽南人又将红色广泛应用，两者相辅相成，密不可分。

闽南传统红砖古厝属于中国传统南方建筑中的一支，在汉人南迁入闽的过程中，带来了中原地区的大量生产技术与风格形式，提高了本土建筑工艺；而闽南又有着其独特的地域性与海洋性的文化特征，同时也在潜移默化地改变着中原文化的外貌形态，逐渐形成兼容并蓄又不乏独创精神的闽南文化。

近代，随着海外贸易的繁盛与归国华侨的建设，闽南文化再一次受到了外来文化的冲击，进行长期融合之后，建筑中所呈现出的建筑元素必然是文化的一种体现，红砖石厝再次更新升级，以结合了中西风格的姿态展现在世人面前。那一幢幢耸立在蓝天白云下的红砖建筑既庄严稳重、鲜艳明亮，又华美浪漫、恢宏大气，展现出闽南文化浓浓的生命力与其独到的开放性、包容性、多元性。

2. 宗庙

（1）杨氏宗祠

宗祠，又称祠堂、宗庙、祖庙、祖祠，是各姓氏家族供奉与祭祀祖先或先贤的场所。同安境内宗祠众多，其原因大概为“古同安以移民为主，境内山多路险，生存环境恶劣，古人在此落脚定居，需要聚族而居和借助群体力量进行开拓，于是形成了以宗祠、支祠为中心的聚居点和村落”。

人们祭祀祖先，不仅是为了缅怀祖先的养育之恩，更是希望通过祈望祖先之灵能够赐福消灾、庇佑子孙、福荫后代，而且通过祭拜活动形成以血缘为纽带的家族、宗亲的庞大牢固群体，互助团结，共同征服自然。

典型的同安祠堂是由前、后两落大厝和中央天井及左右廊庑围合组成的单进廊院式建筑，有的祠旁附建先贤祠、名宦祠。较小的祠堂为单落大厝加前庭院组成，还有民居合院形式的祠堂，由祖先故居演变而来。这些祠堂建筑一般为闽南传统砖石木结构。而在白交祠村，较著名的祠堂便是杨氏宗祠。

图 2-2　杨氏宗祠

杨氏宗祠位于厦门市同安区莲花镇白交祠村中。建于清代，20 世纪 70 年代重修。坐东南朝西北，为前、后两落古厝的廊院式建筑，面宽 14 米，通进深 13.4 米。前落面阔 5 间，中为厅堂，两侧并排 2 间边房，边房与天井两侧榉头相连通，抬梁式梁架，悬山顶，燕尾脊。后落面阔 5 间，进深 4 柱 5.9 米，中为敞厅及两侧并排 2 间房，穿斗式梁架，悬山顶，燕尾脊。建筑风格朴素，不事雕饰，整体基本保持清代原貌。

（2）六郎庙

在白交祠村的口头相传中，本支杨氏族人更有一位名震千古的先祖，那就是我国北宋名将杨六郎。《宋史》[1]介绍道：

> 延昭本名延朗，后改焉。幼沉默寡言，为儿时，多戏为军阵，业尝曰："此儿类我。"每征行，必以从。太平兴国中，补供奉官。业攻应、朔，延昭为其军先锋，战朔州城下，流矢贯臂，斗益急。以崇仪副使出知景州。时江、淮凶歉，命为江、淮南都巡检使。改崇仪使、知定远军，徙保州缘边都巡检使，就加如京使。
>
> 咸平二年冬，契丹扰边，延昭时在遂城。城小无备，契丹攻之甚急，长围数日。契丹每督战，众心危惧，延昭悉集城中丁壮登陴，赋器甲护守。会大寒，汲水灌城上，旦悉为冰，坚滑不可上，契丹遂溃去，获其铠仗甚众。以功拜莫州刺史。时真宗驻大名，傅潜握重兵顿中山。延昭与杨嗣、石普屡请益兵以战，潜不许。及潜抵罪，召延昭赴行在，屡得对，访以边要。帝甚悦，指示诸王曰："延昭父业为前朝名将，延昭治兵护塞有父风，深可嘉也。"厚赐，遣还。
>
> 是冬，契丹南侵，延昭伏锐兵于羊山西，自北掩击，且战且退。及山西，伏发，契丹众大败，获其将，道以献。进本州团练使，与保州杨嗣并命。帝谓宰相曰：嗣及延昭，并出疏外，以忠勇自效。朝中忌嫉者众，朕为保庇，以及于此。

---

[1] 许嘉璐，倪其心．二十四史全译：宋史（第 10 册）[M]. 上海：汉语大词典出版社，2004.

五年，契丹侵保州，延昭与嗣提兵援之，未成列，为契丹所袭，军士多丧失。命李继宣、王汀代还，将治其罪。帝曰："嗣辈素以勇闻，将收其后效。"即宥之。

六年夏，契丹复侵望都，继宣逗遛不进，坐削秩，复用延昭为都巡检使。时讲防秋之策，诏嗣及延昭条上利害，又徙宁边军部署。

景德元年，诏益延昭兵满万人，如契丹骑入寇，则屯静安军之东。令莫州部署石普屯马村西以护屯田。断黑卢口、万年桥敌骑奔冲之路，仍会诸路兵犄角追袭，令魏能、张凝、田敏奇兵牵制之。时王超为都部署，听不隶属。延昭上言："契丹顿澶渊，北境千里，人马乏，虽众易败，凡有剽掠，率在马上。愿饬诸军，扼其要路，众可歼焉，即幽、易数州，可袭而取。"奏入，不报，乃率兵抵辽境，破古城，俘馘甚众。及请和，真宗选边州守臣，御笔录以示宰相，命延昭知保州兼缘边都巡检使。

二年，追叙守御之劳，进本州防御使，俄徙高阳关副都部署。在屯所九年，延昭不达吏事，军中牒诉，常遣小校周正治之，颇为正所罔，因缘为奸。帝知之，乐正还营而戒延昭焉。

大中祥符七年卒，年五十七。

译文如下：

杨延昭本名杨延朗，后来改名为延昭。年幼时性子沉默寡言，儿童时期，常常把排列军阵当作游戏，杨业曾经说道："这个孩子像我。"每次杨业征伐出行，一定让他跟从。太平兴国年间，杨延昭补局供奉官。杨业攻打应州、朔州，杨延昭担任先锋，在朔州城下作战，虽然流箭贯穿了手臂，可这让他作战更为勇猛。后来，杨延昭以崇仪副使的官职出任景州知州。当时长江、淮河流域灾年歉收，朝廷任命他担任长江、淮南都巡检使。后升任为局崇仪使、知定远军，转任保州缘边都巡检使，又升任如京使。

咸平二年（999 年）冬，契丹侵扰边境，当时杨延昭驻守在遂城。遂城城池矮小，兵力匮乏，契丹攻势凶猛，合围了数日。契丹每次发动进攻后，遂城的将士们都会感到恐慌，杨延昭把城中男子悉数召集起来，发给他们武器铠甲，到城上守卫。恰好那年正值严寒，杨延昭令人从井里打水并浇灌到城里，第二天早晨全部结成了冰，这样城墙更加光滑坚硬，敌人就攻不上城，于是契丹军只好溃散而去，杨延昭缴获了很多铠甲和兵器。杨延昭因其战功升为莫州刺史。当时真宗驾临大名府，傅潜握有重兵屯驻在中山。杨延昭与杨嗣、石普屡次请兵出战，傅潜始终不允许。后来，傅潜被治罪，真宗召杨延昭到行营，多次询问边防要事，延昭回答十分得当。真宗很高兴，对诸王说："杨延昭的父亲杨业是前朝的名将，延昭能统率军队，又能捍卫边塞，有乃父当年的风范，真让人倍感欣慰。"于是厚加封赏，让他返回驻地。

这年冬天，契丹向南侵扰，杨延昭在羊山西面埋下伏兵，自己则从北面展开突袭，边站边退，诱敌深入。等敌军到了西山，伏兵一拥而上，进行围攻，契丹军大败，主将也在此战中阵亡，延昭用木匣子装着主将的首级进献给真宗。杨延昭升任本州团练使，同时任命的还有保州杨嗣。真宗对宰相说："杨嗣和杨延昭，两人长期在边塞驻守，与朝中人疏远，又用忠孝勇毅来约束自己，使得朝中忌妒他们的人很多。都是朕尽力保全，他们才终于建立了这样的功勋。"咸平五年（1002 年），契丹侵犯保州，杨延昭与杨嗣率兵增援保州，还未列好阵行，便受到了契丹突袭，士兵死伤惨重。真宗任命李继宣、王汀顶替二人回朝，准备惩治二人的罪。皇帝说："杨嗣等人平时以勇敢闻名，这次姑且赦免他们的罪过，以后将功补过。"于是便不再问责。咸平六年（1003 年）夏，契丹再次侵犯望都，李继宣逗留徘徊，不敢前进，被问罪削去官阶，于是再次任用杨延昭为都巡检使。当时讨论秋季边防的策略，朝廷下诏让杨嗣和杨延昭分条陈述，杨延昭又改任宁边军部署。

景德元年（1004 年），下诏增加杨延昭的军队至万人，如果契丹的骑兵入侵，就驻守在静安军的东面。又命令莫州部署石普驻扎马村的西面来保护屯田。切断黑卢口、万年桥这些敌人骑兵可以入犯的道路，并集中各路军队一起追击敌人，又命魏能、张凝、田敏率奇兵牵制敌兵。当时王超担任都部署，延昭听从他的指挥但不隶属于他。杨延昭进言道："契丹在澶渊屯，距离北部边境将近千里，人马都很疲乏，纵使兵多也容易击败，一路凡有所抢劫掠夺来的物品，全都放在马上。希望朝廷可以下令整顿各军，扼住他们返回北方的要道，那么不仅敌军可以歼灭，幽、易几州，也可以收复。"奏章送入朝廷却没有答应，于是延昭率领军队抵达辽的边境，攻破古城，俘虏了很多敌人。辽、宋两国议和后，真宗挑选守边将领，亲笔抄录给宰相看，任命杨延昭为保州兼缘边都巡检使。

景德二年（1005 年），追记戍边的功劳，杨延昭进升本州防御使，不久调任高阳关副都部署。在任九年，因为延昭不擅长治理军吏事务与诉状，便常常交给小校周正处理，渐渐地被周正蒙骗，并趁机为非作歹。真宗知道后，将周正逐回营中，并告诫延昭要留心军政，以此警告杨延昭。杨延昭大中祥符七年（1014 年）病逝，享年 57 岁。

史书上这样评价杨延昭，说他智勇善战，所得俸禄和赏赐全部犒劳军队，不曾过问家事。他出入乘骑侍从如同军官一样，号令严明，与士兵同甘共苦，遇到敌人必定卫锋在前，要是指挥军队能够取胜，也愿意把功劳记在下属身上，所以人们乐意为他效用。他在边境防卫 20 多年，契丹人害怕他，于是称他叫杨六郎。他去世后，皇帝哀悼他，派遣官员护送灵柩回乡，河朔的人大多望着灵柩而哭泣。后朝廷录用他的三个儿子做官，经常跟随他的侍从、门客也被考试武艺，选拔叙用。

而在演义小说中，杨六郎以及杨家将的故事更是被传奇化，后人的描述与夸大使故事蒙上了一层神秘的色彩。因波澜壮阔的经历与忠心为国的品格使得杨六郎的故事在民间广为流传，无数人奉其为精神领袖，逐渐在民间形成一种信仰。

白交祠村村民为杨氏后人，对本族先贤自有一种崇敬之意，因此在这种祖先崇拜的心理影响下，村民便立庙建祠来向先祖杨六郎祈求平安。

图 2-3　六郎庙

(3) **亭阁**

同安地区流传着许多关于鲁班的传说，在白交祠村内也有座古亭反映了这一历史悠久的民间信仰。

鲁班（公元前 507 年—公元前 444 年），春秋时期鲁国人，姬姓，公输氏，名班，字依智，人称公输盘、公输般、班输，尊称公输子，又称鲁盘或者鲁般，世人惯称“鲁班”。鲁班是一位卓越的手工艺术家、发明家，是我国建筑鼻祖，被历朝历代的土木工匠们奉为“祖师爷”。

早在先秦时期便有文献资料记录鲁班的发明事迹，如《墨子 · 鲁问》中“公输子削竹、木以为鹊，成而飞之，三日不下，公输子自以为至巧”等。这些皆是零星的片段式记载，记录的不过是鲁班制作器械工具的情景，但也初步奠定了鲁班“巧工”的形象。秦汉时，关于鲁班的记载逐渐多了起来，并增添了不少想象成分来夸饰鲁班的技艺，如王充《论衡 · 儒增篇》记载有“鲁般、墨子之巧，刻木为鸢，飞之三日而不集”。汉乐府相和歌《艳歌行》、汉代《古诗》中也都对鲁班神乎其技的技艺进行了赞美。

汉代以后，各地关于鲁班在除木工外其他行业方面的传说、记载逐渐增多，并且关于鲁班的业绩出现了很多夸饰成分，如到了唐朝这种夸饰的美化已经相当普遍，唐代的笔记小说集《酉阳杂俎》载有：“今人每睹栋宇巧丽，必强谓鲁班奇工也。至两都寺中，亦往往托为鲁班所造，其不稽古如此。”记录唐代轶闻的社会札记《朝野佥载》也记载：“鲁般者，肃州敦煌人，莫详年代，巧侔造化。于凉州造浮图，作木鸢，每击楔三下，乘之以归。”唐朝以后，文献资料里的传说性质体现得更加明显，并且在原来的基础上做了相应的补充，以明代编撰的木匠经典《鲁班经》以及其后在木工行业中广为流传的《鲁班书》为这一时期的代表作。

从古籍记载中，我们可以发现，鲁班的形象在一步一步被美化、被神化。人们将尊崇与期望附着于鲁班身上，这使他不再是一位单纯的技巧精湛的手工艺者，他更是承载了两千年来中华民族崇尚智慧、崇尚精益求精的传统文化心理和精神追求，是中华民族优秀精神在特定历史人物身上集中而突出的反映。

鲁班信仰产生于南北朝时期，至唐宋已经形成一个全国性的文化现象，经明清达到鼎盛，至今，鲁班信仰作为一种社会文化现象仍然存在。2008 年，由中国墨子学会、山东大学、枣庄学院、滕州市委市政府等单位联合举办，在山东省滕州市召开了第七届国际墨子鲁班学术研讨会；2008 年鲁班祭祀大典在湘潭市雨湖区鲁班殿隆重举行；2008 年山东省曲阜市隆重纪念鲁班诞辰 2515 周年，耗巨资重修巧圣鲁班庙宇。这些学术会议和纪念仪式的举行进一步推动了对鲁班及其信仰的研究。

鲁班信仰不仅在我国的鲁、冀、晋、豫、宁、沪等汉族地区流传，在湘、鄂、浙、赣、桂、黑、吉等少数民族地区也广泛流传。如云南蒙古族把每年的四月初二定为“鲁班节”，此日，从事木匠工作的男子要回来参加盛大的节日庆典，祭祀鲁班。届时，道士需诵《鲁班经》，信众抬着鲁班木像巡行。由于对鲁班的无限景仰与崇拜，很多地方还专门修建了祭祀的庙宇，如：天津蓟县的鲁班庙、湖南湘潭市雨湖区的鲁班殿、香港青莲台的鲁班古庙等，这些庙宇不但遍布祖国大陆、中国香港地区、中国台湾地区，还远及东南亚一些国家。

灵应亭

亭，为一种中国传统的建筑，源于周代。《释名》中注释为“人所停集也”，意为供人休息聚集的地方。亭多建于路旁，供行人休息、乘凉或观景用，是一种平面呈三角形、四方形、六角形、八角形、圭角形、扇面形、圆形等，顶部有攒尖、歇山、单檐、重檐等的轻巧精致的建筑物。

图 2-4　灵应亭

秦汉时期十里为一亭，十亭为一乡，以亭作为邮驿站，此类亭称“驿亭”。其后随着亭的应用范围不断扩大，亭的种类也渐渐丰富起来。依着功能而分，可分为凉亭、井亭、廊亭、站亭、角亭、碑亭、烽火亭、纪念亭等。依着建筑材料而分，又可分为木亭、石亭、砖亭、茅亭、竹亭、现代的钢筋混凝土结构亭等。

灵应亭，又名鲁班宫，位于厦门市同安区莲花镇白交祠村中。建于清代，1999 年于原址重建，为单间单体建筑。坐东北朝西南，敞厅形式，三面石墙，面宽 5.1 米，进深 7.3 米，硬山顶，燕尾脊。庙内供台奉祀木匠祖师爷——鲁班，供台立面饰彩绘泥塑麒麟纹。此庙始自清代，为厦门地区所仅见，是研究古同安民间信仰的珍贵实例。

第三章　白交祠村改革开放后的发展史

时间进入20世纪80年代，白交祠村迎来了发展上的转机。这一时期，改革开放的浪潮席卷中国大地，这场始于农村的运动不仅为我国现代化进程提供了充沛的动能与保障，也悄然改变了许多贫苦乡村的命运。在各项政策和观念转变的加持下，在天时地利人和的机遇下，白交祠村从曾经交通闭塞、经济发展滞后的农业主导型乡村转型为以乡村旅游为特色产业的多元化产业村，一跃成为厦门人避暑休闲的度假胜地和茶叶的重要生产基地，村民们不用再因为温饱问题而困扰，而是乘着改革开放的东风奔向小康。对于这个坐落于海拔900米高山上的小山村而言，从昔日的荒山恶水到如今的青山绿水，如此巨大的改变自然不是一蹴而就的，其间经历了诸多的磨难乃至于牺牲，可以说，白交祠村的今天是用人民的血汗与政府的全力支持换来的“守得云开见月明”。

时至今日，我国扶贫工作依然任重而道远，面临着诸多的困难。(长期的粗放扶贫虽然从表面上使数以亿计的中国人甩掉了贫困的帽子，却没有从根本上改变贫困地区的发展滞后，换句话说，贫困的帽子虽然摘掉了，却没有治好贫困的根。)为了解决这一难题，“精准扶贫”应运而生。2013年11月，习近平总书记在湖南湘西做出了“精准扶贫”的重要指示，提出“地方要优化整合扶贫资源”进行扶贫建设。而当我们回望34年前的白交祠村，不难发现它的发展充分体现了习近平总书记“精准扶贫”的思想。当年在高山之上，习近平总书记振聋发聩的“山上戴帽，山下开发”之言点醒了这座沉睡的乡村，赋予了它不断前行的动力，直至今天的繁盛。我们看见白交祠村一路走来，这份艰苦发家筚路蓝缕的创业历程理应被每个人记住，它不仅是属于白交祠村的往事，也是我国乡村在“精准扶贫”这一政策下焕发新生的鲜活案例之一，值得所有尚走在脱贫道路上的乡村学习。

一、改革开放后的白交祠村简史

白交祠村隶属同安区管辖。历史悠久的同安老区在1970年后行政区划几经调整，先后由晋江地区与厦门市管辖，区内山多，面积达422平方千米，长年多雾，水汽充沛，是典型的山区气候。白交祠村的近代新篇就发生在这片厦门最偏远的山区中。

1971年，杨再添从北京返乡，就任白交祠村村支书。杨支书在白交祠村的发展历程中起到了很大的作用，他主导了多次修路，也见证了白交祠村在改革开放后发生的巨变。

1977年，由白交祠村村民自发修建的简易土路正式通车，缓解了白交祠村交通难的困境，这条路也是白交祠村在即将改革开放前打响的第一炮。

1978年，由上陵至白交祠14.8千米的上西线一段在莲花公社19个大队的干部、社员的艰苦工作下修建完工通车。作为同安区海拔最高、修建难度最大的山区公路，上西线对于白交祠村而言意义非凡，它的完工改变了白交祠村孤悬于深山，茕茕孑立的局面，使得从白交祠村通向莲花镇中心的道路不再是崎岖难行、沟壑纵横的山路，而是平整便捷的坦途，也让白交祠村更好地纳入了厦门乡村振兴发展的布局中。而以年份而言，这条路段则有了更多的含义：这是改革开放后白交祠村出现的第一个重要变化。

1986 年 4 月 7 日，同样是在上陵至白交祠的上西线公路，时任厦门市委常委、常务副市长的习近平同志在同安区领导的陪同下，驱车来到白交祠村进行调研，这次调研彻底地改变了这个落后山村的面貌。当时的白交祠村依然是极度贫困落后，人均年收入 230 元，是厦门标志性的“老少边穷”地区，习近平同志耐心地听取了村干部对于白交祠村发展状况的汇报，并进入村民家中进行实地考察，与他们进行了深入的探讨。贫困乡村振兴的工作当时是习近平同志分管部分中的一大重点，他提出的“山上戴帽，山下开发”等宝贵经验给了白交祠村干部与村民很大的启发，为白交祠村提供了改革开放浪潮下的发展新思路。

1986 年 11 月，白交祠村东头徐水垵水库正式开工建设，由村民人力建设施工。徐水垵水库为小二型水库，灌溉面积 350 亩，集雨面积为 0.48 平方千米，水库总容量为 15.9 万立方米，它的落成解决了白交祠村的缺水问题，将村庄从受制于自然的困境中解放了出来。

观念的转变是最为难得的。同年，白交祠村开始重视茶叶等经济作物的种植，鼓励村民开荒种茶，并渐渐形成了全面种茶植树的高潮。村民渐渐改变往日为达到温饱只顾种水稻、地瓜，一心只为填饱肚子的旧思想。此外，从 1986 年起，白交祠村开始封山育林和植树造林，一改过去不重视可持续发展，在山上乱砍滥伐以私用的作风，人人参与植树，“分山到户，家庭承包”的政策使村民得以静下心来治理、经营林地，使绿水青山重归白交祠。

1990 年，白交祠茶园总面积突破 1000 亩，村民人均年收入达到 900 元，解决了基础的温饱问题。用地瓜果腹、用猪油擦锅逐渐成为历史，村民的后顾之忧消失了，对于饮食的基本需求得到了满足，改革也就更加紧锣密鼓地在村子里开展起来。

1994 年底，厦门市委发动市直机关和国企，鼓励其与贫困村挂钩扶贫，做到每个贫困村都有企事业部门挂钩扶贫，并提出了“厂村挂钩，结对扶贫、城乡协作、共同富裕”的扶贫方针。这一政策时至今日都在严格落实，对于白交祠村的发展起到了巨大的帮助作用。

1995年，厦门市委组织部、厦门建发集团开始了长达20多年不间断的挂钩帮扶，向白交祠村派遣驻村书记协助治村，对白交祠村基础设施和民生工程投入大量资金。

1997年，创办不久的民企福信集团呼应市委的号召，主动请缨与白交祠村共建。福信集团的到来为尚未脱离贫穷的白交祠村提供了巨大的帮助，福信集团不仅直接资助贫困家庭，同时也为白交祠村的特色产品如地瓜、茶叶提供了销售渠道。

1998年10月16日，时任福建省委副书记的习近平同志第二次来访白交祠村，他对于白交祠村的转变十分欣喜，在座谈会上高度赞扬了白交祠村的变化，并提出要稳抓教育，提升村民文化水平，好好利用山区资源发展，壮大集体经济。

同月，由同安县副县长李泉佃牵头，香港金日集团董事长李仲树捐资45万元的白交祠村希望小学落成，白交祠村就此告别了学校无校舍的历史。

到1998年，白交祠村村民的收入逐渐增加，人均年收入达到了2200元。村民的腰包硬实了，但是村子的发展实际上也到了瓶颈期：茶园面积达到了村民所能管理的极限，且耽于传统的制茶手艺导致效率不高，这导致山上的收入依然难以与山下看齐。

2000年，针对眼下的困境，白交祠村和军营村两村村民转变思维，向上争取扶贫项目，建设现代化茶厂，在厦门市委农办和市农技中心的帮扶下，投资70万元的军营村茶厂顺利完工，极大地提升了制茶的效率和质量。白交祠村村民的年均收入在三年内直接翻番，达到了5000元。同时，这些机器的到来，让面朝黄土背朝天的深山茶农触摸到了时代的脉搏，这直接带动了军营村和白交祠村的一场“生产力革命”。

2010年，白交祠村通了公交，通了自来水。同年，新农村建设计划也在白交祠村启动，白交祠村被正式纳入了同安区乃至厦门市高速发展的快车道。

2013 年，白交祠村成为厦门市“五位一体”建设村，开展“美丽乡村”建设项目，村容焕然一新，基础建设愈加完善。

2014 年，村民杨泽清与杨忠和合伙投资瑞壶祥茶叶专业合作社，实行“公司＋基地＋农户”的运作模式，一天就可以加工 3000 斤乌龙茶，大大提升了制茶的效率，拓宽了茶叶的销路。

2016 年 10 月 16 日，由厦门市委组织部牵头，在白交祠村希望小学开辟市、区两级党校高山教学点，借助高山党校的平台，吸引市、区级干部前来培训。

2017 年 6 月，白交祠村成为同安区垃圾分类试点村，这是同安区首次在边远山区开展垃圾分类试点工作。

2017 年 7 月 14 日，同安区首家农村旅游合作社——七彩白蛟农业专业合作社在白交祠村成立。旅游产业作为白交祠村的主要产业之一，在吸引外界越来越多目光的同时，也在逐步加强自身的规范性与品牌性，以更好地服务游客，打响品牌。

2018 年，白交祠村获评“中国最美休闲乡村”。据统计，村民人均年收入突破 25000 元，是 1986 年的 100 多倍。白交祠村早已不再是 30 年前那个偏僻落后的乡村，它褪去了旧时的模样，乘着改革开放的新风，蜕变为山清水秀的现代化乡村。

白交祠村是厦门最接近天空的村子，它的发展也向着更高的天空不断迈进。细数它的发展脉络，可以看见它紧紧追随在时代与政策的浪潮之后，一步一个脚印，成就了如今的“最美休闲乡村”。在农业上，白交祠村立足茶叶、地瓜等农产品种植加工，发展出独具特色的品牌产业，在厦门市乃至福建省占据了一席之地；在生活上，通过城改居和卫生整治、医疗资源下沉等政策，极大地改善了人居环境和生活质量；在教育方面，白交祠村则与同安优质教育资源对接，为乡村学子们带来了良好的教育。以下将展开论述这些发生在白交祠村的变化。

二、改革开放后的白交祠村农业

白交祠全村山地面积8700亩，耕地面积仅1100亩，茶园面积3500多亩。白交祠村农业在改革开放后经历过三个阶段，分别是大力种植粮食作物、经济作物为辅时期，大力种植经济作物、粮食作物为辅时期以及特色农业品牌化，这三个阶段的转变实质上也反映了新时代村民思想观念的转变。由于土地贫瘠，白交祠村农业的收入来源主要源自支柱产业茶叶和品牌产品白交祠地瓜，此外还有特色农产品如岩葱等，厘清它们的发展轨迹实质上就把握了白交祠村农业发展的脉络。

（一）茶叶

改革开放伊始的白交祠村因为多种原因，各方面都极为落后，生活连温饱的水平都难以达到。尽管当时改革开放的春风已经乍现，但还没有润及这座大山深处的乡村，村民依然过着“地瓜当粮草，孩子当背包”的窘迫生活，既要看护小孩儿，又要为糊口日夜辛劳。根据白交祠村村民杨清祥的回忆，“20世纪80年代，很苦——种田要跑到长泰那边去，远的7千米，近的也要3千米，全靠两条腿。常常天不亮就要出门，中午随便在田里生火煮饭填肚子，晚上天黑之后才能看到家门；有时候赶生产，晚上就直接睡在田边的茅草屋。水稻收获的时候，要用挑的，一担100多斤，一天挑两担。‘那时候生活真的很苦，可没办法，要活下来，得有粮吃啊’。[1]”为了能够勉强吃饱肚子，村民将全部的精力都放在种植水稻、地瓜等粮食作物上，然而白交祠村山势崎岖，不利于水稻的平稳增长，且水田距离村子十分遥远，村中竟有一大半的水田在长泰，同时高海拔造成的低温、昼夜温差大等因素让白交祠村的水稻只能一年一熟，难以满足家庭需求。在白交祠村的自然环境下，一家人即便一整年从早到晚地埋头苦干，最终的收成也无法果腹，可由于没有其他的手段来养活家人，为了能挣一口饭吃，村民又不得不种水稻，生活的悖论就这样在白交祠村形成。在我国大多数人已经能够顿顿吃上大米饭的时候，白交祠村的村民依然在以地瓜和过度掺水的稀粥作为主食，以至于想吃一碗白米饭都成了遥不可及的奢求。平时村民把一块肥肉挂在灶台上，吃饭的时候往锅子里刷一下，就算这顿有油水了。即便如此，村里能做到这样顿顿有“油水”的村民也是凤毛麟角，能挂一块肥肉在灶上本身就已经让人羡慕了，更多的村民连刷锅肉都消费不起，只能靠着清汤寡水度过一年又一年。反观如今白交祠村惬意的生活，很难想象这样的贫困就发生在仅仅四十年前。那一时期在白交祠村历史上不堪回首，极度的贫穷催生了欲望，白交祠村有些村民因为难以忍受生活之苦，甚至对公家的财产动了歪心思，说是歪心思，其实也就是偷走一个地瓜或者一把米，拿回去喂饱饥饿的孩子，却要被公社关押起来，丢尽颜面。村民是淳朴的，若不是生活实在过不下去，谁愿意去做这些偷鸡摸狗的事呢？

由此可见，白交祠村要依靠水稻来满足生活所需几乎是难于登天，村民要想生活变好就必须另寻出路，但却没有人敢于去改变这一现状，人们依然每天起早贪黑地耕地，即便明知无济于事；对于身边的高山，依然任凭茶园在它之上荒废。贫穷是一个暴君，既让人悲愤，又让人恐惧，恐惧到无法起身去反抗它，而是宁愿在高压之下勉力维持着生活。尽管党中央说要扶贫，邓小平同志也明确说过，

---

[1] 吴耀东，卢漳华 . 点赞！看同安军营村白交祠村：穷乡绣壤致富路……[EB/OL].（2017-9-02）[2020-06-30]. http://www.xmta.gov.cn/ze/gzolt/ztbd/201709/t20170907-228664.htm.

现在农村还有几千万人温饱问题没有完全解决，而我们国家已经穷了几千年了，如今再也穷不起了，可事实是长期的贫困已经荼毒了朴实的乡村人的思想，让许多村民对现实变得麻木，它如顽固的山石一样已经深深砌在人们的观念里。这让村中的有识之士感到焦虑和无奈：积贫多年的白交祠村，真的能得到改变吗?

有一点是肯定的：要想改变，就必须击碎村民心中的顽石。既然白交祠村的地理环境不适宜种植水稻等作物，其基于自给自足的观念就必须转变，白交祠村亟需一位高瞻远瞩的操舵手来为村子的未来指出方向。这种等待没有持续太久，白交祠村很快迎来了属于它的历史机遇。

1986年，时任厦门市副市长的习近平同志不辞山高路远来访白交祠村，并在会议上明确指出，白交祠村应立足于因地制宜脱贫活村的思想，利用村中的优势资源进行发展，白交祠村毗邻产茶名县安溪，自身也具有优质的茶叶，完全可以增加茶叶产量，将其发展为支柱产业，借此实现脱贫摘帽。

茶叶自古以来就是与高山相性最好的经济作物，古人有诗云“雾锁千树茶，云开万壑葱，香飘十里外，味酽一杯中”，以此来形容高山云雾出好茶。山上不适宜粮食作物生长的低气温、短日照却成了孕育好茶的最佳环境，可有效降低茶叶中的“儿茶素类”等苦涩成分，使得甘味更加浓厚，稀薄的空气则催生了茶叶芳香油的生成，后者直接决定了茶叶的品质。高山上丰富的沙质土壤无法种植水稻和小麦，却在种植茶树上具有得天独厚的优势，土层深厚但透气性良好，酸碱度适宜。这一切都使得在高山上发展茶产业成为水到渠成的选择，与白交祠村毗邻的安溪县就是最好的例子。安溪县坐落于高山，是全国最大的乌龙茶主产区，名茶铁观音的故乡。茶产业作为安溪的支柱产业，为安溪的发展提供了强大而源源不断的动力，助推安溪从“全省最大国定贫困县”蜕变为“全国百强县”，成为福建省依靠产业发展实现脱贫的典型。由此可见，白交祠村要想改变现状，种植茶叶绝对是一条可行之路。

茶叶，这个白交祠村村民熟悉而陌生的词语又一次被提及。说熟悉，白交祠村边的山上就有茶树，平日村民除了种水稻和地瓜，便是种茶了，何况种茶的历史在白交祠村绵延久远，是村里的传统；说陌生，是因为村民连饭都吃不饱，又有何暇顾及种茶叶？对于饥饿的人们来说，地瓜和稻米远比不能果腹的茶叶来得实在。更大的问题是，由于村里没有通电，灯光、电炉不像今天一样俯仰可拾，只能靠柴火来维持对光和热的需求。柴火从何而来？尚未形成可持续发展观的村民们理所当然地在山上肆意地砍伐树木，到了70年代，白交祠村周边的青山都变成了光秃秃的荒山，连树木花草都难觅其踪，就更遑论种茶了，曾经山上万亩的茶园最终荒废到只有400余亩，只有少数人还在坚持种茶。如果说今天种茶是白交祠村的全民项目，那在当时种茶简直就是地主老财才能享受到的一种“奢侈”。这并不是妄言，当时正逢“严打”时期，村支书杨再添，这位在村里备受尊重，曾经为白交祠村修路豁出命去的老干部，就因为在茶叶贩卖上“投机倒把”而被撤了职。说是投机倒把，也只是托关系贩卖自产的茶叶而已，因为当时白交祠村的茶叶一没有名气，二没有销路，即便能顺利卖出，换到的钱也极为有限，换句话说，期待能靠正常的买卖行为得到与付出相符的收入根本是痴人说梦。种茶的村民唯一能指望的就是走关系赚一些差价罢了，可就算是这样一点微薄的“外快”，也因为那个时代特有的背景而被取缔了，总而言之，种茶在当时根本就是一件吃力不讨好的事。习近平副市长为什么会提到种茶？很多人想不明白。

后来发生的一切证明提到种茶的原因，习近平同志的这番话可谓一针见血，不仅给白交祠村的下一步发展指明了道路，也为村干部和村民树立了坚持发展茶叶产业的信心。村民不是不愿意种茶，茶树是祖宗留下来的，于情于理都不能放弃，他们只是不知道能不能靠着茶树活下去，毕竟生活已经如此艰难，但习近平副市长在大山里开了座谈会之后，一切就都不一样了——村民们知道有政府站在他们身后，不必像以前那样为了生计瞻前顾后，心中有底气，自己只管放手去干；村干部也有了底气推行种茶，于是种茶的风气席卷白交祠村。自1990年之后，白交祠村已然鲜有人种植水稻，村民们同心协力上山开荒，专心致力于种植茶叶，白交祠村的农业种植也随之进入了新阶段。

尽管明确了以茶叶为主要发展方向，但是白交祠村村民对于茶叶产业这一概念的看法依然非常朴实。对于村民来说，长期的贫穷、“穷怕了”让他们无时无刻不在想着要“多种一点茶”“多赚一点钱”，开茶园在白交祠村成了当之无愧的流行语，村民们起早贪黑，日夜兼程地在荒山上开辟茶园。起初，村民一没技术二没钱，靠着一股干劲儿开荒种茶，后来村里找来了擅长种茶的茶农指导，并且租来了挖掘机，开荒的效率一下提高了几十倍。到90年代末期，用村民的话来说，一到农闲时山头都是挖掘机。从1986年到1998年这段时间内，白交祠村的茶园面积急剧上升，达到了2000多亩，村民的腰包也渐渐鼓起来，人均年收入达到了2200多元，是1978年的两倍多，解决了长期困扰村民的温饱问题，村子也发生了不小的变化。但是这一时期的白交祠村，依然没有达到山下的水平，反而进入了难以提高的瓶颈期。归其原因，村民单是管理自家几十亩茶园已经捉襟见肘，很难再进一步提高茶园的种植面积。而且村子的茶产业长期以来处于以粗茶制作为主的阶段，当规模扩大很难再实现的时候，效益便很难提升，白交祠村的制茶业亟待改变。

1998年，时任福建省委副书记的习近平同志第二次来到白交祠村军营村，针对当时茶业发展瓶颈的窘境，经过与村干部的意见交流，得出了提升制茶水平和提升茶叶品质这一整体思路。在多方努力之后，厦门市委农办和市农技中心不仅在军营村投资了70万元的茶厂，也为两村带来了数十台制茶器械。对村民而言，这些庞大而笨重的机器无异于为他们带来了“工业革命”，一下子扭转了发展的颓势，注入了强大的活力。先进的科技器械大大提升了白交祠村茶叶的产业效率和质量，2000年后随着茶厂的投入使用以及部分村民开始自发地贷款购买制茶机器，村民的年均收入也随之提升到了5000多元。除了直接的经济效益之外，高科技同时开阔了村民的视野，进一步促进了村民的思想转变。

这种思想转变是最难得的。白交祠村经过几十年突飞猛进的发展，村民目睹了现代化思想与科技注入乡村后所带来的强大动力，与自身固有的思维产生了碰撞。激浊扬清，清浊自见，既然已经品尝过发展的甘甜，碰撞最终也内生为自发寻求发展路径的动力。白交祠村不再亦步亦趋等待着政府做出资源的倾斜或政策的扶持，而是总结经验，根据本村特有的因素因地制宜，发挥人的主观能动性。人的思维变活络了，难题也就迎刃而解。

茶厂虽然已经建成，制茶器械也已投入使用，然而却无法泽及所有村民，依然有大量的村民在重复进行机械性的人工作业。何况白交祠村位于高山之中，销路一直都是潜在的问题，在产能不足的时期可以消化，如果盲目地提升产能，难保不会面对茶叶卖不出去而滞销的困局。村民作为个体，要考虑多种风险，想要增产增收绝不容易，白交祠村要想更进一步发展，就必须切实地激发出每一个村民的生产潜力，将整个村子拧成一股绳，搞集约化管理，以此来突破发展的瓶颈。

瓶颈很快被突破。白交祠村的杨泽清与杨忠和投资成立了瑞壶祥茶叶专业合作社，为村内的茶民提供加工、包装、销售一整套服务。新生的茶叶加工厂不仅能集中茶叶资源，日产 3000 斤乌龙茶，同时也能进行精加工，让茶叶可以无视季节的变化广销四海。销路的开拓使得资金迅速回笼，村民没有了后顾之忧，风险也由合作社承担，可以放心大胆地提升产能了。

2010 年，军营村村民高水银承办的西营茶叶专业合作社正式成立，两村“抱团发展”的时代正式开始，标志着白交祠村农业进入了农业品牌化的第三阶段。用高水银的话来说，“合作社主要办了三件事：一是申请了 11 千米的机耕路，让全村茶园的基础设施得到了明显的提升；二是请来了专家，为村民传授先进的种茶和制茶技艺；三是注册了商标，并通过无公害认证，提升了茶叶的市场价值。‘注册商标后，我们对茶叶进行了精美的包装和档次的划分，最贵的一斤可以卖到 280 元，比原来好多了’。”[1] 高山乌龙茶就是白交祠村的“当家”品牌，味道甘醇，香气悠长，很快就打响了品牌，为加入合作社的茶农们带来了巨大的收益。看见“有利可图”，村民们更加踊跃参与，西营茶叶合作社的成员很快达到了 102 户，并且对带动全村经济发展起到了重要的作用。随着产品通过无公害认证，茶叶的品牌效益进一步提升，在厦门乃至全国打下了坚实的口碑。

农产品品牌化对我国农业发展有着巨大意义。“一方面，它是适应我国农业发展新阶段市场经济发展需求，全面提升我国农业竞争力的迫切需要以及促进传统农业向现代农业转变的重要手段；另一方面，它是调整和优化农业结构的有效途径，不仅有利于加快农业增长方式由数量型、粗放型向质量型、效益型转变，形成一批具有国际竞争优势的品牌农产品，而且对于实现农业增效、农民增收以及推进我国社会主义新农村建设都具有重要的意义。”[2] 经过市场大浪淘沙的品牌农产品会为乡村带来源源不断的收益，进一步为农民增收，为建设社会主义新农村打下坚实的基础。

品牌化又一次“刷新”了白交祠村村民的老观念，他们纷纷改进思维以适应这一新时期的要求，彻底摆脱了往日纯粹依靠扩大规模来增加收入的纯朴观念，转而向“精”这一要素上使力。在多方的努力下，各类高新技术进入了这座偏远山村的茶园，在喷水设施、茶树良种、检测检验仪器、病虫害检测等科技加持下，白交祠村茶叶通过注册商标，提升了自身的市场竞争力，促进了村民增收，2013 年白交祠村村民人均收入达 10011 元，首度突破了万元大关，为乡村精准扶贫交出了一份令人满意的答卷。

[1] 吴耀东，卢漳华 . 点赞！看同安军营村白交祠村：穷乡绣壤致富路……[EB/OL].（2017-9-07）[2021-06-30]. http://www.xmta.gov.cn/zc/gzdt/ztbd/201709/t20170907_228664.htm.

[2] 李玉珍 . 农业品牌化引领山东新农村建设——以沾化冬枣品牌农业为例 [J]. 法制与社会，2011（15）.

（二）地瓜

除了茶叶之外，白交祠村的地瓜同样远近闻名，是高山上一张闪亮的名片。

地瓜原产于美洲，在明万历年间由福建人陈振龙引进国内，如今已经成为在国内种植非常普遍的作物。作为地瓜“登陆”中国的第一站，福建存在山多田少的劣势，引进地瓜的本意就是解决粮食不足的问题，而地瓜一入闽地，便显现出其生长能力、适应力之强大，百姓中有“一亩数十石，胜种谷二十倍”的说法，不仅在一定程度上缓解了福建缺粮的窘境，更在17世纪初江南水患严重时，由徐光启沿上海、江苏引入江南，向内地辐射。清乾隆时，提倡种植地瓜，“敕直省广劝栽植”，很快发展成为中国仅次于稻米、麦子和玉米的第四大粮食作物。可以说，地瓜在中国的发展如同外来的“暴发户”一样，遍地开花。

尽管现在地瓜在中国随处可见，但白交祠村的地瓜依然有着得天独厚的优势。在高山之上，绿色一直是白交祠村农产品高举高打的一块金字招牌，不施农药、化肥的地瓜生长完全依靠土壤的润泽，自然经得起市场的检验；而坚持一年只种一季则为地瓜带来了充足的糖分沉淀和滑嫩的口感。为了满足日益增长的购买需求，白交祠地瓜开辟了多条购买渠道，不仅可以通过电商、快递，甚至开发出了能用于礼赠的“川祥 · 白交祠地瓜礼盒”，为地瓜带来了品牌化效益。现在的游客品尝地瓜也许更多地是为了一饱口福，可在经济最困难的时期，这些金黄色、饱含糖分的块茎抚慰了白交祠村村民空虚的胃，帮助他们度过了缺餐少食的危机，和这里的人们结下了“生死之交”，以至于即便是脱贫之后，村民依然精心经营着这一招牌，让其在厦门乃至福建打出了一片天地。

2006年，在莲花镇政府和工商部门的推动下，白交祠地瓜申请集体商标并成功注册，正式拥有了“身份证”，并成为示范品种挺进市场。2017年的全市农村工作暨小流域综合治理工作会议上，明确将白交祠地瓜作为城市特色，提出打好特色牌，做精做优，让白交祠地瓜这样的特色产品起到示范作用。至此，白交祠地瓜实现了从“救急粮”到“城市名片”的蜕变。

作为高山上的宝珠，地瓜走出了和茶叶迥然不同的道路。如果说茶叶的发展是顺着现代化的快车道一日千里，地瓜的发展则是缓慢而切实的。没有流水线，没有生产机器，土壤、空气和水构成了生产地瓜的一切要素，时间与心态的沉淀则成就了它的名副其实，让它无愧于拥有特色产品之称。白交祠村的发展就如同地瓜一样，在贫瘠的土壤里耐心生长，不急功近利，不盲目求快，最终孕育出香甜的成果。

（三）岩葱

岩葱是高山特有的野菜，适宜在海拔 400 米以上的丘陵生长，《云南中草药》中对它功效的描述是可用于解毒、清热、接骨。主治锌、野荸荠、菌子、野皂角等中毒，肺炎，支气管炎，肝炎，尿路感染，中耳炎，外伤出血，疮痈，疯狗咬伤等，具有很高的食疗价值。而且岩葱生长不太择环境，只要有水、少太阳照射就能成活，这与高山的生态环境完美契合，并且岩葱一年四季都能生长，生长周期也十分短，种植省心省力。

正因于此，岩葱成了白交祠村村民饭桌上常见的菜肴。虽然它形似韭菜，却有着比韭菜高得多的营养价值。尤其是如今我国步入高质量发展阶段，人民对于健康食品的要求与日俱增，而岩葱恰恰符合这一需求。福建泉州农科所等科研单位在 2006 年就已注意到这不起眼的野菜，对它的生长习惯、栽培技术和系统化生产等进行了详尽的研究，力求让营养丰富的岩葱走上寻常百姓的餐桌；在此之前，部分大酒店就已经开始收购岩葱入菜，一时供不应求。根据研究，一亩岩葱年收入至少能达到 2 万元，还能远销海外，有很高的经济利益，而与之相比，一亩茶叶年收入只有 1 万元左右。可以说，岩葱有很高的市场价值，这也吸引了高山村民的眼光。随着2006年小坪村率先成规模种植岩葱，白交祠村也紧锣密鼓，将规模化种植岩葱提上了日程。

三、改革开放后的白交祠村交通

白交祠村是厦门最高的行政村，海拔达到1000米，即便是被称为“厦门西藏”的西坑，依然难望白交祠村之项背。上西线是连接白交祠村与同安县的一条主干道，在上西线通车之前，白交祠村孤悬于高山之上，与外界的交通只能仰仗崎岖难行的山道。唯一的下山路是绵延50千米的羊肠小道，靠两条腿要走上一天时间，如果天气不好的时候，轻则落得一身灰泥，重则有生命危险。到了茶叶收获的季节，买茶的车子却没办法开进来，得靠村民一担担运到村部，再由拖拉机把茶叶运出去，效率极低，严重打击了村民种植经济作物的热情。老支书杨再添说过，这样下去，不仅仅是茶叶，即便是买卖柴火化肥这种日常用品，都要走山路到莲花镇后铺村去，实在是费时费力。交通的不便制约了白交祠村的发展，修路成了迫在眉睫的任务。

乡村尤其是山村，要想发展，修路都是第一重要的任务。在建设社会主义新农村的道路上，农村公路建设是主要内容之一。因为公路是经济发展的动脉，决定了乡村发展的基础，“要想富，先修路”是我国在多年实践中得出的颠扑不破的真理。有了道路，村庄内基础设施才会有发展的基础；如果没有道路，村庄不仅难以与外界交通往来，发展更缺乏引导。加快农村建设不仅是为了打破农村封闭的自然状态，也能加快农产品流通入市场，为农民增加收入。2005年，国务院通过《全国农村公路建设规划》；2006年，温家宝总理、黄菊副总理对乡村公路建设做出批示，把加快农村道路建设作为改善农村基础设施的一项重大任务；交通部公路司副司长部玉兰在2006年接受关于农村公路建设的访谈中曾说：“农村公路是公路网的基础，是农村地区最主要甚至是一些地区的唯一运输方式，是关系到农民群众的生产、生活，关系到农村经济社会发展，关系到全面建成小康社会和构建和谐社会的重要基础设施。加快农村公路建设，是全面落实科学发展观的必然要求，也是建设社会主义新农村的重要内容；是改善农村生产和生活条件，发展农村经济、解决‘三农’问题的前提，也是增加农民收入的有效途径；是扩大内需、拉动经济发展的重要举措，也是促进经济社会全面协调可持续发展的重要条件；是构建便捷、通畅、高效、安全的交通运输体系的重要组成部分，也是实现交通又快又好发展的重要基础。”[1] 由此可见农村道路建设在我国得到了高度重视。

白交祠村的道路建设适逢我国农村发展历程上两大时期的交界，是李兴华、范振宇在《中国农村发展公路发展历程回顾与展望》一书中提到的“初期发展阶段”（1955 年至 1977 年）和“加快发展阶段”（1978 年至 2000 年）。在 1977 年之前，我国的农村公路建设具有投入低、村民自发建设等特点，尚处于粗放式发展。而在 1978 年，这种情况出现了转变。随着社会主义市场经济的不断发展，农业产业得到了长足的发展，这就对公路建设提出了要求，这是过去不符合规定、质量不过关的乡村土路所不能满足的，因此中央对这方面的投资逐步扩大。地方政府开始在修路上配备专项资金，国家也用“以工代赈”的形式支持公路建设。1994 年，随着“八七”扶贫攻坚计划的落地，在 8 年间每年有 7 亿元的资金被投入乡村公路建设，我国农村交通情况得到了很大的改善。

白交祠村的第一条道路建设完成于 1977 年，有着“初期发展阶段”的典型特征，是由村民自发建设的一条连接山上四个村的土路。路不长，只有 3.5 千米，建设的过程却万分艰难，甚至伴随着牺牲。在当时，因为大型器械开不进大山里，要排除挡路的石头就只能靠土办法——用炸药炸开山石，再填平作为路面。

---

[1] 交通部．交通部网站访谈：公路司副司长谈农村公路建设 [EB/OL].（2016-09-08）[2021-06-30]. http://www.gov.cn/zwhd/2006-09/11/content_384448.htm.

村里没有电炮，炸药要靠划火柴来点燃，有很大的风险，稍有不慎就会有伤亡产生。在村支书杨再添的带领下，经过长期的准备，工程有条不紊地开始进行。起初一切都很顺利，可在工程快要结束的时候，不幸还是发生了，在一次放炮的过程中，为了排除一颗哑炮，杨再添亲眼看着他最好的朋友杨猛子在工地上被炸死，至今让杨再添无法释怀。工地的气氛一度十分沉重。然而，牺牲没有阻挡人们对走出去的渴望，炸药依然日复一日地在高山上炸开山石。直到有一天，杨再添还没来得及从掩体后探出头来，突然听见有人大吼一声："通了！"惊得他一愣神。这再普通不过的一条土路，凝聚了全村人民的心血。为了庆祝它的落成，村民都涌到公路上唱唱跳跳，宛若过节一样。很快，白交祠村和其他村再接再厉，在两年后又建造了一条 12 千米的简易土路，连通了上陵村和军营村，结束了四个村子不通路的历史。拖拉机和汽车终于能开进村里，以前一天一个人最多只能运出村 100 斤东西，修好路以后，几吨的物资可以在山头山脚"上下翻飞"，道路的通畅为日后白交祠村农业的高速发展打下了坚实的基础。

虽然路是建好了，但毕竟是土路，依然有着很大的局限。首先，白交祠村到山脚的山势险峻，土路坡陡、弯急、路窄，汽车通行依然存在危险，用公交车司机的话来说，就是视野不好，山路弯曲又狭窄，会车不方便；其次，土路路面坑坑洼洼、颠簸不平，而且土质较松，拖拉机和小车通行问题不大，但很难承载运送大量物资的卡车，如果天气恶劣，路上的泥水更加影响行驶。因此，为了顺应新时代的要求，建设一条平整、安全的环山公路依然是白交祠村村民所渴求的。

在白交祠村修路完成后不久，莲花镇镇政府也将目光投到这片大山上，开始立项建设上西线工程。上西线一旦落成，它组成部分中的 733 乡道就能直接将白交祠村和莲花镇相连，并且可以支持大量农产品的运输，白交祠村的农产品就有了走出村子的机会。如果说土路为白交祠村带来了属于外部世界的新鲜空气，那么上西线则负责将改革开放的新风送入白交祠村，同时种下了发展的种子。

在《同安县志》中，对于上西线的建成有以下记载：

上西线是同安县通往西北山区和沟通长泰县与安溪县的山区公路，沿线山岭重叠，沟壑纵横，是同安县海拔最高的一条公路，施工难度极大。为选择最佳行车路线，曾于1960年、1970年、1974年先后勘测3次。1976年11月30日省公路局拨款3万元后，莲花公社即采取民办公助形式先修建由上陵至圳上路段11.4千米，经莲花公社19个大队的干部、社员艰苦奋战，于1978年1月15日通过竣工验收。接着修筑圳上至白交祠村路段3.4千米，于同年6月竣工。

1979年9月，开工修筑白交祠村至西坑公路8K+100路段。该路段最高点海拔990米，为目前同安县海拔最高的公路。由于该路段山高谷深，悬崖峭壁比比皆是，开山筑路必须大填大挖，施工难度极大，加之资金不足，筑路社员农忙时便不能筑路等原因，工程时停时续，直至1983年8月31日才完工。

1986年3月15日，续修白交祠村至西坑路段的尾段（8K+100至9K+104），同年8月31日完工。共完成路基土石方27129立方米，铺筑泥结碎石路面厚8厘米，并修筑了涵洞8道62.65米。

修筑上西线历时10年，完成土石方75万立方米，建有小桥5座，总长50米；涵洞104道，总长1400米；平均纵坡5%，最大纵坡7%，平曲线最小半径15米，按山岭重丘区四级标准修建，工程费用达50万元。

从记载中，可以想见上西线修筑的困难。尽管采用的是民办公助的组织方式，也有器械的辅助，相比于村民自行修路已有很大进步，但在山中开辟一条平整的大道谈何容易，如果缺少政策的加持、资金的到位和政府不遗余力的帮助，光靠劳动人民的积极性，是万难成功的。幸运的是，在那个道路建设观念还没有完全普及的时代，莲花镇和人民公社社员上下一心排除万难，坚定地将修路作为头等大事，历经10年风雨终于令上西线竣工。白交祠村也因为上西线的落成等来了它历史发展的机遇：1986年，时任厦门市副市长的习近平同志沿着这条连接山下山上的公路来到了白交祠村，将新思想的春风带进了这个村庄，为白交祠村同样修筑了一条“致富之路”。可以说，白交祠村今天的成功与上西线紧密相连。

2005年，白交祠村全面通上了水泥路；2005年，公交线路也投付使用。2007年以来，同安区在农村公交线路上已经投入了3906万元，购买155辆公交车，让全区所有建制村100%通了公交，极大地促进了乡村的发展。今天要从同安县城去白交祠村，只需一个小时，或乘坐公交606路便可以直达白交祠村公交站，沿路还能欣赏高山风光，不必再像50年前的白交祠村村民一样，不眠不休走上一天才能往返山上山下一次，也不用再忍受山路的颠簸。半个世纪以来，白交祠村道路持续的建设与更新，从土路到柏油路，交通工具也从拖拉机变成公交车，出行变得越来越方便，但路本身的价值不会因新的道路建成而被取代。道路体现了人们走出现有世界的渴望，正是因为这种内生动力的不断推进，引领中国乡村从闭塞到开放的道路才能众望所归地修建下去。白交祠村的土路、上西线的石路会慢慢被淘汰，可它们背后那份勇于走出大山，战胜自然的精神却永不会过时。

四、改革开放后的白交祠村生活

在改革开放之前，我国乡村生活情况是不容乐观的。由于采用“队为基础，三级所有”的经济体制，生产队规定了农民参加劳动生产的天数，导致农民几乎被完全固定在土地上，收入微薄，吃穿住行的水平都十分低下，也缺少娱乐活动。1978年，全国受灾，农民生活更为困难。这一年农村人口为8.032亿，全国农民人均年度纯收入仅有133元，其中90%以上为实物，货币收入不足10%。全国有4000万户农民的粮食只能吃半年，还有几百万户农民地净场光就是断粮之时，从冬到春全靠政府救济，靠借粮或外出讨饭度日。同是这一年，约有2亿人每人每天挣的现金不超过2角，有2.716亿人每人每天挣1.64角，有1.9亿人每人每天挣约 0.14 角，有 1.2 亿人每人每天挣 0.11 角。[1] 占据着我国人口最大比例的农民过着极度困苦的生活，这引起了中央的高度重视。1978 年，十一届三中全会召开，吹响了改革开放的号角；1982 年 1 月 1 日，中共中央批转《全国农村工作会议纪要》，历史上第一个关于农村工作的一号文件正式出台，家庭联产承包责任制随之落地，对此后农村的发展产生了深远的影响，极大地改变了村民的生活。

改革开放之前白交祠村的生活状况与我国大多数贫穷乡村无异，“交通靠走，通信靠吼，治安靠狗”就是乡村生活的最好写照。用白交祠村村民的话来说，曾经的白交祠村一到晚上就黑乎乎的，走路都怕。没有大路，没有路灯，杂草丛生，到处是垃圾，臭气熏天。缺水、缺电、没公路，基础设施的建设都如此落后，更遑论卫生、医疗这些较高水平的社会服务。造成这一现象的根本原因就是经济落后，因为缺少资金，基础设施建设自然无从谈起，生活质量也就无从谈起；而长期的低生活质量又滋生了急功近利的思想观念，因循守旧、不思进取，导致经济无法更进一步，产生了恶性循环。而当经济发展起来，村民收入大幅提高之后，生活质量的提升也就水到渠成。习近平同志在来访时认清了这个问题，对白交祠村的村干部提出了“山上戴帽，山下开发”的发展大计。“山上戴帽，山下开发”不仅指出了白交祠村的发展方向，也点醒了白交祠村的村民：村子要发展，就要树立保护环境的可持续发展观。循着生态保护的发展观念，白交祠村成功“破局”，财政实现了大腾飞。如果说财政是账本上的数据，无法体现在寻常百姓身上，那么发生在村民日常生活中的改变则是实实在在的，无论是从无到有的公共事业，还是住房。

---

[1] 李锦．改革开放前农村有多穷：1.2 亿人每天挣 1.1 分钱 [J]. 法制博览（名家讲坛、经典杂文）(15)：2.

（一）医疗卫生

没有全民健康，就没有全面小康。医疗卫生是国民经济的重要组成部分，保障着人民身体健康和国家发展成果，它的发展受到社会经济水平发展的影响，同时也影响社会经济水平的发展。与城市健全的医疗服务网络相比，乡村的医疗卫生受到经济、地域的影响，很难做到一日千里的发展。因此，如何下好乡村医疗这步棋，一直是国家重视的一个课题。

我国从20世纪50年代初期到改革开放前采取的都是传统合作医疗制度，也就是“老农合”，这是建立在农业合作化基础上的医疗制度，它的核心观念“农村卫生工作网”的不断完善与农业合作化发展紧密相连。在《我国农村卫生保健的历史、现状与问题》一文中对这一时期的乡村医疗发展脉络有着清晰的描述：“在50年代初期，政府首先分别设置县、区医疗卫生机构，医务人员上山下乡，开展巡回医疗工作，并组织和培训农村中的私人医生，参与疾病防治工作，向农民普及卫生常识，改变不文明、不卫生习惯。到50年代中期，随着农业合作化的发展，农业社社员和农村卫生人员共同集资建立了农业社保健站，这时已开始提出‘农村卫生工作网’的概念。1958年在人民公社化中，国家举办的区卫生所和乡办的保健站合并为公社医院，联合诊所和村保健站变成生产大队卫生室。大部分个体开业医生和半农半医人员也参加到公社卫生机构中工作，各种不同性质的卫生机构统一纳入人民公社内，成为公社福利事业的组成部分。农村卫生机构依托农村集体经济组织，在短时间内得以迅速地建立和发展，并形成了以人民公社为中心的农村基层卫生组织网。1962年在农村的社、队经济组织调整稳定下来后，社、队（乡、村）卫生机构才最终稳定下来……1969年在确立了三级医疗预防保健网，并拥有了大批初级卫生人力后，在中央政府的政策号召下，全国农村广泛推行合作医疗制度。”[1]传统合作医疗制度是我国在乡村医疗卫生上做的一次尝试，有着鲜明的集体主义特色，满足了乡村居民基础的寻医问诊的需求。毫无疑问，传统合作医疗制度并不完美，它从未能推广到所有的农村生产大队，在最高潮时期也只是覆盖了90%的乡村，而且制度本身或多或少存在缺陷。在家庭联产承包责任制推广后，由于农村社区公共积累的不足，传统合作医疗制度也就陆续解体了。但是传统合作医疗制度为乡村培养了大量的乡村医生，这些基础的乡村卫生人员依然活跃在现在的农村，在为村民解决小病、预防疾病上起到了重要的作用。

白交祠村的党支部书记兼村医杨明福就是其中的一员。20世纪70年代，杨明福目睹白交祠村由于地处偏僻、缺医少药导致村民生病难以得到治疗，决定学习医术，做一名村医留在村里。通过参加卫校学习和自学，不断提升医术，杨明福成了远近闻名的“名医”，三十年如一日地为村民看病问诊。村民有个头疼脑热，直接就可以找杨明福看病，而不用再跑去医院看病，提升了效率；如果病情无法医治，也能直接给出就医建议，免得耽误了最佳治疗时间。这种类似于美国私人医生机制的服务极大地改善了基层医疗的情况，杨明福也因为不懈努力得到了福建省卫生厅授予的福建省优秀乡村医生等表彰。乡村医生是农村卫生三大支柱之一，他们长期奋斗在第一线岗位，连接了村一级与更高级的医疗卫生机构，共同构筑起了农村卫生工作网。然而乡村医生自身却面临着很大的困难。许多地方存在村医“招不进，留不住”的窘境，同时村医大多有着“半农半医”的情况，自己有地要打理，还要应对村民不时的看病需求，压力很大。对此政府也在制度上对村医予以优待，国家层面要求村民每人每年支付的60元基本公共卫生服务经费的40%要交给村医，并为村医提供多种医疗补助，这些制度一经落实将在很大程度上解决村医的窘境。

[1] 李卫平，石光，赵琨．我国农村卫生保健的历史、现状与问题 [J]. 管理世界，2003（4）.

现在的白交祠村不仅有乡村医生，村一级的卫生所和镇一级的卫生院都已建立完善，村里人人都有医保，看病拿药只需要刷医保卡，不需要花钱；在大医院看病住院则只要付30%的费用。2018年，同安区医院集团成立，而在此之前，同安区长期实行医疗卫生服务的分级诊疗工作，为白交祠村的村民提供医疗保障。白交祠村村民原本前往市第三医院需要将近40千米的路程，免不了折腾，还有些老人家不敢坐车下山，优秀的医疗资源得不到充分利用；而在分级诊疗制度下，这些大医院的医生会定期来到白交祠村坐诊，村民足不出户就能得到大医院级别的医疗服务。用杨明福的话来说，在这一过程中，村民的获得感、幸福感、安全感不断提升。可以说，在医改的进程中，老百姓受惠很多。医院集团的成立更加有助于医疗资源的下沉，让更多村民享受到高级别的医疗服务。不久前，市第三医院党委和复旦中山厦门医院党委就在军营村和白交祠村联合开展健康咨询活动，为村民健康排忧解难。时至如今，随着医疗制度的不断完善和个人的努力，村民看病难的问题早已成为往事，白交祠村的全体村民健康得到了充足的保障，正走在全面小康的康庄大道上。

（二）环境卫生

白交祠村曾经是出了名的“脏、乱、臭”村，与它如今“高山明珠”的称号相去甚远。早先村里旱厕林立，最多时据说有几百座，再加上放养的鸡鸭鹅牛在村里随地排泄，整个村子满地都是污秽，散发出令人窒息的恶臭。垃圾也是随意丢放，家家门口没有迎接客人的门扉，有的只是堆放如山的垃圾，甚至堵塞了小河。晴天时还好，一到雨天，垃圾混合着村里土路的泥水，污水横流让行人寸步难行。连基本的卫生都做不到，更遑论回收利用。那个时候，白交祠村的村民都没有意识到保护环境的重要性，他们乱砍滥伐，漠视环保，把青山变成了荒山，把村子变成了垃圾场，这样的行为也遭受了自然的反噬，白交祠村的生态环境持续恶化，到20世纪70年代已经成了整个厦门市村社中落后、肮脏的代名词。

其实这种情况在过去的我国乡村并不鲜见，由于历史原因，乡村卫生的问题早已根深蒂固，白交祠村绝不是个例。1949年到1976年之间，我国还处于百废待兴的阶段，国家政策以恢复国民经济为先，无论是乡村环境卫生还是城市环境卫生都没有明确的发展目标，也没有发展规划，尤其是1958年到1965年间，对于自然环境的破坏尤为严重。对工业发展和粮食生产的过度重视导致国家直到1973年才提出诸如“32字方针”以及《关于保护和改善环境的若干规定》这类环境保护政策，而这些政策只是针对城市发展，在乡村治理方面依然是空白。何况彼时的白交祠村经济极度落后，连饭都吃不饱，谈何环保？于是白交祠村的环境保护态势越来越趋于恶化。1976年之后，国家逐渐将目光投向乡村环境治理，并制定了一系列政策，如1984年国务院出台的《国务院关于加强乡镇、街道企业环境管理的规定》，这些政策的出台处于“三废”向农村地区转移的大背景下，以防治乡村工业污染和农业面源污染为主，还没有真正涉及农村环境整治的方方面面，但其标志着中央政策的转向，粗放的农业生产模式逐渐被摒弃，环保工作被提上日程。

1993年开始，我国的乡村卫生治理进入了新时期。随着《村庄和集镇规划建设管理条例》落地，农村卫生治理首次被提上议程。在此之后诸多政策开始实施：“《1995年中国环境状况公报》首次将农村环境纳入其中，并指出‘环境污染呈现由城市向农村急剧蔓延的趋势；全国2/3的河流和1000多万公顷农田被污染’。在此形势下，‘九五计划’要求‘控制人口增长、保护耕地资源和生态环境，实现农业和农村经济的可持续发展’；1998年原国家环保总局成立农村处作为农村环保专门部门；直到1999年11月原国家环保总局出台《国家环境保护总局关于加强农村生态环境保护工作的若干意见》，这属于我国第一个直接针对农村环境保护的政策，其中明确提出加强面源污染防治，改善水体和大气环境质量，并指出‘禁烧区全面停止秸秆露天焚烧’；2001年颁布了《畜禽养殖业污染物排放标准》。”[1] 这些政策扭转了乡村卫生的“无为而治”，也将保护卫生这一概念从农业生产拓宽到农民生活领域，使农民开始意识到环境卫生的重要性。其后，国家一直高度重视这一方面，相关政策不断升级、出台，越来越多关于农村环境卫生的字眼出现在中央一号文件上，从“关于推进农村生态文明、建设美丽乡村的要求”到“让农村成为农民安居乐业的美丽家园”，无一不体现出农村环境卫生在新农村建设中举足轻重的地位。

白交祠村能有今天的绿水青山同样来之不易。在政府和村委的共同努力下，白交祠村一点点扭转了生态环境。早在 1986 年，来到高山考察的习近平同志就指出：“山上戴帽，山下开发”。山上戴帽是什么意思？就是要积极植树造林，绿化荒山，就是要保护生态环境，增强可持续发展能力。1988 年，厦门开展关于加强筼筜湖综合治理专题会议，会上对环境治理提出了创造性的“20 字方针”，不仅治理了受到污染的筼筜湖，极具前瞻性的观念也提供给了当时较为狭隘的环境治理理念以新思路，成为整治“脏、乱、差”的模板。很快，由村委带头、村民积极参与的植树之风在白交祠村盛行，全村不舍昼夜地在山上植树开荒，甚至直接住在山上，每天早上一起来就开始种树。起先种的是杉树、松树，后来又开始种植茶树，什么适合在高山上种植就种什么，全民参与的热潮很快让周边已经千疮百孔的群山焕然一新。山上变青了，山下的垃圾也要清理。2006 年，厦门开展乡村整治试点工作，并在 2014、2018 年分别启动“美丽乡村”示范村创建活动和农村人居环境整治行动，通过两次大行动彻底拔掉了“脏、乱、差”这个扎在白交祠村的“钉子户”。在两次行动中，白交祠村不仅填平了旱厕，清除了垃圾，雷厉风行的卫生整治工作也震撼了许多村民的内心，使他们认识到卫生治理的重要性。在 2017 年，厦门市在福建省率先进行垃圾分类试点工作，白交祠村成为同安区垃圾分类试点村，这是同安区首次在边远山村进行垃圾分类试点工

---

[1] 杜焱强 . 农村环境治理 70 年：历史演变、转换逻辑与未来走向 [J]. 中国农业大学学报（社会科学版），2019（5）.

作。区政府敢于让白交祠村成为试点村的背后，是对这个山村“抗击”垃圾成果的认可。

垃圾分类是对乡村环境卫生提出的一个高要求，也是白交祠村面对的一次严格考验。与简单的清理垃圾相比，垃圾分类体现的是村民作为环境治理主体的自觉性，如果观念还是“老一套”，那么村庄迟早还是会回到以前的样子；而如果观念得到了改变，那再多的垃圾也能得到整治。对此，莲花镇环卫所所长叶荣坤显得信心满满。他说，在经历了 2010 年新农村建设和 2013 年“五位一体”建设之后，白交祠村的村容村貌得到了显著提升，村民对美丽家园建设的积极性极高，一定能为厦门市环保工作起到很好的示范作用。

果不其然，白交祠村交出了一份令人满意的答卷。村委为普及垃圾分类在村内多次召开村民大会，共同学习垃圾分类相关文件和精神；此外，白交祠村充分利用多种媒介进行垃圾分类宣传，使广大群众能够深刻理解政策。多年的垃圾整治史赋予了村民主人翁意识，他们清楚地认识到垃圾分类最后造福的还是自己，因此几乎没有人反对，白交祠村强有力的领导班子和村民形成了合力，村委带头示范，村民积极配合，自然“路不存遗”，分类工作开展得异常顺利，莲花镇在白交祠村七个点摆放的四色垃圾桶总是整整齐齐，里面的垃圾各得其所。既然垃圾分类都做到了，还有什么环境卫生考题能难倒白交祠人？到今天，那个让人“闻”之色变的偏僻山村早已经成为厦门市最整洁干净的农村之一，村民的观念也渐渐从“各人自扫门前雪，莫管他人瓦上霜”转变为自发地为乡村环境卫生而努力，这些努力凝聚成强大的力量，还村庄以青山绿水，又反过来改善了人居环境，加快了经济的发展。两者相辅相成，共同为白交祠村的发展增色。

（三）住房

居住是人的五大需求中安全需求的具现，当人的衣食问题都能得以解决，居住便长久地成为人们不得不思考的问题。远古时期，人居住在巢穴中，只为了遮风避雨和躲避野兽；原始社会，人开始进行半穴居生活，门带来了隐私的需求；公元前500年，罗马的“INSULA”建筑第一次将素不相识的人集合在一座建筑中居住。其后，演化出千奇百怪的方式来满足人们居住的需要，城堡、土楼、町房……每个地区都有其独特的建筑来供人居住，而建筑也承载着这个地区的历史，蕴含着丰富的底蕴。

我国作为世界上人口最多的国家，同样孕育有多样的建筑文化，这些文化为我国带来了数之不尽的民居风格。北京有四合院，东北有大炕住宅，客家有土楼，这些建筑同时满足了居住和审美的需要，是广大劳动人民智慧的体现。

与人们刻板印象中的乡村不同，并非所有乡村都是新闻中白墙平房的雷同景象，事实上，我国相当大一部分的特色民居在乡村得到了较为完善的保存，白交祠村就保留着丰富的传统建筑——闽南古厝。这种建筑兼具中原传统艺术特征和哲学文化意识形态的表露，闽南地区大量的归国侨胞为古厝带来了多种文化风格，伊斯兰、古罗马、缅甸等文化在此交融，呈现出非凡的美感。“光厅暗屋”为闽南古厝的布局特点。中间厅堂宽敞明亮，为奉祀祖先、神明及会客的场所。厅堂后壁多用可开启折合的大扇木门隔成，平时闭合与后轩分开。后轩可布置成小书斋，遇有贵客要事，也可延入后轩密谈。有事时，可把大扇木门打开，把厅堂与后轩合并为一，增大活动空间。厅堂两侧为东西大房，是主要居室。大房房门悬布帘，以屋顶小窗取光，室内较暗。大房前有櫄步，是梳洗的地方。大房后有后房，是婢妾居室或存放随身用物、箱笼的储藏间。这种“一明两暗”的三开间结构，是闽南古厝最基本的构成单位。五开间即三开间左右再扩展一间而成。古厝就是在“一明两暗”的布局基础上，由数个单体建筑及外部空间组合演化而成的合院建筑。除了精妙的内部构造，闽南古厝还有着美妙的装饰艺术，由象征、寓意、谐意三者构成。象征是一种独特的艺术语言，用象形来寄托美好的愿景，像如今只能在中国闽、台少数地方看见的燕尾脊，其就有“鸟革翚飞”的象征意义；寓意则是以纹样符号来传达寓意，如蝙蝠从天而降的纹样，就寓意着“福从天降”；谐音，是以生活中的动物、植物、器物等为原型，利用汉字间的同音字、近音字来代替本字，产生辞趣的方法，从而达到意义表现事物的特征，如漳州“洪坑村”室内瓜筒旁的角背，喜鹊与梅花的纹样有别于中原地区，喜鹊的尾部雕刻了一朵梅花，构图形式巧妙，有“喜上眉梢”的谐音。丰富的历史内涵和多元的文化碰撞共同造就了闽南古厝这独特的产物。

然而，在生产力不断发展的当下，在建设民居时，传统建筑早已逐渐淡出设计者和使用者的视野，转而追求高大宽敞、豪华气派的式样，从而导致千家一面，传统的民居发展却如履薄冰，如日本的町屋，作为传统的和式建筑，由于维护费时费力，现如今每年都有 500 座被推倒。闽南古厝也面临着这样的难题，完整的闽南古厝被誉为海峡两岸文化的“根”，但由于年久失修、偷盗破坏、缺少保护，逐渐消失甚至濒临灭绝让人痛心。越来越多的年轻人离开了从小生长居住的古厝，或往城市迁移，或住进新房，老的古厝人去楼空，只能由少数老年人苦苦支撑保护着。

古厝的破坏不只是个例，大量的传统民居正遭受着磨难，为了应对这一情况，我国开始用一系列政策来推进对传统民居的保护。2014 年，我国住房和城乡建设部、文化部、国家文物局、财政部四部局发布了《关于切实加强中国传统村落保护的指导意见》，意见明确指出要保护乡村传统民居，对其进行保护修缮和积极支持。2017 年，第五批中国传统村落调查收录了超过 5000 个传统村落，保护法治化也在逐步推动，我国特色民居保护已进入新时代。

2011 年，《厦门市闽南古大厝保护规划方案》出台，厦门市对全市的闽南古厝开始进行区域划分和整体保护。在各方的努力下，白交祠村对古厝也进行了充分利用和保护。依据之前政策，要推行裸房“平改坡”加立面整治，虽然是一件好事，在观感上让整个村子整齐划一，但是如果全村都是这样的风格，难免会丢失乡村应有的时代感和记忆，现在保护开发古厝，与“平改坡”并行不悖，既有现代的工整，又有历史的沧桑，这种感觉又回来了。村子与旅游公司磋商，要让这些古厝重焕生机，再度开发利用，修旧如旧，作为一种特色建筑供游客参观，让游客既能够观看古厝的建筑风格，又能够参观古厝内的人居生活，更好地贴近闽南日常生活，村民还为此写了一条广告语：让建筑和文化一同醒来，让山村的一草一木焕发新生。细细品味白交祠村的古厝建筑群，便知此言非虚。

除了古厝之外，白交祠村普通住宅也在有条不紊地发展着。早年间，由于农村房屋缺少规划，大多是由村民根据自己的喜好建设而成，不仅形态各异而且布局上存在失序的情况，对道路等基础设施的建设造成了很大的困难，此外还有很多修建了一半的烂尾楼，严重影响了白交祠村的整体观感，尤其是对于正在发展乡村旅游的白交祠村而言。对此，白交祠村采取了一系列措施，曾经的老平房慢慢被淘汰，大规模的农房整治行动全面展开，对旧房屋进行立面整治或“平改坡”改造，为实现“平改坡”全覆盖不懈努力。

我国房屋的平顶设计兴盛于20世纪80年代中期，其具有诸多优点如：便于施工、省钱省时，但也存在着易渗漏、隔热差等问题。为了解决这些问题，21世纪初，上海市浦东新区率先在国内提出对城市重要景观道路及城市主要干道两侧的旧住宅进行改造的构想，并从国内外多家设计单位的改造方案中选中“平改坡立面整治”方案。“平改坡”是我国在住宅建设上优秀的发明创造，它能够在低经济投入的情况下，有效缓解旧住宅与新景观的环境矛盾，以取得良好的经济与环境效益。平改坡不仅仅对整治城市旧住宅成效显著，同样对于乡村住房建设有着积极影响，这份经验开始被有识之士运用在农村，并且很快推行到全国。福建省委省政府2018年9月出台了《福建省农村人居环境整治三年行动实施方案》，方案中将农房整治作为重点任务，而“平改坡”则作为重要手段被反复提及，福建各大农村都掀起了“平改坡”的浪潮。

“知屋漏者在宇下”。起初，村民对农房整治存在很大的抵触情绪，毕竟是自家的房屋，要被别人动手动脚，肯定是不愿意的。他们有的怕屋顶因为打螺丝受损坏，有的要求超设计方案做全覆盖改造，有的在观望，总之就是把农房整治当作“没有里子”的形象工程。为此，白交祠村从顶端着手，要求村干部、党员和乡贤们带头进行示范，村子开始循序渐进地进行“平改坡”。现如今，白交祠村已有许多户完成了“平改坡”改造，效果立竿见影，村民们纷纷称赞，认为如果换成以前的平房，高楼层在夏天是很热的，可换了坡房之后，屋里变得凉爽宜人。同时，统一的“平改坡”也让白交祠村的房屋整齐起来，为诸多基础设施的建设腾出了空间，民居的改造升级也为村民发展民居旅游提供了便利，房子变得更宜居、更舒适，游客也就更加愿意入住。从这个角度来看，农房整治既让村民住得舒服，也为村民提供了创收的机会。随着村民对农房整治的态度变得越来越积极，白交祠村实现“平改坡”全覆盖的日子近在咫尺，更加宜居的白交祠村同样在向人们招手。

传统住宅保护，新型住宅建设，白交祠村对住房问题进行了两手抓，既为村民提供了宜居舒适的新农村人居环境，也保存了优秀的传统文化建筑，让白交祠村的民居住起来舒适、看起来美观，并突出地方特色，带有浓郁的文化氛围和乡土气息，大大提升了村民的生活品质，也激发了村民对建设美好家园的热情，推动了旅游业发展，使其在未来大有可为。

五、改革开放后的白交祠村教育

教育是民族振兴、社会进步的重要基石，对国家的发展水平起到决定性的作用。做好教育工作功在当代，利在千秋，这一点对城市而言如此，对乡村亦然。我国著名教育家陶行知先生在论及乡村教育时，曾说过活的乡村教育要教人生利，要叫荒山成林，叫瘠地长五谷，叫人人都能自立、自治、自卫。他要叫乡村变为西天乐园，村民都变为快乐的活神仙。在朴素的言语之中，我们可以看见乡村教育对乡村发展的驱动作用，相比于直接的资金、政策支持，它尽管不能起到立竿见影的作用，却能够长久地改变一座乡村的命运。正因于此，乡村教育在我国长期受到极高的重视。

我国乡村教育的历史源远流长，最早的乡学可以追溯到夏商时代，《孟子·滕文公上》曰："夏曰校，殷曰序，周曰庠，学则三代共之。"[1]而乡村教育正式开始形成则在西周至秦汉这一时期内，《礼记·学记》中记载："古之教者，家有塾，党有庠，术有序，国有学。"西周时期，每个乡都设有乡学，而中央的士大夫在退休之后，也多会回到乡学里任职教学。春秋战国时期开始，私学之风盛行，诸子百家都通过开办私学来传播思想，其中以孔子私学最甚，为后世的私塾传统铺就了基础。秦时乡村教育转变为官私并设，由中央所设的"三老"来掌管教化："三老掌教化，凡有孝子、顺孙、贞女、义妇、让财、救患及学士为民法式者，皆扁表其门，以兴善行。"[2]并衍生出了学习识字的书馆、学习经书的乡塾和负责研究、教育的精庐三种形式。在这一时期，我国官私结合的乡村教育体系基

---

[1] 孟子．孟子·滕文公上 [M]. 南昌：江西人民出版社，2017.

[2] 李建兴．中国社会教育发展史 [M]. 台北：三民书局，1986.

本成型，历经隋唐时的快速发展，并在宋明时达到顶峰，明太祖朱元璋曾在洪武八年（1375 年）诏令天下设立社学，每五十家设社学一处，大力学习封建礼教。但是这一时期的乡村教育与现代乡村教育有很大的出入，它的根本目的不是予民以智，而是作为一种教化政治策略存在，是为了使民众产生同一的思想文化以维护统治者的统治。此外，社学的普及度不高，无法保证每一个乡镇甚至村落都有自己的教育单位，能够得到教育的农民少之又少。这些因素都决定了它无法满足国民教育的需求。随着清朝末年新式学堂的传入和清王朝自身的崩溃，用于维护封建王朝的古代教育体系自然很快就被淘汰了。

近现代乡村教育则滥觞于鸦片战争之后，清政府于 1903 年颁布的《奏定学堂章程》规定每四百户人家设立一所小学，并强制执行四年制教育，由此开启了教育的新篇章。20 世纪二三十年代，乡村建设运动席卷中国，大量有识之士如晏阳初、梁漱溟、陶行知等人纷纷深入乡村，开展教育实验，为教育救国的理想开辟道路。中华人民共和国成立后，1950 年第一届全国工农教育会议在北京召开，会议修订通过了《工农速成中学暂行实施办法》和《关于开展农民业余教育的指示》，标志着中国现代乡村教育正式开始，各类学校在农村不断涌现，为农民进行扫盲和技能培训教育。但好景不长，十年“文革”严重破坏了刚刚起步的现代乡村教育体系，乡村教育发展遭到了重大挫折，这种颓势直到 1983 年邓小平提出教育要“面向现代化，面向世界，面向未来”的重要指示才得以扭转。紧接着，中央通过下达一系列政策举措，为乡村教育保驾护航：“1985 年，中共中央发布了《关于教育体制改革的决定》，规定基础教育实行‘分级办学、分级管理’的体制，同时，提出了以国家为主体的多渠道筹措教育经费的办法；1986 年，《中华人民共和国义务教育法》颁布；1993 年，中共中央、国务院颁布《中国教育改革和发展纲要》，明确了 20 世纪末中国基础教育改革与发展的基本方向；1999 年，国务院批转教育部制定的《面向21世纪教育振兴行动计划》[1]，我国乡村教育由此开始稳步地推进。2008年，全国范围内实行九年义务教育，乡村教育从中受益颇多，学费对家庭造成的经济负担明显减轻；而近些年的“三支一扶”等政策也在鼓励优质教育资源的下沉，为乡村提供更高的教学质量。随着近年来农村生活质量的提升，“读书无用论”的沉渣泛起越来越少，在相关政策的鼓励下，越来越多农村的学生能够接受教育，并利用学得的知识反哺农村，真正实现陶行知先生“西天乐园”的构想。

白交祠村的乡村教育发展也是如此。厦门市是我国著名的教育大市，被誉为“华侨之光”的陈嘉庚先生曾在这里兴办集美大学、厦门大学等全国知名的高等学府，拥有雄厚的教育资源。然而位于偏僻山区的白交祠村则享受不到这种与生俱来的光环，在1996年之前，这里唯一的一所小学用金日集团董事长李仲树的话来说，就是“连牛棚都不如”，而指望这样的学校培养出日后改造乡村的人才，显然是不现实的。

当时恰逢福建省对同安进行“两基验收”（基本普及九年义务教育、基本扫除文盲），而同安尚未设区（同安于1997年5月撤县设区），如今的翔安也归属于同安管辖。因此，彼时的同安在教育上面临着极大的问题，像白交祠村这样的高山乡村连靠谱的学校都拿不出手，更遑论普及九年义务教育。在这样的情况下，李仲树先生当机立断：在白交祠村建设希望小学，为同安区教育事业出一份力。1996年年底，白交祠村希望小学便落成投入使用，到1997年夏季就开始招生，在当时被誉为“金日速度”，成就了一段教育佳话。白交祠村希望小学的建立让白交祠村的孩子们告别了学校无校舍的历史，让贫困的学生也能够享受到优质的教育。

---

[1] 李森，汪建华．我国乡村教育发展的历史脉络与现代启示[J]. 西南大学学报（社会科学版），2017（1）：61-69.

2002年“六一”儿童节，九三学社厦门市委会曾来到同安区白交祠村扶贫助教，为15位贫困学生提供了资助来帮助他们继续学业。多年来，九三学社市委会每年都会在儿童节当天组织社员为村民和小学生赠送图书、电脑、书桌等教育资源，并长期扶持白交祠村小学办学。社内还有部分社员与贫困学生结对子，帮助他们完成义务教育。

2013年12月12日，白交祠小学教学点和相距42千米的阳翟小学52名学生通过千兆网络教育云平台，远程同上了一节别开生面的音乐课。这是白交祠村的孩子们上的第一节音乐课，也是白交祠村第一次实现与城区课程接轨，同安区借助现代通信设施等现代技术，实现“教育云”，打破了封闭山区的隔阂。

正如同安区莲花中学小学校长叶特愉所说的，教育信息化让山上的孩子享受到了更为优质的教育资源，也为孩子们带来了自信。目前，通过优质校带农村薄弱校，同步课堂已常态化开展，城区孩子与山区孩子同步上课，进行必要的互动，让孩子在互动中互相启迪，取长补短，实现优质教育资源的共享。除了实现本区教育资源均衡，同安区还通过“三通两平台”，即宽带网络“校校通”、优质资源“班班通”、网络学习空间“人人通”，实现与全国各地优秀教育资源的频繁交流，为每个孩子带来最好的教育保障。

通过一系列举措，白交祠村的教育扭转了人们对山上山下教育质量差距的认知。“网络联校”一经开通，便改变了学校师资不足的窘境，实现了山上孩子梦寐以求的和城里孩子共上一堂课的愿望。几十年来，白交祠小学走出了上百名大学生，其中还有硕士生、博士生，他们或在全国各地奉献青春，或带着最新的知识回到村子里发光发热，这样一来，好学上进的风气在白交祠村变得更加浓厚了。

教育具有改变世界的力量。无数的事实告诉我们，只有乡村教育的土壤夯实了，乡村发展的花才能茁壮成长。从高山里走出来的莲花中心小学校长高清文不无感慨地说："读书时学到的故事在我们心灵里播下了真善美的种子，鞭策着我们好好学习、天天向上。"乡村教育就是这样潜移默化地将顽风积习消弭，为人们的内心树立起改变穷山恶水的志向，并转化为积极求变的动力，这比任何援助都重要。

六、白交祠村和习近平总书记

1985 年 6 月，习近平同志从河北省正定县委书记的岗位调动到厦门市经济特区工作，担任市委常委、副市长，从内陆贫困山区到沿海发展地区，是他第一次亲历经济特区建设，进一步积累丰富了他全面领导的能力和主导经济社会民生工作的能力，尤其是他的"一切民心为我心"的亲民情怀，在特区激情燃烧的岁月中，在与广大干部群众同甘共苦的创业中得到了坚定与升华。上高山，下海岛，走田间，到地头。在厦门工作期间，习近平同志始终与基层保持最直接的接触，一次次地轻车简从深入基层、深入厂矿、深入农村，走进群众听民声、察民情、缓民困、解民忧。

到任第三天，习近平同志就来到同安地区进行调研，这出乎许多人的意料。当时的同安还不是区而是一个很落后的农业县，并且由于其在归属问题上不断发生改变，分别经历了 1950 年划属晋江、1958 年划回厦门、1970 年又划归晋江地区和 1973 年最终归隶厦门，其行政区划、建制一变再变，始终无法稳定下来，导致同安县的社会情况十分复杂；同时，同安辖区大，境内山峰林立，农村基本处于山区中，生活十分贫困。习近平将调研的第一站和重心放在同安，充分展现了他要为群众办好事、造福群众的决心。当时担任同安县县长的郭安民在访谈中这样回忆当时的习近平同志：第一次见到近平同志，虽然他是副市长，职务比我高，但我觉得他有点儿像邻家兄弟，很温和，没有一点架子。我比他大 9 岁。聊天中，他说他和我一样都是上山下乡知青，还喊我老郭。后来我每次见到他，在私底下场合，他都一直这么称呼我。他事业心很强，抓工作很务实，吃得下苦，作风朴实，对群众很贴心，对部下、对同志都非常亲切。事实上，在厦门任职期间，习近平似乎对同安“情有独钟”，特别是同安的山村，经常留下他调研的足迹，以至于当时有了“上高山，下海岛”的说法。1986 年，习近平同志去“英雄三岛”（大嶝、小嶝、角屿）调研，调研一结束便马不停蹄地召集市各部门召开联合办公会，连夜分析问题、提出改进政策，并强调要提高为群众办好事、办实事的服务意识，提振工作的精气神。这种服务态度贯穿着他在厦门市任职的三年时间里，不同于人们印象中的官员调研——阵势大张旗鼓和纷至沓来的媒体报道，调研过程却如同蜻蜓点水般，习近平同志总是在细致地考察村民生活，为村民生活认真思考，为此深入田间地头、村前屋后，甚至亲自在地里劳作，以便提出因势利导的策略。在调研的过程中，他不仅亲力亲为，更平易近人，村民使用的茶杯结上了浓黑色的茶渍，他却毫不介意地将茶水一饮而尽。

除了服务意识外，习近平同志还有着颇具前瞻性的工作思路。在对村庄调研的过程中，他并非一味地让村民使用高科技农业工具来增产——过度重视科技对农业的推动作用，尽管这在当时是一种普遍的思路——而是将目光投向了自然，告诫村民要注重对生态的保护，保持水土，不要为了一点蝇头小利饮鸩止渴。20 世纪 90 年代，随着越来越多的工业元素进入农业，农业生产力在工业加持下腾飞的同时也遭遇了工业带来的危机，据国家环保总局公布的数据显示，我国农业污染量占全国总污染量（指工业污染、生活污染及农业污染的总和）的三分之一到二分之一，已成为水体、土壤、大气污染的重要来源。化肥污染、农药污染、废弃物污染……[1] 对生态保护的不重视和对现代技术不加节制地使用最终造成了大量的污染，破坏了农业的根基，实属舍本逐末。2013 年习近平同志指出中国的发展既要绿水青山，也要金山银山。宁要绿水青山，不要金山银山，绝不能以牺牲生态环境为代价换取经济的一时发展。而早在 1985 年，他就曾说过环境要保护，老祖宗的东西一定要保留。如今看来，字字珠玑。这充分利用生态的思路经过人们的实践，成为同安区乡村日后发展的灯塔之光，引导了这里的村民们走向脱贫致富之路。

白交祠村就是这些乡村里的一座。1986 年，习近平同志在同安县领导的陪同下，驱车来到白交祠村进行调研。由于那时上山只有一条土路，通往村庄的是又窄又陡、坑坑洼洼的黄泥路，车开不进村里，实际上是连坐车带步行，此行也没有带任何一个媒体人员。这让白交祠村的村干部们有些猝不及防，他们甚至来不及准备欢迎仪式，副市长就来到了村子里。习近平同志一脚湿泥步行进村，很快就马不停蹄地到地头与村民谈天说地，了解村民生产情况，把白交祠整个村的情况摸得明明白白。他当时提出，当干部就三招，认路、认邻、认特点，那个地方什么特色、什么资源搞清楚了，工作就心中有数了，事实也确实如此，很快他就找到了白交祠村贫困的根源。在干部会议上，习近平同志认为，山区潜力很大，几十万亩山地待开发，群众也有愿望。发展山区的指导思想，首先要振奋精神，扶贫扶志；要以自力更生、生产自救为主，一定的资金扶持和其他帮助为辅；要做出规划，分清情况，分级负责，分批治理；要精心指导，逐村逐户落实，不要搞大呼隆、一刀切；要加强领导，提高素质，各级领导一要重视，二要改变作风，三要充实力量，并创造性地提出了“山上戴帽，山下开发”，即山上植树造林，山下种果种茶，发展多种经营，这些建议让与会的村干部眼前一亮。他们看见，

---

[1] 袁平 . 农业污染及其综合防控的环境经济学研究 [D]. 北京：中国农业科学院，2009.

习近平同志并不是在为白交祠村的发展画大饼，做不切实际的纸上谈兵，也不是只是来做个样子，蜻蜓点水地将白交祠村的问题一笔带过，而是直击要害，为他们提供了这个村子最需要的发展思路。能提出这样一针见血的建议不是没有原因的，1986 年夏天，厦门市遭遇了大面积干旱，分管农业的习近平同志非常着急，他带着队到田间地头，站在抗旱第一线，一边挖渠抽水抗旱保苗，一边抢插晚稻，抢种晚地瓜、秋花生，为全市带来了抗旱热潮。面对着 30 年未见的夏旱连秋旱，厦门市农民人均年收入不但没有下降，反而还增长了 20 元，这件事一直为厦门民众津津乐道，说习近平同志是心系群众的好干部。在厦门市工作期间，人们经常能看见习近平同志骑着脚踏车、坐着拖拉机，奔波在各个农村之间，用笔记录当地的情况。正是因为这样主动贴近民众生活，想百姓之所想，为他带来了对于因地制宜解决问题的敏锐嗅觉，看见了村民守着金山却不知道利用的问题。当时白交祠村的问题很复杂，很多村民存在消极的看法，认为反正已经穷得不像样子，索性破罐子破摔，山上的树木随意砍伐，山下垃圾到处乱丢，直接锁死了白交祠村发展的道路，这种生态破坏和生活贫困造成的恶性循环亟须一个破局点，否则在两者的双重作用下，村子很容易堕入无底深渊。在这种情况下，没有什么比“山上戴帽，山下开发”更适合白交祠村了，朴实的一句话点明了白交祠村发展的道路，也驱赶了村民心里的心魔。村干部为了不辜负习近平副市长的期望，同样高效地进行了一系列举措，全力推动村民在山上山下种植树木、开发茶园。很快，在 1990 年白交祠茶园总面积突破了 1000 亩，村民人均年收入达到 900 元，生态也得到了恢复。

1995 年 10 月，习近平同志在中共福建省委第六届一次全会上当选为中共福建省委副书记，巧合的是他依然分管农业、扶贫等工作，这对他而言可谓驾轻就熟。在任上，他依然非常重视农业生态的保护，提出建设生态福建，指出福建要打生态牌，福建森林覆盖率全国最高，保护福建生态环境，就是保护生产力，改善生态环境，就是发展生产力，这一思想与他对白交祠村提出的要求异曲同工。此外，他还格外重视乡村教育的问题，指出农业的发展不完全是经济问题，而是农民教育的问题、农村建设的问题。对农业和扶贫的了解让他为福建农业带来了飞跃式的进步，成效相当显著。1998 年 10 月 16 日，习近平同志再次来到了白交祠村。此时的白交祠村早已今非昔比，生态环境在十年内得到了很好的修复，青山绿水重回高山，道路平整了，基础建设也建设起来了，村民的收入大幅提升，腰包鼓了起来。最让习近平同志感到欣喜的是，村里崭新的白交祠希望小学在最近落成，这与他对乡村教育的要求不谋而合。座谈会就在希望小学的二楼办公室展开，会上习近平同志反复强调，要搞好教育，提升村民文化水平，要大力发展经济，提高村民的收入水平。这份勉励至今还让参与过会议，当时担任村委委员的杨明福记忆犹新，他时刻将这些话记挂在心上，同时也见证和引导着白交祠村走向光明的未来。

即便是到中央工作之后，习近平同志也总是记挂着这个位于厦门市边区的小山村，牵挂着白交祠村淳朴的民风和发展的现状。2010 年春节，时任中央政治局常委、中央书记处书记、中华人民共和国副主席的他还专门向厦门市领导过问白交祠村的发展情况。百姓始终会记得心念自己的好官员，白交祠村不会忘记习近平同志对村子的殷切期望和对村民的谆谆教诲，村支书杨明福曾动情地说道：“我们有一个共同的心愿，希望习近平总书记能在时间方便、工作允许的情况下，再回到我们村来走走看看。这是村民们和我的新年愿望！”

七、白交祠村村官

走进白交祠村，它光鲜亮丽的外在背后，不仅有老一辈人筚路蓝缕的艰辛，也有年轻人青春跃动的活力。“不拘一格降人才”，得益于大学生村官制度，年轻的学子们得以走出象牙塔，用崭新的知识与发展理念为白交祠村在新时代的前行助推，为大山深处的人们带来思想的新风。

关于大学生村官制度，具体的定义为：“大学生村官指近年来由政府部门正式发文、筛选的大专以上学历应届或往届毕业生，担任村党支部书记助理、村主任助理或其他‘两委’职务的工作者，任期为 3 年。大学生村官的政策目标是从广大高校毕业生中，选择聘用一批优秀大学毕业生到农村任职”[1]。我国的村官制度始于 20 世纪 90 年代，为解决“三农”问题，1995 年江苏开展“雏鹰计划”，选派大学生干部进入乡村基层进行工作。到 2004 年，已有 10 个省区市效仿这一模式，形成村官制度的雏形，为乡村输送了大量高素质人才，但此时尚未落实于政策，只是由各地零星地进行尝试。2005 年，国务院办公厅印发《关于引导和鼓励高校毕业生面向基层就业的意见》，在文件中明确指出了“与全面建成小康社会目标和基层发展对各类人才需求相比，高校毕业生到基层工作还存在动力不足、渠道不畅、发挥作用不够、发展空间有限、服务保障不力等问题”[2]，并要求各级

---

❶ 徐晓丹，张志忠．新农村建设中的大学生村官制度探析——以福建省选聘生工作为例 [J]. 合肥工业大学学报（社会科学版），2010（4）：30-36.

❷ 劳动和社会保障部．关于贯彻落实中共中央办公厅国务院办公厅引导鼓励高校毕业生面向基层就业意见的通知〔劳社部发〔2005〕21 号〕[J]. 四川劳动保障，2005（9）：38.

部门“充分认识引导和鼓励高校毕业生面向基层就业的重要意义”❶，在政策上鼓励大学生进入乡村基层岗位工作。2008 年 3 月，中央在村官制度的确立上更进一步，多部门联合下发《关于选聘高校毕业生到村任职工作的意见（试行）》，在全国范围内开展大学生村官工作。至此，村官制度与其所对应的“人才”二字走进中国乡村，成为莘莘学子实现人生抱负、达成社会理想的大舞台，愈加受到高校毕业生的热捧。

福建省亦紧跟这一趋势，主要体现在选聘生政策上。为贯彻落实《关于引导和鼓励高校毕业生面向基层就业的意见》，“省委组织部等 8 部门联合发布《福建省选聘优秀高校毕业生到村任职工作管理暂行办法》（闽委组通〔2008〕55 号），对选聘生的选拔与聘用、培养锻炼、管理、考核录用、政策支持等方面进行了详细的规定”❷，并与省内各高校联动，出台文件与配套设施鼓励毕业生参与选聘，吸引了众多大学生参与。

即便有众多政策的扶持，在诸如白交祠村这样的山区农村工作依然存在着许多困难。“农村是本无字书”，作为最基层的工作岗位，不仅需要有一颗热衷于为人民服务的心，也应处理好乡村烦琐复杂、千丝万缕的问题，这些并不是拥有高学历与高等知识就能解决的。对于甚少涉足社会的大学生而言，他们面临着心理上的问题，很难放下架子，很难真正融入乡村，或对这一职位心存芥蒂，只是视为职业生涯中的一个跳板而走马观花，不做实事。要想解决这一问题，必须有良好的选拔机制与系统化的培训，以及完善的保障制度来确保有能力者当好大学生村官且无后顾之忧。在这一方面，厦门市做出了许多积极的尝试。2016 年，厦门

---

❶ 劳动和社会保障部．关于贯彻落实中共中央办公厅国务院办公厅引导鼓励高校毕业生面向基层就业意见的通知〔劳社部发 [2005]21 号〕[J]. 四川劳动保障，2005（9）：38.

❷ 徐晓丹，张志忠．新农村建设中的大学生村官制度探析——以福建省选聘生工作为例 [J]. 合肥工业大学学报（社会科学版），2010（4）：30-36.

市举办了大学生村官创新实践大赛，旨在提升村官群体的工作能力；2018 年，举办大学生村官富民强村创新实践主题活动，采取集中培训、参观学习、专题研讨等方式，在对大学生村官进行教育培养，提高大学生村官履职尽责能力的同时，为他们提供无微不至的关怀；此外，为培养大学生村官对乡村的归属感与亲密感，厦门市“在保证基本工作生活条件的前提下，注意把这批新鲜力量安放到条件相对艰苦的高山海岛、偏远山村锻炼，鼓励他们在党和人民最需要的地方奉献成长”。[1] 在这一系列的举措下，厦门村官制度的发展异常活跃。越来越多的学生认识到，担任村官不仅能在毕业后得到就业岗位，完成职业生涯的第一步，也能助力乡村发展，于是纷纷投身村官队伍，因此涌现出了一系列杰出的人才。

2014 年，从集美大学毕业的纪松林来到白交祠村，适逢厦门市山区农村“五位一体”试点建设，他肩上的担子不可谓不重。在两年的工作中，他脚踏实地工作，虚心学习，与这座偏远的山村结下了不解之缘。在任期间，他牵挂孩子，放弃个人休息时间为学生进行辅导、举办毕业活动、开展募捐活动帮助生病孩子；在宣传工作上，在村内苦恼于如何扩大影响力时，他另辟蹊径，推出微信公众号“云雾白交祠”，使更多人得以一窥白交祠村神秘面纱下的芳容，被厦门多个官方号转载，受到一致好评；他也重视白交祠党员干部的党性培养，积极开展党性教育活动，使全村党员绑成一股绳发力建设乡村。在“五位一体”建设上，他一马当先，积极配合村“两委”向村民解释政策。愈加显得难能可贵的是，尽管不是土生土长的白交祠人，尽管乡村基层工作艰苦而收入微薄，他却表现得比谁都热爱白交祠，始终奋斗在乡村工作的第一线。不仅是他，2016 年上任的大学生村官陈炯茂和现任大学生村官曾国跃也在这一岗位上发光发热，灵活运用自身的专业知识，助力村子的发展。以他们为代表的大学生村官们，在不长的工作生涯

[1] 福建厦门大学生村官培养“刚柔相济”[EB/OL].（2015-02-13）[2021-06-30] 乡村干部报网，http://www.dxscg.com.cn/.

中，都真正融入了乡村集体，用曾国跃的话来说，就像成了他们村里人，像他们的兄弟，或者是他们的孩子一样，因此为村子谋福利、谋发展也就成了顺理成章的事。

作为新近确立不久的制度，大学生村官制度还很年轻，存有很大的发展空间，但眼下，它已经带来了显而易见的成效。当“迷惘的一代”走出象牙塔，沿着他们的父辈上山下乡的道路重回乡村，他们面对的早已不是繁重的体力活与农具，而是新时代农村发展道路上乱花渐欲迷人眼的机遇，那么实现这一目标的工具也就从适应重工作的双手转移到发现机遇的慧眼和积极进取的思维。在高山之上，“云雾白交祠”还在运作，“上店下厂”模式还在持续推广，“七彩白蛟”农业专业合作社也在为村子源源不断地带来收入，年轻的村官们用他们的创造力与村民们一道开拓着乡村的边界，而这正是人们对于年轻一辈所期望的，从天空“脱离冷气”回到地面，如纪松林在反映大学生村官工作和生活的纪录片《另一种青春》中所说的“村官就是一种人生体验”一样，它改变了看似毫无关联的两类人的生活。在前行者们的努力下，越来越多的人选择了这样的生活，白交祠村的高山党校中，一批批的年轻干部被培养出来，并投身到乡村工作中，在可以想见的未来，大学生村官制度还将持续助力白交祠村的发展。

第四章 白交祠村之美
——“五位一体”建设试点村

在各级政府的支持下，白交祠村发生了翻天覆地的变化，“五位一体”建设工作取得了突破性进展。在经济方面，白交祠村已经建成乡村现代化经济体系；在政治方面，白交祠村始终坚持社会主义民主政治；在文化方面，白交祠村不断推动乡村文化繁荣兴盛；在社会方面，白交祠村坚持在发展中保障和改善民生；在生态方面，建设美丽白交祠。

一、建设乡村现代化经济体系

在发展本村经济的过程中，白交祠村始终贯彻习近平总书记曾在白交祠村因地制宜提出的“山上戴帽，山下开发”的发展理念，不断推动村里产业结构调整，不断朝着乡村现代化经济体系目标奋勇前行。

（一）贯彻“山上戴帽，山下开发”的发展理念

白交祠村地处厦门市同安区西北部的厦漳泉交界地带，海拔近1000米，位置偏僻，交通不便，资源匮乏，是同安区乃至全市最偏远的山村之一。

1986 年 4 月 7 日，时任厦门市委常委、常务副市长的习近平同志来到白交祠村开展调研扶贫工作。那时的白交祠村连一条像样的道路都没有，村中的房屋都是破破烂烂的土坯房，村民的生活十分困难。在访贫问苦的过程中，习近平同志走近群众，详细询问当地百姓的生产生活状况如何，靠什么收入等。在离开白交祠村之前，习近平同志在村口发表了重要讲话，因地制宜地提出了“山上戴帽，山下开发”的可持续发展理念，即山上多植树造林，山下多种果种茶，实现民富村美。习近平同志当年的讲话给白交祠村的发展指明了方向。

在“山上戴帽，山下开发”这一可持续发展理念的指导下，1986 年，白交祠村村民开始开荒种茶。1987 年，白交祠村村民开始植树造林。1988 年，白交祠村掀起了植树造林的高潮，村民在山顶种高大的乔木，在山腰种茶树，这种和谐的山林开发模式，既避免了水土流失，又产生了经济效益。和谐的山林开发模式逐渐得到村民的认可，村民开始从水稻种植转移到茶叶种植和茶叶粗加工的过程中。到 1990 年，白交祠村的茶园面积大幅度增加，村民的人均年收入也有了显著的增长，村民的温饱问题已经基本得到解决。

1998 年 10 月 16 日，时隔 11 年，时任福建省委副书记的习近平同志再次来到白交祠村，当他了解到 11 年来白交祠村发生了显著变化——种茶已成为村民的主要经济收入，村民陆陆续续盖起了新房，道路也比以前宽敞了许多，并有专人维护，村小学也从当年的一层小平房变成了一栋三层楼的希望小学，习近平同志十分高兴并充分肯定了白交祠村这十几年来的发展变化。

进入 21 世纪初，白交祠村村民继续坚持“山上戴帽，山下开发”的可持续发展理念，鼓足干劲、砥砺前行，白交祠村的村民除了大力发展茶叶种植和粗加工外，还开始利用独特的气候条件大面积种植地瓜，地瓜种植成为白交祠村村民的另一项重要收入来源。2005 年，水泥路修到了白交祠村村口，道路修建不仅为白交祠村的茶叶和地瓜出村提供了便捷的交通条件，还极大地提高了村民种植茶叶和地瓜的积极性。水泥路的修建也为村中剩余劳动力的输出提供了便捷的交通，2005 年前后，白交祠村兴起了外出务工的高潮，村中大多数年轻男女到同安或厦门城区甚至更远的地方从事工业生产，外出务工成为白交祠村村民的另一项重要收入。但更令白交祠村村民振奋的是习近平同志到中央工作之后，还时常挂念厦门偏远地区的发展状况。2010 年 2 月 5 日，时任中央政治局常委、中央书记处书记、国家副主席的习近平同志与贾庆林、王兆国等在闽工作过的老领导还专门向赴京汇报工作的厦门市领导过问白交祠村和军营村的发展情况。习近平同志动情地说："我对厦门有很深的感情，当时厦门岛外有些村庄还很落后，我负责的工作中有一项是扶贫，常和村里的干部群众打交道，现在还时常想起那些老百姓，有机会到厦门，我很想去看看他们。"[1] 习近平同志的两次视察和多次关心为白交祠村的发展指明了方向，也给予了村班委和全村百姓极大的鼓舞。同年，白交祠村被列为市老区山区建设先行村，科学的指导理念和政府优惠政策的扶持，使白交祠村迅速发展起来。到 2011 年，白交祠村农民人均年收入达 8018 元，人民生活水平有了极大的提高，村中慢慢地建起了两三层的小高楼，但村民的主要收入还是来自地瓜和茶叶的种植，以及外出务工。2013 年，厦门市各级政府部门合力推进白交祠村"五位一体"建设，实施精准扶贫，提出"一年变面貌，三年大发展"的工作目标。到 2014 年，白交祠村发生了翻天覆地的变化，水泥道路宽敞了，村里也装起了路灯和自来水，村民人均收入突破万元，人民生活水平显著提高。

近年来，村支部继续遵循"山上戴帽，山下开发"的可持续发展理念，充分挖掘山上山下资源，带领村民大力推动乡村旅游发展。充分利用云雾、高山、茶园、山寨等自然景观，鼓励农民兴办"农家乐"和"民宿"，山下被真正地开发出来了，外出务工的不少村民也纷纷回到村里，为白交祠村的发展添砖加瓦，白交祠村走上了观光农业、乡村旅游的富民强村之路。到 2015 年，白交祠村的人

---

[1] 中央党校采访实录编辑室 . 习近平在厦门 [M]. 北京：中共中央党校出版社，2020.

均年收入达到了12925元。到2017年，全村山地面积8700亩，其中茶园3500亩，公益林3500亩，村民人均年收入17218元，白交祠村真正实现了民富村美的愿望。2018年12月，在中央农村工作会议上，习近平总书记还提到军营村和白交祠村，他依然深情挂念着这个几十年前曾两次访贫问苦过的高山村。习近平总书记的牵挂让白交祠村在新农村建设中鼓足干劲，力争上游。

30多年来，白交祠村在习近平总书记和各级领导的关心支持下，立足山村实际，秉承“山上戴帽，山下开发”的可持续发展理念，以精准扶贫为契机，凭借着“五位一体”建设样板村、美丽乡村建设、实施乡村振兴战略等，白交祠村砥砺前行、旧貌换新颜，走上了一条高山致富路，已成为引领厦门新农村建设的样板。

（二）推动乡村产业结构调整

实施乡村振兴战略是党的十九大报告做出的重大决策部署，是新时代做好“三农”工作的总抓手。乡村振兴的核心内容是产业振兴、文化振兴、生态振兴、组织振兴、人才振兴，而产业发展是实现乡村振兴的基础。[1]从2015年起，国家开始进行供给侧结构性改革，而农村产业结构调整是其中改革的重要板块。为此，厦门市委市政府加大对白交祠村的扶贫力度，实施党建引领，发展“绿色经济”，培育“造血”功能，积极推动白交祠村的产业结构调整，让白交祠村从偏远的贫困小山村变成了“百姓富，生态美”的现代化农村，充分彰显了社会主义建设的伟大成就。

近两年，为巩固边远山区的发展成果，厦门市委市政府积极引导白交祠村不

[1] 北京市习近平新时代中国特色社会主义思想研究中心．实施乡村振兴战略是新时代做好“三农”工作的总抓手[N/OL].（2018-08-06）[2021-03-28]. 光明日报，2018-08-06. http://theory.people.com.cn/n1/2018/0806/c40531-30210403.html.

断创新发展思路，促进传统产业升级，帮助农户改善农产品质量，引进先进的加工生产方式，组织品牌营销、开拓市场等，推动白交祠村传统茶叶经济提质增效，不断做大做强“绿色经济”。传统的茶叶经济、地瓜种植和外出务工显然已经不能适应新时代农村发展的需要。为此，调整农村产业结构既是时代发展的需要，也是农民切身利益的要求。为推动乡村传统农业向现代产业转型升级，实现乡村产业振兴，白交祠村已从以下几个方面开始着手：

一是坚持因地制宜的原则。不同地区的自然状况、社会经济发展状况和人文地理条件等都有所不同，因此，在农村产业结构调整过程中，必须坚持因地制宜的原则，实事求是，根据白交祠村独特的地形和气候条件来选择主导产业和主导产品，坚持“山上戴帽，山下开发”的可持续发展理念，合理配置和充分利用各种自然资源，形成农村产业结构良性循环的新格局。由于白交祠村位于海拔近千米的高山上，云雾缭绕，得天独厚的地理条件使当地的村民大量种植茶叶和地瓜成为可能。在茶叶产业方面，一直以来，白交祠村的茶叶产业都是以粗加工为主，茶叶收入的增加主要是依靠茶园种植规模的扩大，但这种纯粹地依靠扩大生产规模增加收入的生产方式已经不能满足当下发展的需要。因此，在市、区各级政府部门的支持和引导下，白交祠村开始了新一轮的茶叶产业结构升级调整，其紧扣“稳定面积、提高产量、提升品质、创造品牌、提高效益”的发展思路，白交祠村加大对茶园基础设施的建设，建立了茶叶病虫监测点，不断对茶叶品种进行改良，定期开展茶叶种植技术培训。在此基础上，白交祠村的茶叶产量和品质都有大幅度的提升。2013 年，白交祠村还合作办起了“白交祠茶叶专业合作社”，“小农经济”开始朝着“生产在户，服务在社”的经营模式和合作制发展。此外，白交祠村还注册了茶叶商标，并通过无公害认证，提升了茶叶的市场价值。在白交祠村的茶叶转型升级中，云山茶业有限公司和恒利茶业有限公司起了重要作用，多数村民与这两家企业签订了合作协议，通过“合作社 + 公司”的方式，白交祠村村民有效地规避了市场风险。在地瓜产业方面，传统的白交祠地瓜收入主要是依靠本地市场销售和商贩收购获得，产品质量好，但市场有限。在市、区农业部门的帮助下，2014 年，白交祠村启动了 350 亩“一村一品”基地的薯块育苗项目，市、区农林部门的专家还特地为白交祠村的农户挑选了优质品种“岩薯 5 号”和“龙岩 7-3”，有了良种和政府部门的扶持，还必须开拓市场。为此，白交祠村还特地对村中的地瓜进行包装升级，推出了礼盒装，创立白交祠村特有的品牌“白交祠牌地瓜”，还开起了农副产品淘宝店，把村中的地瓜拿到网上销售，网上售卖农副产品突破了传统销售渠道的局限，开拓了更加广阔的市场。此外，白交祠村还对地瓜进行了加工升级，制成便于保存携带的地瓜干，售予游客或在网上售卖。白交祠地瓜因其天然绿色、一年种一季、香甜软糯等特质以及品牌效益深受消费者青睐，“白交祠牌地瓜”市场越来越广，农户的收入也逐年增加，截至 2017 年，村民人均年收入 17218 元。在农产品产业结构的调整过程中，白交祠村立足本地实际，开拓创新，不断推动农副产品的加工升级。

二是加快发展第三产业，促进农村产业结构升级调整。白交祠村是一个农业大村，村中的主要收入是来自茶叶和地瓜的种植，这种单一的产业发展模式显然已经不能适应新时期经济发展的需求。为了适应新时代发展需求，白交祠村人民开拓创新，利用当地的云雾、高山、茶园、山寨等自然资源，尝试发展旅游业，开发了茶山竹海、月牙梯田、叠水步道、杜鹃石寨等多处山村特色自然景观。为进一步促进白交祠村第三产业的发展，2016 年 4 月 7 日，厦门市委党校和同安区委党校在白交祠村设立了高山教学点，高山党校没有宿舍和食堂，学员的吃住都是在村里的农家乐和民宿，高山党校的开办提高了民宿的入住率和农产品的销售额，有力地带动了白交祠村第三产业的发展。2016 年 11 月，《同安区推行农村股份合作制改革试点指导意见》出台，同安区着手组建土地、旅游、置业等类型的股份合作社。作为首批旅游合作社试点村之一的白交祠村积极响应区政府的号召，有效整合村里的土地、房屋、劳动能力等生产要素。2017 年，白交祠村成立同安首家农村旅游股份合作社，“七彩白蛟农业专业合作社”注册成功。按“入社入股”分开的做法，全村入股的房屋、其他建筑及本村集体旅游资源由合作社统一管理。此外，同安区政府部门还主动邀请了市属国企厦门旅游集团作为白交祠村乡村旅游整体开发运营商，对白交祠村进行统一规划、开发、招商、运营和管理。2018 年 4 月，厦门旅游集团到白交祠村实地考察后，开始进行一系列的筹备工作。2019 年 4 月，在同安区政府的推动下，厦门旅游集团正式参与白交祠村的旅游开发，与白交祠村的合作社共同成立一家独立企业，探索出“国企示范项目 + 村集体带动 + 村民合作入股”的运营新模式，规范经营，提升品质，带动村民积极投身乡村振兴工作。随着白交祠村和厦门旅游集团合作的不断深入，白交祠村的旅游产业迎来了质的飞跃，拥有了更专业的团队，更规范的运营，更有品质的服务，白交祠村从此开启了着力发展第三产业的新篇章。民宿开起来，农家乐办起来，农产品卖起来，于是村民富起来了，第一二产业也随着第三产业的兴起有了进一步的发展，“乡村旅游 + 现代农业”的产业融合正在全面铺开，观光农业、休闲农业应运而生。

三是坚持循序渐进、可持续发展的原则。调整农村产业结构要综合考虑农村的社会、经济、人文地理条件，制订可行性方案，这一过程是循序渐进的，而不是一蹴而就的。如果村里不具备产业调整升级的条件，强行调整产业结构只会破坏原有的产业结构。因此，在农村产业结构调整过程中要全面规划，循序渐进，有步骤、分阶段地进行农村产业结构调整。此外，产业结构调整还应遵循可持续发展的原则，即产业结构调整要从长远目标入手，以服务现在、着眼未来为宗旨，讲求依靠科学技术进步，注意保持生态环境平衡，使农村产业结构调整与生态保护和环境规划结合起来，寻求农村的人口、经济、社会、生态环境之间相互协调发展，促进长远综合效益的持续提高。20 世纪 90 年代中期的白交祠村以种植水稻和茶叶为主，产量低，难以满足村民的基本生活需求。1986 年 4 月，习近平同志来到白交祠村调研扶贫工作，提出了“山上戴帽，山下开发”的可持续发展理念，为白交祠村的发展指明了方向，白交祠村开始在山顶植树，在山腰大面积种植茶园，此时白交祠村主要发展茶叶种植，以水稻种植为辅，是单纯的发展第一产业。到了2000年前后，白交祠村在发展茶叶种植的基础上开始地瓜种植，茶叶也开始进行粗加工，此时的白交祠村以第一产业为主、第二产业为辅，第二产业还在雏形阶段。2005年前后，村中的年轻人多外出务工，村中基本上还是以发展第一产业为主。在发展第一产业的过程中，白交祠村村民自觉遵循自然发展规律，尊重自然，保护自然，与自然和谐相处。2010年前后，白交祠村开始尝试发展乡村旅游业，但是收效甚微。2013年，白交祠村办起了茶叶合作社，村中也出现了小型的茶叶加工厂。2016年，高山党校在白交祠村设立教学点，高山党校的开办一定程度上促进了白交祠村第三产业的发展，也带动了农副产品的销售。同年，《同安区推行农村股份合作制改革试点指导意见》出台，白交祠村积极整合村里的土地、房屋、劳动能力等生产要素，大力发展旅游业。近年来，为进一步推进村里旅游业的发展，白交祠村和厦门旅游集团合作，牢记习近平同志“山上戴帽，山下开发”的可持续发展理念，循序渐进地推进白交祠村产业结构的调整，实现经济效益和生态效益的双赢。

（三）建设乡村现代化经济体系的主要任务

乡村振兴战略是习近平总书记在党的十九大报告中提出的一项重大战略，这是全面深化改革、美丽乡村建设、新农村建设等重大决策之后，又一项具有划时代意义的中国特色的解决“三农”问题的重大战略部署，它是构建乡村现代化经济体系的重要引擎。在乡村振兴战略的指导下，白交祠村在全面建设乡村现代化经济体系中做了以下几个方面的工作：

第一，白交祠村充分发挥政府在农村产业结构调整中的作用。政府的有效推动是农村产业结构调整得以顺利进行的组织保证。政府在农村产业结构调整中，要指导村民确定产业结构调整方向，帮助村民制定产业结构调整规划。农村产业结构调整是从宏观上协调农村内部各层次、各产业之间的比例关系，它需要政策的指引。我国农村基础设施十分落后，极大地影响了农村经济的发展进步，为此政府要加大农村基础设施建设，为建设农村现代化经济体系提供基础条件。此外，政府部门还应为农村经济发展提供适当的价格政策、税收政策和信贷政策，为农村经济发展保驾护航，让农民大胆地干，充分激发农村的发展活力。

第二，白交祠村依靠科技创新，促进产业升级。科技是第一生产力，科技创新是调整产业结构，促进生产力更快发展的强大推动力。科技创新对农村产业结构具有直接性影响，科技创新能够提高劳动力的素质，改善生产的物质技术基础，扩大劳动对象范围，提高管理水平等。乡村产业发展离不开科学技术的推动，为此，必须加强农业科研，培育优质的品种，制造先进的农业生产器具，把农业技术开发、技术推广和教育相结合，增强农村发展的后劲儿。此外，科技创新还能扩宽农产品的销售渠道，科技创新为农产品开启了线上销售模式，突破了传统农产品销售模式的局限，为农产品创造了更加广阔的市场。

第三，白交祠村加快推进“田园综合体”建设，促进乡村产业结构升级调整。传统的农村经济主要是依靠大力发展第一产业来推动，但相对于21世纪的今天来说，传统的第一产业已经难于推动乡村经济继续向前发展，因此，在农村发展第二、第三产业迫在眉睫。特别是在有条件有资源的农村地区，要抓住机遇，开拓创新，勇于突破传统产业的局限，加快建设田园综合体。田园综合体是一个全新的概念，它在2017年的中央一号文件中首次被提出，田园综合体是以农村合作社为主要载体，集现代农业、休闲旅游、田园社区为一体的特色小镇和乡村综合发展模式。它是以旅游为先导，以产业为核心，以文化为灵魂，以流通基础为支撑，以体验为价值，以乡村复兴为目标的新型乡村治理模式，这一治理模式能让农民充分参与和受益。它集循环农业、创意农业、农事体验为一体，有助于实现农村一二三产业的深度融合，实现现有的产业及农庄、农业园区、农业特色小镇等的升级换代。

第四，白交祠村加快培育乡村企业。党的十九大报告提出实施乡村振兴战略，要求加快推进农业农村现代化，培育新型农业经营主体，促进农村一二三产业融合发展。乡村振兴战略提出了产业兴旺、生态宜居、乡风文明、治理有效、生活富裕的总要求，为农村新产业的发展提供了非常大的空间，为企业家提供了新的舞台，如果利用得好，会如同20世纪改革开放政策给乡镇企业提供的大发展机会一样，让农村再次成为企业家一展身手、企业快速发展的一片沃土。2017年2月5日，《中共中央国务院关于深入推进农业供给侧结构性改革加快培育农业农村发展新动能的若干意见》（即2017年中央一号文件）发布，提出“拓展农业产业链价值链”。为此，必须加快培育乡村企业，对农产品进行加工，进而扩展农产品的价值。

二、发展社会主义基层民主政治

在发展社会主义基层民主政治的过程中，白交祠村始终坚持基层群众自治制度，不断加强基层组织建设，努力完善人民当家作主的制度建设。

（一）坚持基层群众自治制度

基层群众自治制度是我国的一项基本政治制度。基层群众自治制度是依照宪法和法律，由村民选举的成员组成村民委员会，实行自我管理，自我教育，自我服务，自我监督的制度。它是一种基层自治和民主管理制度，是社会主义民主广泛而深刻的实践。在基层的发展和建设中坚持基层群众自治制度，不仅可以加强社会主义民主制度建设，使人民直接行使民主权利，而且还能够妥善处理好改革发展过程中的各种利益关系，有效化解矛盾，推进社会和谐发展。改革开放以来，随着我国经济的发展和社会的进步，全国各地的基层民主化程度越来越高，公民有序参与政治的渠道也越来越广，民主的实现形式也越来越丰富。党的十九届四中全会审议通过的《中共中央关于坚持和完善中国特色社会主义制度、推进国家治理体系和治理能力现代化若干重大问题的决定》，做出了“健全充满活力的基层群众自治制度”的重大部署，这一决策部署既是对基层群众自治制度重要作用的充分肯定，也对在新时代完善这一制度提出了新的要求。为此，白交祠村应坚定不移地坚持基层群众自治制度，坚持党和政府的领导，在基层民主政治建设中奋力前行，为村民有序参与政治生活提供有效渠道。

其中，村党支部和村委会是基层群众自治过程中最重要的两个组织。村党支部组织是中国共产党在农村的基层组织机构，是农村各种组织和各项工作的领导核心，主要任务是宣传党的方针政策，带领广大基层民众发家致富奔小康。白交祠村村党支部集合了全村的党员力量，由白交祠村的党员投票选举产生一位党支部书记，再由选举出的党支部书记统一领导全村的党员开展基层组织工作。白交祠村的村委员会是农村基层群众自治组织，主要职能是帮助村民进行日常事务的决策管理、化解农村各项矛盾、保障农民的基本权益、促进农村和谐健康发展。每当白交祠村村民委员会换届的时候，白交祠村就会显得格外热闹，许多外出务工的村民纷纷赶回村里，参加这意义重大的选举，选出自己心中的好干部。

白交祠村的村民委员会换届工作流程如下：首先，白交祠村会召开村民代表会议，由各村民小组推荐产生村民选举委员会。村民选举委员会负责制定村选举办法，选举办法拟定后提交村民会议讨论通过。选举办法确定后，就开始进行选民登记工作，凡是年满十八周岁的村民，不分民族、种族、性别、职业、家庭出身、宗教信仰、教育程度、财产状况、居住期限，只要未被剥夺政治权利的村民，都有选举权和被选举权。选民工作结束后，白交祠村民选举委员会会公布初步候选人，如果提名的初步候选人多于法定正式候选人名额时，则会进行预选，预选由村民代表大会和各村民小组讨论共同商议。初步候选人选定后，村民选举委员会会按照村委会职责要求、入选条件的法律规定和本村选举办法，对初步候选人进行资格审查后报莲花镇换届选举工作机构审核，审核通过后确定为正式候选人。其次，白交祠村民委员会会张榜公布正式候选人名单。正式候选人名单确立后，就是组织选民选举投票，这是白交祠村最庄严的时刻之一。村民会早早地在村委会门口等着投下这神圣的一票，没有来村委会投票的村民，村民选举委员会成员会挂着选举箱深入村民家中或田间地头让村民投下自己神圣的一票。选票不记名，村民可以大胆放心地选举自己满意的“好当家”，投票按照选民数和得票数“双过半”的原则，当场公布选举结果。选举结果公布后便是村民委员会换届交接、组成新的村委班子的时候。每当白交祠村有重大事务需要决策的时候都会开党支部大会，由白交祠村党支部提出决策方案，该方案必须由半数以上党员赞同方为通过，方案通过后再由白交祠村委会按照少数服从多数的民主集中制的原则进行讨论决定。在这个过程中，村民依法行使民主权利，实行民主自治，进而保证了基层群众自治按照党和人民的意愿来进行。此外，白交祠村还坚持“三治融合”，共建共享乡村治理。制定村规民约、成立“山村 110”、组建道德评判队、设立“高山议理堂”，以自治添活力、法治强保障、德治扬正气，“三治融合”的新模式推动村党支部村委会形成“大事一起干，好坏大家判，事事有人管”的基层治理新格局。

习近平同志在党的十九大报告中指出：“发展社会主义民主政治就是要体现人民意志、保障人民权益、激发人民创造活力，用制度体系保障人民当家作主。”[1] 基层群众自治制度是人民当家作主制度体系的一项重要内容，与人民群众的切身利益密切相关，直接反映人民的利益需求。比如，白交祠村合作社和集体经济收益的分配，村办学校、村庄道路修建等公益性事业的兴办及经费筹集，贫困户和低保户人员的确定等，都与白交祠村村民的利益息息相关，这些问题村民都很关

[1] 习近平. 决胜全面建成小康社会　夺取新时代中国特色社会主义伟大胜利——在中国共产党第十九次全国代表大会上的报告 [R]. 北京：人民出版社，2017.

心，并积极参与这些事务的决策、管理和监督中。基层群众自治制度为白交祠村民参与政治生活提供了制度保证，切实维护了人民当家作主的权利，也使得村民能够积极主动地参与到村庄的和谐建设中去，在这个过程中，人民当家作主的能力在日常生活的实践中得到了提高，这无形之中也促进了村民政治素养的提高。

我国的基层群众自治制度体现了群众主体作用与国家主导作用的有机结合，是增强人民民主意识与维护人民利益的民主制度。白交祠村坚持基层群众自治制度，遵循社会主义民主政治发展的规律，在基层群众自治的道路上越走越稳，从而把党的领导、人民当家作主、依法治国的有机统一贯彻到基层群众自治制度中。

（二）加强基层组织建设

加强基层组织建设不仅是新时期农村治理体系的基本要求，也是保证农村村民合法权益的重要举措。农村基层组织，包括设在镇（办事处）和村一级的各种组织，主要是指村级组织，包括基层政权、基层党组织和其他组织三个方面，主要有村党支部组织和村民委员会。农村基层组织建设事关村民的切身利益，是建设社会主义新农村的关键，必须大力加强农村基层组织建设，不断增强农村基层组织的创造力、凝聚力和战斗力，为推进新农村建设提供强有力的组织保障。

从 1996 年起，厦门市委组织部和市建发集团对白交祠村持续开展了 20 多年的挂钩帮扶，市委、区委组织领导每年不定期到村里慰问贫困村民，与村民谈心并指导村干部开展工作。2013 年 10 月份以来，厦门市政府和同安区政府部门狠抓莲花镇白交祠村“五位一体”建设试点工作，基层组织建设不断加强，结合白交祠村的实际发展需要，派遣专业特长对口的优秀青年干部，进村担任相关干部，对白交祠村进行大力指导管理工作，市委组织部选派年轻机关干部轮流驻村挂职，加强村级班委力量，并组织村干部、党员和村民外出学习新农村建设和

“美丽乡村共同缔造”经验，引导建立共谋共建共管共评共享基层自治新机制。在白交祠驻村的干部切实为村民办实事，帮助村民转变观念，加强公共服务设施建设，不断为百姓谋福利。2016年3月，白交祠村在全市率先启动“两学一做”学习教育，全村党员学在前、思在前、走在前，将学党章党规及习近平总书记系列讲话精神贯彻落实到推进“党建富民强村”工作中。村党支部组织全体党员重走习近平总书记走过的路，重温习近平总书记的嘱托，细化全年工作计划，分解任务，设定岗位，明确职责，党员主动认岗，实行服务积分管理，不断为白交祠村的建设建言献策。在为人民服务的过程中，每个党员都会认真做好“民情日记”，切实把百姓的事放在心头，急群众之所需，利群众之所益。

近年来，在各级政府的关怀下，白交祠村主动出击，积极推动农村基层组织建设。在白交祠基层组织建设的过程中，白交祠村积极探索新的治理体系，以便更好地为人民服务。党的十九大报告指出，加强基层组织建设，要以提升组织力量为重点，突出政治功能。党支部要担负好直接教育党员、管理党员、监督党员和组织群众、宣传群众、凝聚群众、服务群众的职责。在白交祠村党支部建设的过程中，白交祠村党支部不断加强思想政治建设、领导班子建设、党员队伍建设、作风建设和制度建设。

在思想政治建设方面，白交祠村深入开展“不忘初心、牢记使命”的主题教育活动，认真学习《中国共产党支部工作条例（试行）》，另外白交祠村每季度都会召开支部党员大会，会议由党支部书记组织，主要是为了加强党员之间的相互学习与交流，及时了解当前形势，贯彻传达上级精神。

在领导班子建设方面，白交祠村党支部书记由白交祠村全体党员投票选举产生，不仅受白交祠村全体党员和村民的监督，还受上级政府部门的监督。此外，白交祠村党支部书记还要定期到莲花镇培训并向白交祠村其他党员传达培训精神。在党员队伍建设的过程中，白交祠村党支部严格考核，积极吸纳年轻的血液，优先发展回村的大学生和退役士兵，并充分利用高山党校现场教学点的资源，加强年轻党员和老党员的培训，让全村党员牢记习近平总书记的叮咛，定期开展党员学习大会。

在作风建设方面，白交祠村党支部严格自律、奋发图强、求真务实，每天都在“学习强国”上认真学习党的方针政策，并把这些方针政策落实到白交祠村建设的方方面面中。在制度建设方面，白交祠村开展全员“党性体检”活动，体检结果最终由三大块组成，分别是自评得分、民主测评得分、支委会初定得分。此外，白交祠村党支部严格执行“三会一课”制度，实行党内监督体系，并接受来自上级纪检部门的监督。

在白交祠村村民委员会建设的过程中，白交祠村也有属于自己的一套体系。在白交祠村村干部的选举过程中，更加注重村干部的素质和能力，优先从本村的致富能手、退役军人和大学毕业生中挑选村干部，重点培养党支部书记和村委会主任等后备人选，进而提高村班委的整体素质。在村委会换届选举的过程中坚持公平公正、公开透明的原则，严禁“贿选”情况的出现，一经发现逐出选举行列。在村干部任职期间，白交祠村还专门建立了村干部考核体制和评价体制，定期开展村干部批评与自我批评活动，以便更好地发现自己工作中的不足。白交祠村每年年底也会对当年村干部的工作进行考核，由白交祠村民委员会根据村民反映的情况对村干部进行评价，连续三年以上得到好评的村干部换届时可优先考虑连任。此外，白交祠村还特别注重村干部的服务人民群众的能力，鼓励村干部积极扩宽与村民交流沟通的渠道，要求村干部每月至少要有一次深入田间地头或到村民家中了解村民的生产生活情况，及时为人民群众排忧解难。

（三）完善人民当家作主的制度体系

我国是人民民主专政的社会主义国家，人民是国家的主人。要保证人民当家作主，必须健全民主制度，丰富民主形式，扩大公民有序参与政治的途径，保证人民依法行使民主选举、民主决策、民主监督。严格完善基层民主管理制度，深入开展政务公开，保证人民群众依法行使知情权、参与权、监督权。要通过多种渠道和形式广泛集中民智，使决策真正建立在民主科学的基础上。

首先，白交祠村坚持党的领导、人民当家作主、依法治国的有机统一。党的领导是人民当家作主和依法治国的根本保证，人民当家作主是社会主义民主政治的本质特征，依法治国是党领导人民治理国家的基本方式，三者统一于我国社会主义民主政治的伟大实践。坚持党的领导，就是要发挥党总揽全局、协调各方的领导核心作用。在白交祠村党支部的领导下，白交祠村村民委员会主动健全村务公开制度，增强白交祠村村委会工作的透明度，在村部、十字路口等群众聚集处分别设立了公开栏，把全村事务公布上墙。每月公布村财政使用明细情况，定期公布党员发展、后备干部情况。在白交祠村的政务公开栏上，有白交祠村精准扶贫工作结对帮扶干部公示牌、有白交祠村精准扶贫对象情况一览表、有莲花镇白交祠村扶贫工作掠影、有同安区精准扶贫政策的指南，还有白交祠村享受农村低保（五保户）人员名单一览表、白交祠村整村推进补短板项目资金公示表等。白交祠村在村务公示的过程中，充分发挥人民民主对权力的制约和监督，保障人民群众的知情权，不断完善村务公开的内容，继续把财务公开作为白交祠村村务公开的重点，做到收支逐笔公布，有明细账目，让群众了解、监督村集体资产和财务收支情况。规范村务公开的形式，规范村务公开栏的设立，探索民主听证会等有效形式，推进村务事项办理结果的公开，向事前、事中、事后全过程公开延伸，对村务公开监督小组和民主理财的设立发挥作用给予指导，并及时听取、处理群众对村务公开的意见。在基层群众自治的过程中，白交祠村进一步规范民主决策机制，保障农民群众的参与权、表达权和决策权，不断完善村民代表会议的议事规则，建立健全村民代表联系户制度，深入了解群众所需，确保村民代表能真正代表人民的意愿。除了保证在村村民的民主权益外，白交祠村积极维护外出务工和经商人员的权益，认真研究和探索外出务工经商人员参与村级民主决策的有效形式，例如通过建立白交祠村村务公开决策微信群，村民随时随地可以通过微信群参与到村庄重大事项的决策过程中，为白交祠村的建设出谋划策。在此过程中，白交祠村也注重规范涉及村利益的重大事项的决策程序，使之透明公开、公平公正，把决策程序暴露在阳光下，自觉接受人民群众的监督。

其次，白交祠村坚持人民代表大会制度。人民代表大会制度是我国的根本政治制度，是党在国家政权中充分发扬民主、贯彻群众路线的最好实现形式。在我国一切权力属于人民，但人民并不直接行使国家权力，人民通过民主选举选出人大代表，组成国家权力机关，代表人民行使国家权力，由权力机关产生其他国家机关，具体行使管理国家和社会的权力。所以说，人民代表大会制度，它能充分保证人民当家作主，保证人民依法实行民主选举、民主协商、民主决策、民主管理、民主监督，使人民群众能够间接地参与到国家大政方针的制定过程中，充分行使自己的民主权利。白交祠村始终坚持人民代表大会制度，在白交祠村，村级人大代表由白交祠村的村民选举产生，代表白交祠村村民参与莲花镇甚至是同安区的人民代表大会。他们代表白交祠村村民的利益，在镇或区人民代表大会上积极为白交祠村村民谋福利，使人民当家作主的权利得到充分实现。

最后，白交祠村不断完善民主管理制度，建立健全内外监督体系，把权力关进制度的笼子里。在民主管理的过程中，白交祠村设立了村务监督小组，全面负责白交祠村村务公开的统筹协调、督促检查工作，并坚持每月召开一次村务监督小组会议，对上一个月的村务情况进行评议。在制定和完善村中的各项规章制度的过程中，充分保障村民的知情权和参与权，把村民最真实的意志贯彻到村庄治理过程中。在互联网高速发展的时代，网上监督体系也日益受到村民的热捧，村民可以通过互联网等形式直接向上级主管部门建言献策。此外，厦门市市长热线的开通也为村民维护自己的合法权益提供了有效途径。2004 年 7 月 6 日，厦门市委市政府正式开通了 968123 市长专线电话，并将政府信箱更名为“市长专线信箱”。为提高便民服务，2017 年 7 月 1 日，厦门市 12345 政务热线开通试运行。2018 年 1 月 1 日，厦门市 12345 便民服务平台上线，12345 政务热线正式开通，与 968123 市长专线实行两号并存，共同受理市民群众的咨询、投诉、求助、建议和信访事项。厦门市市民服务热线完善政务服务，优化便民服务，可通过电话、短信、互联网等多个渠道嵌入，集咨询、投诉、建议、求助、信访为一体，全方位受理，全过程监督，及时有效、公开透明、安全保密、督察督办，情牵百姓，心系民生，为维护人民权益提供了便捷高效的途径。

完善人民当家作主的制度建设，发展社会主义基层民主，是社会主义民主政治建设的迫切要求，也是保证人民当家作主的有效途径。

三、推动乡村文化繁荣兴盛

在推动乡村文化繁荣兴盛的过程中，白交祠村加强农村思想道德建设和公共文化建设，培育文明乡风、良好家风、淳朴民风，并坚持因地制宜，塑造地方文化特色。

（一）加强农村思想道德建设和公共文化建设

要推动乡村文化振兴，就必须加强农村思想道德建设和公共文化建设。中共中央、国务院印发的《国家乡村振兴战略规划（2018—2022 年）》明确指出“加强农村思想道德建设”。农村思想道德建设是实现乡村文化振兴的重要组成部分。要加强农村思想道德建设，就是要加强农村公共文化建设，不断推进农村精神文明建设，提升村民的精神文化风貌，倡导文明和谐的生产生活方式，不断提高农村的社会文明程度。

在思想道德建设方面，白交祠村用社会主义核心价值观引领村庄风尚，把社会主义核心价值观融入农村生活生产的各个方面。社会主义核心价值观既是具体的，又是抽象的。白交祠村的党员干部要发挥先锋模范作用，积极把社会主义核心价值观贯彻到日常的生活和工作中，积极做好村民的思想教育工作，努力在日常的生活和工作中阐释社会主义核心价值观的具体内涵，用自己的行动为村民打造践行社会主义核心价值观的切实可行的样本。在积极践行社会主义核心价值观的同时，白交祠村还立足于本村优秀的传统文化和红色文化，有勤俭节约、勤劳勇敢、团结互助和热爱祖国等品质，这些优秀的精神品质在老一辈的生活中得到传承。据村中的老者讲述，1949 年，有一场剿匪战役在白交祠村打响，战斗异常激烈，村民们纷纷躲了起来不敢出门，在这场战役中，战士陈光亮和陈玉豹负伤，但他们为守护一方安宁仍与敌人进行顽强的斗争。战争结束后，陈光亮同志不幸牺牲，陈玉豹和其他同志把烈士的遗体送回烈士的家乡，白交祠村村民纷纷向烈士致敬送别。白交祠村在这次战役后恢复了往日的和谐，村民再也不用担惊受怕地过日子了，革命烈士为守护人民英勇战斗的精神永存白交祠村村民心头。白交祠村也在深入挖掘这些优秀的精神品质，用革命精神为白交祠村的思想道德建设添砖加瓦，使其更好地服务于白交祠的现代化乡村精神文明建设，让这些优秀的精神品质在白交祠村一代又一代地传承下去。为加强村民的思想道德建设，白交祠村村委会不仅对村中的红色资源进行了挖掘和继承，还成立了白交祠村道德评议会，对白交祠的日常事务进行评议，并在村委会的宣传栏上专门设立了白交祠村道德先锋榜，适时推出一批看得见、摸得着的道德模范，对先进道德模范的事迹进行宣传，让村民有学习的榜样。此外，同安区和莲花镇政府还不定期地组织普法宣传活动，深入田间地头为农民进行普法宣传，用法律来约束村民的生产生活，为农村思想道德建设提供制度保证。

诚然，村民思想道德的提高必然离不开村庄公共文化建设的完善。在文化建设上，市委宣传部拨付文化事业建设项目补助资金用于支持白交祠村文化园及文化广场建设，不断完善村文化广场、文化园、戏台、篮球场、健身房、图书阅览室等文化设施；支持组建广场舞队、腰鼓队、褒歌队、篮球队等文化队伍；持续开展大家喜闻乐见的“村晚”联欢、中秋博饼、乡村越野跑、篮球赛、视频摄影大赛等文化活动，挖掘高山文化精神，弘扬传统文化魅力，打造省级文明乡村。

在社会各界人士的关注下，白交祠村的公共文化建设在日益完善。2008 年，厦门市委市政府为贯彻中央《关于印发〈“农家书屋”工程实施意见〉的通知》（新出联〔2007〕2 号）的精神，根据《福建省农家书屋工程实施意见》文件要求，厦门市委市政府等结合厦门市的实际情况，制定了《厦门市农家书屋工程建设实施方案》。在厦门市委市政府和社会各界人士的共同努力下，2009 年，厦门市 156 个行政村计划全部建成农家书屋，其中白交祠村也有一所自己的农家书屋。白交祠村农家书屋的建立，为白交祠村村民提供了农业科学知识，传播了先进的社会主义文化，为村民在农闲时刻提供了精神食粮。近年来，白交祠村的农家书屋图书日益丰富起来，有农业科技类，有故事绘本类，有社会主义先进文化类……丰富多彩的图书深受村民和孩子们的喜爱。在农家书屋的影响下，白交祠村逐渐形成了阅读的氛围，在白交祠村农家书屋的阅览室里，我们能看到各色的读者，他们的脸上都洋溢着阅读的喜悦，村民的精神文化需求得到了极大的满足。到 2016 年，白交祠村接轨数字时代，农家书屋连上了卫星，白交祠村的农家书屋摇身一变成了数字农家书屋。在数字农家书屋里，村民可以通过一台大屏幕电视，尽情地阅读报纸和图书等，此外，白交祠村村民还可以通过这台大屏幕电视收看健康养生等节目以及大量的高清电影，白交祠村村民的精神生活在数字化时代日渐丰富。除了农家书屋，白交祠村还有自己的文化广场，白天，村民和游客可以欣赏簸箕上的民间画和民间褒歌诗词，夜晚，白交祠村文化广场极其热闹，有在广场上休闲散步的村民，也有成群结队跳广场舞的阿姨，还有正在排练褒歌的乡村歌舞家，在这些丰富多彩的农家精神活动中，村民的文化素质和思想道德素质都得到了极大的发展。

在厦门市委市政府和同安区政府的支持下，2015迎新春文化惠民志愿服务活动走进了白交祠村，为白交祠村村民送来了新春的欢乐与祝福，千米高山上，载歌载舞好生热闹，白交祠村村民大饱文化盛宴，精神生活得到了极大的满足。近年来，白交祠村在各级政府的支持下也在打造高山党校教学点和高山党校初心使命馆，这些文化场所的建立不仅带动了白交祠村的经济发展，还潜移默化地提高了白交祠村村民的精神文化素养。高山党校的办学理念是“党校办到高山上，教授请到家门口，学员深入田间头，百姓获得双丰收。”对于习近平总书记两次来白交祠村调研的故事，村民们早已耳熟能详，在田间地头或者马路边都能对来访的学员和游客娓娓道来，同时白交祠村村民还牢记习近平总书记的叮咛，用实际行动感恩党和政府以及各界人士的关怀。在与外界来访人员接触的过程中，白交祠村村民逐渐学会了用普通话流利地说出“请”“谢谢”等礼貌用语。白交祠村村民的整体精神风貌和悟性都得到了很大的提高，村容村貌也有了很大的提高。在与外界接触的过程中，白交祠村村民逐渐开放起来，不再搞小团体和精致的利己主义，而是敞开胸怀，与其他村民一起合作。在各种文化宣传活动中，白交祠村村民也一改往昔的迷信思想和鲁莽行为，特别是在2020年新型冠状肺炎期间，白交祠村村民积极响应党和政府的号召，居家少出门，相信科学，相信党和人民政府，有病找医生，有事找政府帮忙。

在实现乡村文化振兴的道路上，白交祠村不断加强村民的思想道德建设和村庄的公共文化建设，帮助村民树立社会主义核心价值观，深入挖掘优秀的农耕文明，积极弘扬新时代厦门精神，倡导文明乡风。

（二）培育文明乡风、良好家风、淳朴民风

乡风文明、家风良好、民风淳朴是实现乡村振兴的重要保障。2017年3月以来，厦门市同安区政府响应中央政府的号召，深入基层积极开展移风易俗工作，

发动乡镇干部、村干部、党员和移风易俗宣传志愿者进村入户进行宣传。同安区的许多地方还成立了红白理事会，并制定了《红白理事会章程》和《红白喜事操作细则》等制度，这些规章制度明文禁止婚丧嫁娶大操大办的行为。在移风易俗的专项活动中，同安区陆续出台了《关于深入推进移风易俗，加强基层党风廉政建设的指导意见》《同安区移风易俗专项补助资金管理办法》《同安区党员干部、公职人员移风易俗承诺书》，在区政府、区纪检委、区文明办的共同努力下，同安区移风易俗整治工作取得良好成绩。

在同安区政府和莲花镇政府的号召下，白交祠村也积极参与到移风易俗的活动中来。白交祠村坚持以“软法治理”和文化振兴协同推进，培育文明乡风、良好家风、淳朴民风。将婚事新办、丧事简办、民俗俭办等编入《村规民约》手册；以农村熟人社会道德激励约束机制，挖掘身边“最美家庭”“好子女”“好邻居”“好村民”等道德模范；村民积极倡导树立孝老爱亲、尚德向善、勤俭持家等优良传统美德……让文明新风吹入每一户百姓家。

过去，白交祠村家家户户总是喜欢大摆婚宴、升学宴、寿宴等，很多群众都表示既反感又无奈，但还得随大溜，于是白交祠村就形成了大事小事都大摆宴席的请客之风，导致铺张浪费的恶性循环。近年来，白交祠村响应政府号召，婚丧嫁娶一切从简。白交祠村村委会结合村情和民情，加强对村民的思想道德引导，不断完善《村规民约》，并对村中红白喜事大操大办进行劝诫。在白交祠村委会的宣传栏上会定期推出一批移风易俗的先进人物，通过榜样的力量引导村民红白喜事从简操办。2017年，在白交祠村四年一度的“进香”民俗活动中也格外注重移风易俗，在活动中所有的民俗礼仪继续保留，但是取消了过去的宴请酒席，也减少了鞭炮和贡品的数量，移风易俗的新风尚得到了村民的大力支持，白交祠村也逐渐形成了勤俭持家的新风尚。

“家风”又称门风，是一个家族在世世代代繁衍的过程中逐步建立起来的家庭中约定俗成的生活作风，家风对一个家族的兴旺发达至关重要，它是一个家族生生不息的精神支柱。在白交祠村，家家户户都有着不成文的家训，虽然不成文，但家庭成员还是铭记在心，身体力行，争做良好的家风传承者。据村中村民讲述，他们的家规就是“要对老人好”，还有的村民说“做人呀，要真诚善良”。这些口耳相传的不成文的道德规范是一种无形的法则，在道德与行为规范上约束着家庭成员的一言一行，使家庭和谐健康向上地发展。据白交祠村的村领导干部介绍，在白交祠村很少有家庭矛盾出现，家家户户都和和睦睦的，尊老爱幼，孝亲敬老。近年来，在各级政府的帮扶下，白交祠村村民的日子过得有声有色。

走进白交祠村，我们能够深深地感受到民风的淳朴。村中的居民热情好客，他们乐于向远方的客人介绍自己家乡的文化和美食特色，也乐于为远方的客人提供服务，他们乐于为路人指路，也愿意把自家的卫生间免费借给出门在外的客人，邀请客人喝一杯自家种的高山茶。到了深秋时节，白交祠村家家户户都有晒红薯干的习惯，当他们在路边晾晒红薯干时，热情好客的白交祠村村民会主动邀请路人品尝。此外，村子里面的村民之间还十分和睦，平时家家户户和谐共处，少有吵架打架的不文明行为，村民之间更多的是互帮互助。特别是一到采茶的季节和收割稻谷的季节，村民们会纷纷伸出援助之手，哪里的茶叶需要采摘，村民会放下手头的活，纷纷跑去帮忙，你帮一把他帮一把，农忙时节很快就会过去。要是村里某家有事，左邻右舍也会纷纷跑去帮忙，齐心协力一起渡过难关。

在实现乡村文化振兴的道路上，白交祠村做好新形势下的思想宣传工作，弘扬社会正能量，积极推进乡村移风易俗，培育文明乡风、良好家风、淳朴民风，树立文明、进步、科学的村规民风，逐步完善公共服务体系，让社会主义新农村焕发新文明新气象。

（三）坚持因地制宜，塑造地方特色文化

莲花褒歌是一种流传于厦门市北部山区以及毗邻的安溪、长泰山区的传统民歌形式。莲花褒歌起源于16世纪中叶，由当地劳动人民在从事生产劳动过程中即兴创作。具有浓郁的乡土生活气息，内容涉及山区人民生活生产、情感精神的方方面面。歌词一般四句押韵，一行四句，多以男女互相问答对话的方式进行，体现了人与自然的和谐美。2007年，莲花褒歌入选福建省第二批省级非物质文化遗产名录，莲花褒歌作为白交祠村村民采茶劳作的“好搭档”，茶余饭后的“好节目”，生产知识传授的“好工具”，饱含着茶农们对生活质朴而热烈的情感，从诞生至今，一直影响、丰富着白交祠村村民们的生活，一年一度的褒歌赛不断激发村民的创作热情。近年来，褒歌文化节在厦门如火如荼地进行着，褒歌文化节的举办极大地激发了村民的创作热情，村民积极参与褒歌创作，白交祠村的《茶园情歌》《茶乡来了总书记》等褒歌原创曲目不断为褒歌文化节注入新鲜的元素，使得褒歌文化在一代一代的褒歌人手中得到传承与发扬。在第八届厦门市莲花褒歌比赛中，白交祠村代表队荣获二等奖；在2019年2月19日，白交祠村队在第十三届厦门褒歌比赛中再创佳绩。

除褒歌文化外，白交祠村还有“进乡”和“齐醮”庆典等富有地方特色的传统民俗活动。“进香”也称“请香”“请火”，是闽南地区独具特色的传统民俗活动。据了解，“醮”祭是古人祭拜祖先，祈求神明的最高礼仪，“齐醮”祭祀活动由外聘道士主持，醮场内有醮坛和灯篙，还有许多纸糊的神明及器具。“齐醮”庆典是白交祠村12年一度的祭祀活动，“齐醮”活动这一天，白交祠村家家户户杀猪宰鸡，齐聚在白交祠村杨氏宗祠门口举行“齐醮”活动，祈求国泰民安、风调雨顺、人丁兴旺，“齐醮”活动寄寓了人们对美好生活的向往。白交祠村的“踏火节”“齐醮”“进香”等传统民俗活动，吸引了一批批游客前来参观，展现

了乡土文化旺盛的生命力，增强了村民的乡土文化自信。

除乡土文化外，近年来，白交祠村还涌现了具有时代特色的文化。2016年12月25日，240名“乡土中国”马拉松的跑友们齐聚厦门海拔最高的行政村——同安区莲花镇军营村和白交祠村，重拾乡土中国的自然之美。本次活动融入了“跑步＋文化”“跑步＋旅游”“跑步＋美食”等形式，全方位展示了同安的历史人文资源、自然资源，既让跑友们感受同安的文化底蕴，也向跑友及其亲朋好友宣传和推荐军营村、白交祠村丰富的旅游资源，也为白交祠村和军营村注入了新的活力。2019年11月，白交祠村迎来了特别的“金鸡时间”，出席第28届中国金鸡百花电影节的众多影视明星也来到白交祠村，重走总书记走过的初心路，重访总书记访过的贫困户，感受当地特有的乡土文化。明星的到来为白交祠村增添了不少光彩，吸引了众多游客前来目睹明星的真容。

白交祠村立足于地方文化实际，因地制宜，塑造地方文化特色，并立足于本村现有资源推陈出新，革故鼎新。莲花褒歌作为白交祠村的特色文化，白交祠村重视褒歌文化的传承与发扬，精心守护老祖宗留下来的文化遗产。莲花褒歌在发展的过程中，在保持原有特色的基础上可适当融入时代元素，使其更具魅力。为促进莲花褒歌的繁荣昌盛，白交祠村除了定期举办莲花褒歌比赛外，还定期举办莲花褒歌歌词创意比赛，使莲花褒歌的内容和形式都更加丰富多彩。白交祠村在塑造文化特色的过程中，既保持原有的乡村文化特色，又在原有乡村文化的基础上进行创新，使其符合社会主义新时代文化发展的要求，使其更好地满足人民群众日益增长的精神文化需求。此外，白交祠村还不断完善乡村文化表达系统，吸引乡村创客，促进乡村文化创意，整合资源，打造“文创＋旅游”的特色小山村。

四、坚持在发展中保障和改善民生

白交祠村坚持在发展中保障和改善民生，不断提高保障和改善民生水平，并加强和创新乡村治理体系，建设充满活力、和谐有序的乡村社会。

（一）提高保障和改善民生水平

民生问题是人民幸福之基、社会和谐之本，党和政府都高度重视民生问题。在中国特色社会主义新时代的今天，党和政府都积极出台各种有效措施，以更大的力度切实保障和改善民生问题，特别是基层民生问题，坚决打赢脱贫攻坚战，不断促进社会公平，实现幼有所教、劳有所得、病有所医、老有所养，不断满足人民对美好生活的向往。

提高保障和改善民生水平，落实到基层方面，就是要优先发展教育事业。昔日，白交祠村简陋的教学环境，致使山里孩子不愿"下山"上学，城里老师不愿"上山"教学。当时，村里能上高中的人寥寥无几，能上大学的更是凤毛麟角。要想扶贫就得先扶智，山区教育问题始终是一个绕不开的话题。为改善白交祠村的教学条件，1995 年，厦门市委与白交祠小学结成帮扶对子，厦门市委发动社会为白交祠小学捐款、捐教学设备，并向小朋友发放学习用品和学习慰问金，这些举措使得原本破旧不堪的白交祠小学的教学环境得到及时的改善。同年，九三学社厦门市委会到同安区白交祠村扶贫助教、送图书、电脑、油印机，与贫困学生结对子。此外，厦门市委市政府每年还组织医疗队定期到白交祠村为学生和村民义诊和体检，这种福利一直延续到 21 世纪的今天。在党和政府的关怀下，白交祠村的教育事业蓬勃发展。

1996 年，在金日集团、厦门市委组织部、建发集团等单位的帮助下，白交祠村兴建了一座“金日希望小学”。1997 年，白交祠希望小学又得到了厦门国企的资助，学校的搬迁配套工作得到了进一步的推动。1997 年，习近平同志在厦门市委领导的陪同下第二次来到白交祠村进行调研扶贫工作，在金日希望小学与村干部的座谈中指出：“要抓好山区孩子的教育，好好培养下一代，提升村民文化水平。”[1]

图 4-1　金日希望小学

各级政府越来越重视山区的教育问题，企业也开始助力山区教育扶贫。戴尔（中国）分公司向莲花镇中心小学白交祠教学点赠送图书 600 册，给山里的孩子带来了宝贵的精神食粮。2014 年，白交祠村办学点与同安区阳翟小学结成了“手拉手项目学校”，利用互联网视频的方式，开设了“云端课堂”，让大山深处的孩子与城里的孩子同上一堂课，让大山深处的孩子也能享受到优质的教育资源，这一举措为缩小城乡教育差距提供了示范。2019 年 9 月，“高山上的阅读”第一节

[1] 中央党校采访实录编辑室 . 习近平在厦门 [M]. 北京：中共中央党校出版社，2020.

课在白交祠教学点举行，通过寓教于乐的方式让孩子们养成“爱读书、读好书、善读书”的阅读习惯。

近年来，扶持政策的实施、办学条件的改善、低收费学前教育的普及、村民对教育观念的转变，让学校成了孩子们“梦寐以求”的学习家园、老师们“心之向往”的教学乐园。白交祠村走出了近百名大学生，其中不乏厦门大学、武汉大学、华中科技大学等重点大学的学生，其中还有多名硕士、博士，白交祠村结出累累教育硕果，村中的教育资源、教学水平和教学环境也得到了极大的改善。

提高保障和改善基层民生水平，离不开社会各界的支持和帮助。1996 年到 2014 年期间，厦门市委组织部和建发集团先后为白交祠村投资建设了峰岩茶业加工厂、村水泥道路及修建公共场所、村集体地瓜加工厂、村文化园（村部）和村民活动中心广场等，这些举措极大地改善了白交祠村人民的生活水平。2015 年 4 月 13 日，国家开发银行厦门分行向白交祠村捐款 30 万元，用于帮助白交祠村打深水井，深水井的建设将极大地解决白交祠村村民生活用水困难的问题，极大地推动了白交祠村基础设施的建设，使人民生活更加便捷。2016 年，国家开发银行厦门分行和建发集团又投资帮助白交祠村进行“莫兰蒂”超强台风（于 2017 年 2 月，世界气象组织台风委员会决定将“莫兰蒂”从西北太平洋和南海热带气旋的命名表中永久删除）灾后重建。2018 年，金圆集团投资 15 万元帮助白交祠村建设徐水垵水库路灯和进行村庄基建设施增补。2019 年 7 月 27 日，厦门市第三医院党委和复旦中山厦门医院党委联合开展主题党日学习教育暨健康咨询活动，义诊咨询送健康。

提高就业质量和人民收入水平是改善基层民生水平的重要保障。就业是最大的民生，党和各级政府都要实施更加积极的就业政策，积极开展就业培训，提高劳动者的就业素质，鼓励创业带动就业。2014 年，厦门市同安区人社局进村举办“美丽乡村”“1+1 群”创业培训班。此次培训分为早晚两个班次，共有学员

70人，这些学员多为白交祠村或其周围村落的居民。此次培训专门邀请了资深创业专家前来授课，手把手教村民如何创业，通过此次培训，村民们对在家乡创业充满了信心。2014年1月15日市人社局组织厨师来村培训，同年3月28日市区农业专家进行茶叶改良培训，5月22日农业专家进村开展农业技术培训（测土配方施肥培训）。在社会建设上，白交祠村定期"引进"专业人士和专业机构进村"现身说法"，组织开展农家乐、民宿、制茶、广场舞、腰鼓队等多元化培训；带领村民"走出山里"，开阔眼界，积极开拓脱贫"新路子"，引领学习致富"新技能"。在党和各级政府的帮助下，白交祠村逐渐有了自己的产业，村民可以在家乡实现就业，村民的收入也逐步多元化，人民生活水平显著提升。

此外，在改善民生水平方面，白交祠村加强社会保障体系建设。社会保障体系关系到人民的基本生活，它能保障人民的基本生存和生活需要 。近年来，党和政府不断完善城乡居民基本医疗保险制度和社会养老制度，完善失业和工伤保险制度，统筹城乡社会救助体系，完善最低生活保障制度。在白交祠村，家家户户都会参与农村医疗保险和农村养老保险。党和政府还每月给无退休金的年满60周岁的老人发放生活补贴，以保障居民的基本生活。针对家庭经济困难的群众，白交祠村还设立了低保户和建档立卡贫困户，除每月给予贫困家庭一定的生活补贴外，还给贫困家庭配备帮扶责任人，一对一或者多对一进行帮扶，对贫困户进行精准扶贫，帮助贫困户早日摆脱贫困的帽子。近年来，社会保障体制不断健全，白交祠村的人民生活水平有了很大的提高，村民的幸福指数逐年增加。

（二）加强和创新乡村治理体系

乡村治理是乡村振兴的重要内容。在实现乡村振兴的过程中，乡村治理发挥着举足轻重的作用。共建美丽村庄、共享美丽生活已成为白交祠村村民们的共同愿景。在实现美好乡村生活的过程中，白交祠村以多元共治为主题，以健全和完善农村自治制度为核心，发动村民人人关心，共同管理“家事”，形成老人协会、村民自治等多元参与农村社会治理的格局，为全面建成小康社会提供了农村社会治理的生动范本。

老人协会是由白交祠村村民自发组织起来的，主要是由村中德高望重的老人组成，在白交祠乡村治理的过程中发挥着重要作用。在村容村貌的整治过程中，由老人协会牵头，对村里的卫生进行保洁，并监督好村民做好自家门前的卫生、绿化和美化工作。在老人协会的动员下，村里的老人都自觉地做好门前屋后的环保工作。在创新社会治理的过程中，白交祠村充分发挥村民的集体力量，在环境整治提升，立面改造、绿化、美化、污水处理问题上取得了重大成就。几年的时间，白交祠村变成了游客向往的怡人花园、避暑胜地。2019 年 8 月 6 日，在建设提升党校后方的道路过程中，相关负责人遇到了征地困难的问题。包村领导陈延峰及白交祠村“两委”充分调动老人协会的作用，引导老人协会积极投入乡村振兴建设中。老人协会成员到征地现场积极参与协调工作，顺利解决征地问题，使得当天上午得以动工。2019 年 8 月 10 日，白交祠村“两委”以及老人协会又协助安置地工程的开展。此外，老人协会在推进垃圾分类的过程中也发挥了重要作用，使村容村貌有了很大的提高。老人协会不仅为村容村貌的改变做出了巨大贡献，还为邻里间的和谐发挥着重要作用。凡是村中居民间有发生口角争执的，老人协会成员都会主动参与到纠纷调解的过程中，维护着白交祠村的邻里关系和谐。

在乡村治理的过程中，白交祠村落实党员联系群众制度，党员定期入户宣传普法，开展司法进乡活动、律师以案释法，引导村民崇法循法。2014 年 9 月 26 日，白交祠村挂职第一书记与村“两委”开展村民学法活动，入户为村民进行法律科普宣传。2016 年 8 月 29 日，村“两委”及党员入户宣传，为村民耐心讲解征地与安置地问题，让百姓主动配合村庄建设。在乡村治理的过程中，白交祠村基层党组织还不断为自己注入新的血液，引进大学生村官进村服务，鼓励返乡青年、乡贤参选村“两委”，夯实班子力量，筑牢党组织战斗堡垒，为乡村振兴持续助力。白交祠村党支部还依托高山党校加大村党员干部教育培训力度，使党员干部在乡村治理过程中不忘初心，牢记使命。为此，白交祠村党员在乡村治理的过程中也一直发挥着“领头羊”的作用，党员干部率先扛起锄头上山种茶种果，实现森林绿化；引领村民积极加入合作社，壮大集体经济；带头入户宣传现代化农业，推动产业转型升级；以身作则拆除自家猪圈，带动村民腾出上千平方米的空地支持乡村建设。2016年3月，白交祠村党员还签订定岗认责承诺书，用自己的实际行动为白交祠村建设添砖加瓦。此外，白交祠村在乡村治理的过程中，不断健全自治、法治、德治相结合的乡村治理体系。在乡村治理的过程中不能只依靠某一方面的资源，而是要全面发力。具体而言，就是在白交祠村治理的过程中，既要充分发挥村民自治的理念，实现村民的自我管理、自我教育、自我监督、自我服务，也要以道德和法律规范来约束村民的日常行为。在白交祠村，村民除了可以通过村民委员会参加村庄事务管理外，村民还可以通过老人协会和乡贤智囊团等多种途径参与到乡村治理的各个环节。在道德规范和引导方面，白交祠村每年都会进行“创先争优”人物评比活动，并公布年度“创先争优”人物榜，发挥榜样的作用。白交祠村还定期开展形式多样的乡村振兴宣讲会，挖掘身边的道德模范，在村民思想道德建设上下足了功夫。白交祠村坚持自治、法治、德治“三治融合”，共建共享乡村治理。制定村规民约、实施阳光村务、成立“山村110”警务室、组建道德评判队，不仅调动了村民参与村级事务管理的积极性，也让道德和法律逐渐成为村民心中的信仰。在乡村治理的过程中，白交祠村还设立集纠纷化解、普法宣传、道德评议为一体的基层矛盾调处中心“高山议理堂”，并建立同名远程在线解纷平台，实现法院、司法所和村居同步在线调解。以“三治融合”的新模式推动白交祠村形成“大事一起干，好坏大家判，事事有人管”的基层治理新格局。

（三）建设充满活力、和谐有序的乡村社会

实施乡村振兴战略要务实乡村治理这个根基，在白交祠村，村庄以党建为引领，创新乡村治理体系，着力构建村民共建共治共享的社会治理格局，努力建设充满活力、和谐有序的乡村社会。

在创建文明和谐的乡村社会中，要坚持党建引领工作，基层党组织在乡村建设中具有领导核心的作用，基层党员干部同样发挥着重要作用，他们奔走于人民群众之间，积极协调村中的大事小事，使整个白交祠村和谐有序地运行着。特别是在 2020 年的新型冠状肺炎期间，白交祠村党员干部接到上级指示，当机立断实行封村措施，为白交祠村的村民建起了防护屏障。村干部通过入户走访和电话联系等方式进行人员摸排，对湖北省特别是武汉市返乡人员及接触人员要求其居家隔离，并每日进行医学观察，村干部每日会为其代购生活用品等，以减少其出行。白交祠村党支部书记和村医杨明福表示：“村民对于新冠肺炎这样的病毒认识较少，我们党支部要通过各种媒介让村民增强意识、了解知识。”村“两委”通过广播和 LED 屏幕、横幅和宣传单等形式向村民进行防护宣传。同时，村委会迅速组织村里的老年协会协调春节的相关事宜，决定取消当年新年民俗活动，村民各自在家中庆祝，以减少出门频率。在疫情期间，村民不仅积极配合相关工作，还主动参与到抗击疫情的活动中去。白交祠村抗击疫情的志愿者大多是村里的村民，男女老少都有，他们会根据自己的时间安排，主动要求进行排班，志愿投工投劳，为白交祠村全体村民的健康安全筑起了坚实的堡垒。疫情期间，白交祠村同心协力，用暖心度过寒冬，村里的妇女自发组织起“深夜食堂厨师队”，

轮流为志愿者提供免费的夜宵，她们用自己独特的方式为疫情防控提供暖心服务。疫情期间，白交祠村齐心协力，共渡难关。

建设充满活力、和谐有序的乡村社会必须以人民为中心，一切以人民群众的利益为重，切实维护好人民群众的利益。坚持自治、法治、德治相结合，努力形成符合白交祠村自身实际的、规范有序的、充满活力的乡村运行规则，在此过程中要充分调动人民群众的积极性，发挥群众的集体智慧，共建充满活力、和谐有序的乡村社会。在构建充满活力、和谐有序的乡村社会的过程中，既要为广大人民群众提供必要的法律服务，还要发挥道德模范的榜样力量和村规民约、家训家风的教化作用，使乡村社会和谐有序地运行。

为建设充满活力、和谐有序的乡村社会，白交祠村以习近平新时代中国特色社会主义思想为指导，全面贯彻党的十九大和十九届二中、三中全会精神，健全自治、法治、德治相结合的乡村治理体系，构建共建共治共享的乡村社会治理格局，走具有中国特色社会主义的乡村治理之路，建设充满活力、和谐有序的白交祠村，让白交祠村的广大村民获得更多的幸福感和安全感。

五、建设美丽白交祠

在生态文明建设方面，白交祠村坚持人与自然的和谐共生，并致力于加快生态文明体制改革，形成人与自然和谐发展的新格局，建设美丽白交祠。

（一）坚持人与自然和谐共生

建设生态文明是中华民族得以生生不息的重要保障，是关系中华民族子孙后代的千秋伟业，而坚持人与自然的和谐共生是生态文明建设的核心理念。坚持人与自然的和谐共生，是指人类在利用和改造自然的过程中，要遵循自然规律，在保护自然的同时实现人类利益的最大化，优化人与自然的关系，学会与自然和谐共生。尊重自然，学会与自然和谐相处是老祖宗留下来的生存法则。早在2300年前，古代圣贤孟子在《孟子•梁惠王上》中就提到："不违农时，谷不可胜食也；数罟不入洿池，鱼鳖不可胜食也；斧斤以时入山林，材木不可胜用也。"[1]孟子的这段话告诉人们必须尊重自然规律，顺应天时，学会与自然和谐相处，方能实现人类社会的可持续发展。这种观念，正是维系中华民族生生不息的不竭动力。但就早些年的渔业和林业发展来看，网眼细小的"绝户网"泛滥，使我国许多水乡间，昔日渔舟唱晚的景象已不复存在；乱砍滥伐，使得许多天然的氧吧不复存在。在中华民族的发展历程中，人与自然的关系经历了依附自然、利用自然、与自然和谐共生的历程。在一次又一次的人与自然磨合的过程中，人类社会逐步达成了共识：人与自然是一种共生的关系，要尊重自然、顺应自然、保护自然。人与自然的矛盾逐渐得到了缓解。

尊重自然，是人与自然和谐共生的基本态度。尊重自然是指人类要与自然平等相处，要对自然怀有敬畏之心，自然界的万事万物也都是有灵性的，自然不是人类的奴隶，人类也不是自然的奴隶，人与自然都是平等共生、相辅相成的，人类要尊重自然界的发展规律，切勿随意破坏自然。白交祠村在与自然相处的过程

[1] 孟子．孟子 [M]. 弘丰译注．北京：中国文联出版社，2016.

中也经历了一个阶段性的变化，19世纪五六十年代，白交祠村的自然环境和居民的生活条件还十分恶劣，用穷乡僻壤这个词来形容白交祠村一点也不过分。那时村民都是用柴火来做饭和取暖，原本植被覆盖率就低，加上村民无休止地砍伐，使得山上的植被更加稀疏，一到春夏多雨季节，白交祠村的水土流失就会比较严重，甚至山路旁会产生轻微的山体滑坡，严重影响了白交祠村村民的生产生活。白交祠村村民不断探索人与自然的相处之道，在曲折的探索道路上艰难前行。20世纪八九十年代，习近平同志的造访给白交祠村村民点明了“山上戴帽，山下开发”的出路，白交祠村开始尝试着这条新的发展路径。在同安县委县政府和林业部门的帮扶下，白交祠村开始大规模地植树造林和种植茶树，几十年过去后，白交祠村变得绿树葱茏，水土流失问题得到了很大的改善。随着生活条件的改善，白交祠村的村民纷纷开始使用煤气灶和电气设备进行做饭和取暖，村中乱砍滥伐现象得到了有效的遏制。现如今，白交祠村在党和政府的带领下，开始发展旅游业，绿水青山成了白交祠村的金山银山，白交祠村村民也更加尊重自然、保护自然。

顺应自然，是人与自然和谐共生的基本原则。顺应自然是指人类要按照自然规律进行生产生活，这种自然规律是不以人的意志为转移的，因此，人类在利用和改造自然的实践活动中一定要遵循自然规律、顺应自然，学会与自然和谐共生。白交祠村村民世世代代在与自然相处的过程中，形成了依据二十四节气进行农耕生产生活的习惯，特别是白交祠的茶叶种植和生产活动与二十四节气有着密不可分的关系。除按照季节和茶的品种进行茶叶的命名外，白交祠村村民还会根据采茶的节气进行命名，例如“清明茶”“谷雨茶”“白露茶”等，白交祠村还流传着“谷雨谷雨，采茶对雨”的俗语。在长期的劳动实践过程中，白交祠村形成了依自然气候进行生产生活的农耕经验，这些农耕经验其实质都是人类学会了逐步顺应自然，保护自然。

保护自然，是人与自然和谐共生的基本责任。人类在利用自然资源的同时，也要担负起保护自然的责任，要呵护自然，回报自然，保护自然。人类在保护自然的过程中，大自然也会对人类进行源源不断的反馈，让人类生活得更加美好。在白交祠村，村民实行耕地休耕轮作，给予土地足够的休养空间。近年来，随着白交祠村旅游业的发展，白交祠村村民开始兴办起农家乐，农家饭菜深受广大游客的喜爱，餐桌上的时蔬大多是农民自己种植的，在种植的过程中，为保证食品安全和菜肴的鲜美，白交祠村所产的蔬菜和大米都是绿色环保的，几乎不使用农药化肥，这不仅保证了食品安全，还有效地保护了生态环境。白交祠村在发展旅游业的同时，也更加注重环境保护，“植树造林”“禁止乱砍滥伐”的标语在白交祠村随处可见，白交祠村的森林覆盖率在逐年增加，氧离子含量大，是纯天然的氧吧。此外，白交祠村还在游客经常出入的地方专门设置了垃圾回收桶，还雇佣村民专门进行河道和路面清理，使得白交祠村的山更绿、水更清、天更蓝，白交祠村的游客数量也越来越多，绿水青山真正变成了金山银山。

环境就是生活品质，环境就是生产力。白交祠村以习近平总书记在厦门期间的“打响自然环境保卫战”为切入点，尊重自然、敬畏自然、保护好自然、学会与自然和谐相处，对村庄环境进行整治，曾经的脏乱差已不复存在，如今，白交祠村村民自发地爱护家园，形成了“近者悦，远者来”的生态宜居环境。

（二）加快生态文明体制改革

生态文明是人类文明的重要组成部分，是人与自然、社会和人和谐相处的产物，它以尊重自然和保护生态环境为基础，突出强调可持续发展的理念。1992 年，我国生态文明建设开始进入可持续发展阶段，党和国家对生态文明建设有了较为全面的认识。1996 年 7 月，我国召开了第四次环境保护会议，提出了保护环境就是保护生产力的重要论断。2000年11月，国务院印发了《全国生态环境保护纲要》，文中强调："通过生态环境保护，遏制生态环境破坏，减轻自然环境的危害；促进自然资源的合理、科学利用，实现自然生态系统良性循环；维护生态环境安全，确保国民经济和社会的可持续发展。"[1]2002年，我国生态文明建设正式进入科学发展阶段。党的十六届三中全会指出，要坚持以人为本，树立全面协调可持续的发展观，促进经济社会和人的全面发展。党的十七大报告明确提出了建设生态文明。2015年1月1日实施的《中华人民共和国环境保护法》和十八大以来修订的多部法律都为生态文明建设保驾护航，生态文明的"四梁八柱"逐步建立起来了。在党的十九大报告中，习近平同志指出，要加快生态文明体制改革，建设美丽中国。为此，以习近平同志为核心的党中央全面推进生态文明体制改革，形成"生态兴则文明兴，生态衰则文明衰"的生态文明思想，生态文明体制建设在日趋完善。

20世纪七八十年代，白交祠村村民还停留在解决温饱阶段，还没有生态文明的理念。但在习近平同志两次来到白交祠村访贫调研后，为白交祠村指明了"山上戴帽，山下开发"的道路，在白交祠村村民的共同努力下，如今的白交祠村已成为百姓富生态美的"五位一体"建设样板村。在党和各级政府的关怀下，白交祠村村民的日子越过越好，物质文明得到了满足，精神文明也逐渐丰富起来，自然有了生态文明的理念。早些年，白交祠村就积极参与植树造林和村庄绿化活动，也取得了一系列的阶段性成果，但要想把生态文明的理念融入白交祠村每一位村民的心中，还需加快推进生态文明建设，着力解决村庄突出的环境问题，使白交祠村的天更蓝、水更清、山更绿、人民生活更美好，让"绿水青山就是金山银山"的理念在白交祠村永续下去。近年来，白交祠村从以下几个方面着手进行

---

[1] 中华人民共和国国务院.全国生态环境保护纲要[S/OL].(2000-11-26)[2021-06-30]. http://gov.cn/gongbao/content/2001/content-61225. html.

生态文明建设。

第一，走绿色可持续发展的道路。白交祠村在发展生态旅游业的同时一定要坚持可持续发展的战略，坚持保护与开发并举，实现农业和自然资源的循环可持续利用。白交祠村在发展梯田茶园的过程中一定要综合考量经济效益和生态效益，为避免水土流失，一定要选择合适的坡度发展梯田茶园。在地瓜种植的过程中也应坚持可持续发展的理念，要注重休耕，降低土地的使用强度，减少农药和化肥的使用，以减少对土地的破坏。村庄在发展民宿和旅游业的过程中，也要加强对生活垃圾的处理，尽量做到生态环保，不对周围的生态环境造成破坏。随着白交祠村旅游业的发展，来白交祠村旅游的游客越来越多，车辆越来越多，白交祠村应加强绿色出行的宣传，鼓励游客在白交祠村出游期间，尽量选择徒步旅游，一来可以减少二氧化碳的排放和山区交通拥堵，二来徒步既可以强身健体又可以细细品味白交祠村山与水的自然风情。

第二，加大村庄生态保护力度。党的十九大报告提出，加大生态系统保护力度，实施重要生态系统保护和修护重大工程，优化生态安全屏障体系，构建生态廊道和生物多样性保护网络，提升生态系统的质量。为响应党和国家的号召，白交祠村也要加大村庄的生态保护力度。村民是村庄的守望者，在生态环境保护方面，一定要发挥白交祠村村民的主体地位。白交祠村要加强对村民的生态环保宣传，培养村民的环保责任感。近年来，白交祠村的游客数量逐年增加，游客在出行的过程中难免会对自然环境造成一定的破坏，为此，白交祠村要加强环保宣传，对破坏生态环境的行为一定要严惩，同时，白交祠村要组织专门人员进行河道清洁和山林生态保护。在发展农家养殖业的过程中，白交祠村村民也更注重环保，不再像之前那样对禽兽进行散养，导致村里随处可见禽畜粪便，而是进行规模化、专业化的集中养殖，禽畜粪便集中处理，既可以有效地防止环境污染，又可以变废为宝，使其转为有机农家肥。近年来，白交祠村不断进行“山上戴帽”，使山林绿化面积逐年扩大，因此水土流失问题得到了妥善解决。此外，白交祠村还实施了乱砍滥伐和捕杀野生动物的举报措施，使山林生态系统得到了有效的维护。

第三，完善村庄环境监管体制。生态文明体制改革从宏观层面来看是从整个国家和社会出发，而具体到微观层面应把生态文明体制改革落实到基层，落实到每一位人民群众的日常生活中。在生态文明体制改革中，白交祠村建立了林长制和河长制，分别负责保护白交祠村片区的森林和河流。白交祠村的林长和河长由村支书或村委会主任担任，林长主要负责山林保护，河长主要负责所在河区的水域生态环境保护。此外，白交祠村还建立了林长和河长会议制度，林长和河长要定期汇报所在区域的森林和水域的生态情况，为下一步的生态环境保护工作建言献策。2017 年，白交祠村还成为垃圾分类试点村。据白交祠村党支部书记杨明福介绍，自垃圾分类工作开展以来，村里就多次组织召开村民大会，邀请村里的党员、老人会及村民代表共同参会，在会上共同学习垃圾分类的相关文件及精神，并将相关知识运用到实际工作中，传递到群众中。白交祠村充分利用微信开展工作，村里的微信公众号定期更新推送垃圾分类的相关知识，宣传垃圾分类的知识。村广播站播放垃圾分类的相关知识，村内摆着四色垃圾桶，村部的宣传栏上写着垃圾分类的方法及注意事项。村民主动参与生态文明建设，共同守护白交祠村的绿水青山。

（三）形成人与自然和谐发展新格局

习近平总书记在党的十九大报告中指出，要牢固树立社会主义生态文明观、推动形成人与自然和谐发展现代化建设新格局。在处理人与自然关系的过程中，一定要树立大局观、平衡观和可持续发展理念，不能因小失大、急功近利。央视知名主持人董卿在《主持人大赛》的点评过程中曾说过，“枪响之后没有赢家”，人与人、人与自然，甚至是万事万物都讲究平衡，如果打破这种平衡，造成的结果必将是两败俱伤。在人与自然相处的过程中，如果人类不能控制自己，随便去破坏自然，去打破这种生存的平衡，那最终的结果也将会是自身的毁灭。在乡村建设的发展过程中，一定要处理好人与自然的关系，谋求人与自然发展的新格局。

在白交祠村，村民创新人与自然和谐发展的新形式，定期举办“美丽乡村，共同缔造”的绿化认养活动和垃圾分类活动。村民积极参与其中，共同建造美丽白交祠村。在白交祠村的道路旁，我们可以看到美丽乡村共同缔造的宣传牌，上面有绿化认养人的名字，宣传牌上还有未被绿化前的照片，通过宣传牌上的照片和现场实景接触，我们能够清晰地感受到这一片的发展变化，也能够深切地感受到绿化认养人为美丽乡村建设付出的努力。

图 4-2　绿化认养牌

2017 年，白交祠村成为垃圾分类试点村，据白交祠村党支部书记杨明福介绍，自垃圾分类工作开展以来，我们在白交祠村可以随处看到“垃圾分类从我做起”的宣传语，村民积极行动，自觉学习垃圾分类的相关知识。通过绿化认养活动和垃圾分类活动，白交祠村在保护自然的同时也实现了美丽乡村的愿景，真正做到了人与自然的和谐发展。

在经济发展的过程中，白交祠村坚持绿色、循环、可持续发展的理念，谋求经济效益、社会效益与生态效益的有机结合。1986年，白交祠村以种地瓜、水稻等粮食作物为主，稀疏种有一些茶园，山茶仅280亩，白交祠村村民年人均收入偏低。之后，同安县封山育林，进行裸露山体整治。白交祠村掀起了一股“种茶种果，植树造林”“山上戴帽，山下开发”的热潮，村民们渐渐意识到，几万亩的山地就是他们的“金娃娃”，纷纷在山坡开荒种茶，村民在发展经济和增加收入的同时又保护了生态环境。2010年白交祠村被列为全市老区山区建设先行村，白交祠村迎来了生态环境“大改造”：填埋上百个旱厕，安装上百盏路灯，散养家禽家畜变成规范圈养，猪圈实现全部退养，违章搭盖铁皮屋统一清理……通过全方位建设、治理，白交祠村不仅白天“靓”起来了，夜晚也“亮”起来了。2013年，军营村和白交祠村被列为厦门市“五位一体”建设试点村，在各级党委政府、各有关部门、社会各界人士的支持下，两村走出了一条生态建设与脱贫致富相结合的绿色发展之路。两村大力推进“山上戴帽”工程，短短三年完成造林960多亩、种植绿化苗木7930多棵、绿化植被1330平方米，完成1080米竹园登山步道及廊亭等改造提升工作。白交祠村在利用得天独厚的自然资源发展旅游业的同时也注重生态环境的保护。2014年3月10日，白交祠村挂职第一书记方高生带领村民义务植树，2014年3月15日，同安区委组织部到村义务植树，白交祠村的植被覆盖率逐年增加。2019年10月17日，白交祠村建立了无动力污水处理设施，生活污水和生产污水得到了有效处理。如今，白交祠村和军营村共有生态公益林7100余亩、青翠山地24000多亩，村民房前屋后见缝插绿、干干净净、井井有条，人与自然的融合恰到好处。2018年10月，白交祠村被农业农村部评为“中国美丽休闲乡村”。2019年8月，白交祠村被评为福建省乡村旅游四星级村。

此外，白交祠村还扎实推进美丽乡村建设，不断完善各项环境整治和基础设施建设，开展环境综合提升、生活污水整治、人饮水源改建、休闲观光农业基础设施建设等多项重点工程。白交祠村在探索经济发展的过程中，形成了具有白交祠村特色的人与自然和谐发展的新格局。

第五章　白交祠村农业文化形态

一、农业环境总体概况

白交祠村所在的莲花镇位于同安北部区域，自然资源与经济资源丰富。

在自然资源方面。第一，白交祠村地处博平岭东南段和戴云山脉西南段的交汇处。此地地势西北高，东南低，拥有低山、台地、平原等多种地貌类型，地形复杂多样。最高峰云顶山海拔 1175 米，是厦门境内最高山峰。

第二，李珊珊（2007）认为，本区域地处亚热带，具有温暖潮湿、光照充分、季风影响频繁和台风季节长等特点，属亚热带海洋性季风气候。年平均气温 21.0 摄氏度，最高气温 38.3 摄氏度，最低气温-1 摄氏度。年平均降水量 1432.2 毫米，有明显的干、湿季之分。雨量充沛，日照充足，地热资源丰富。[1]

第三，本区域的土壤主要为砖红壤性土壤，酸性较强。植被类型复杂多样，主要有常绿阔叶林、常绿针叶林、人工经济林等。

第四，本区域森林覆盖率高，总体上生态环境优越。基本农田保护区、水资源保护区和生态公益林保护区设置完善，农业为主要经济发展模式。2004 年，经

[1] 李珊珊．厦门市同安区北部农业带发展现状与对策研究 [D]. 福州：福建农林大学，2007.

国务院批准，在本区域内设立了厦门莲花国家森林公园，生态环境得到了进一步的保护。

第五，本区域内水资源蕴藏量较为丰富，是同安的水源地。莲花、汀溪、五显及竹坝的多年平均地表水资源总量为6.46亿立方米，其中中型水库3座，总库容7269.15万立方米，小（一）型水库4座，总库容1303.1万立方米，小（二）型水库7座，总库容191.88万立方米，已建有水电站46座，总装机容量2.095万立方米。❶

在经济资源方面，同安区农业发展历史悠久。原为全国重点农业县之一，其粮食、花生产量位居厦门市前列，肉、蛋、菜、果等也是其主要农产品。在政府的大力支持下，本区域农业基础设施不断完善，极大推动了农业的发展。加之道路运输的便利，享誉全球的"麦当劳"在这里建立了绿色生菜种植基地。当地的竹坝华侨农场也积极引进了"芳都"台湾地区阳桃大王、"国寿"种猪繁殖、"百味果"果酒、果醋酿造等企业。

白交祠村所在的莲花镇还是厦门市茶叶生产基地。茶叶成了莲花镇山上七个行政村和半山两个行政村农民主要种植的作物，品种主要有铁观音、本山、毛蟹等。近几年，镇政府积极引导茶农和经销商在茶叶品种、深加工、包装等方面下功夫，提高茶叶品位和档次，并多次举办过赛茶会，所产茶叶主要销往全国各地和东南亚、日本等地。

❶ 李珊珊．厦门市同安区北部农业带发展现状与对策研究 [D]. 福州：福建农林大学，2007.

二、农业现代化与乡村振兴

（一）农业合作化

作为我国农村集体经济的一种特殊形式，农民专业合作社以农村家庭承包经营为基础，鼓励同类农产品的生产经营者或者同类农业生产经营服务的提供者、利用者自愿联合、民主管理，是一种互助性极强的经济组织。促进农业适度规模经营，发展关联产业，加快一二三产业融合，促进规范化、标准化、品牌化建设等突出作用，是这一创新组织形式的突出作用。如今，农业合作化极大地推进了农业、农村、农民“三农”问题的解决和现代农业的发展进程。

1. 发展特点

（1）发展步伐较快

从 2007 年 9 月三秀山蔬菜专业合作社在厦门市率先经工商部门依法注册成立，几年来，合作社如雨后春笋般得到快速发展。2014 年 4 月上旬，莲花镇白交祠村新型农民茶叶合作社——瑞壶祥生态茶叶合作社正式挂牌成立、运作。

绝大多数合作社立足于本地优势产业和特色产业组建，与特色产业互相促进，成为农民增收的纽带，比如茶叶合作社。近几年，在互联网浪潮下，合作社覆盖范围除传统的种植业和养殖业外，最突出、发展最快的要属近些年的农业休闲旅游业了。2016 年，随着同安区北部生态产业带区域发展战略的实施，区域内五显镇、汀溪镇、莲花镇、竹坝农场（各镇街场）共成立 21 个农家乐合作社，带动生态农业和农业观光业发展。[1]如今来到白交祠村，还能看到许多富有农家特色的民宿供游客居住。

（2）发展形式多种多样

从类型上看，合作社主要有农户自发创办型、农村能人领办型、龙头企业带动型等。据黄志强（2016）统计，注册合作社中，农户自发创办型合作社有289个，占50.6%，由从事同类农产品生产的农户组成，关系密切，利益一致，凝聚力强；农村能人领办型合作社有261个，占45.7%，由种养大户、技术能人、农民经纪人、村干部牵头领办，这些能人通常具备一定的农业生产技术水平和市场营销渠道，在合作社中起核心作用；企业带动型合作社有21个，占3.7%。[2]

（3）服务能力不断增强

近年来，各合作社普遍开展“六统一”服务，在生产资料采购、生产技术标准、技术培训指导等方面进行了统一规范。

（4）规范化程度逐步提高

合作社建设初期，为了提高农民们的积极性，采用了“先发展、后规范”的思路。如今，“边发展边规范、以规范促发展”是农业合作社发展的新思路，极大提高了规范化程度。

白交祠村村民杨丙鑫便是农业合作化的受益者。杨丙鑫原本在广东从事地产、烟酒生意，现在，他回到了家乡，在经营农家乐的同时，还牵头经营一家果蔬专业合作社，带领社内50多个村民共同致富。党的十九届五中全会提出优先发展农业农村，全面推进乡村振兴，让这些年轻人对家乡的未来充满期待，干劲十足。

---

❶ 黄志强．厦门市同安区农民专业合作社发展现状与对策[J]．福建农业科技，2016（7）．

❷ 黄志强．厦门市同安区农民专业合作社发展现状与对策[J]．福建农业科技，2016（7）．

2. 对策与经验

针对白交祠村当地发展情况，当地咨询人士共同出谋划策，总结出以下几条对策与经验。

（1）创新组织形式，提高农业适度规模经营水平

规模化发展道路是农业现代化的必经之路。白交祠村应从实际出发，紧跟市场潮流，以当地主导产业、特色产业为基础，听取农户意见，创新合作社的组织形式，带领更多的农户进入农业规模化和产业化经营当中，提升规模效应。

同时，还应学习与借鉴其他地区的成功经验，深入探究本村与其他地区的异同之处，探索适合本村的发展道路。

再者，要提高合作社的服务带动能力，从采购、加工、运输等方面带动发展，形成一个与现代农业发展要求相适应的合作经济组织框架体系。

（2）发展关联产业，实现一二三产业融合

逐步推进原料生产、加工物流、市场营销、农业体验与休闲观光等一二三产业融合发展，形成生产、加工、销售、服务一体化的完整产业链是未来主要的发展道路。

① 扶持合作社自办农产品加工企业，提升产品附加值。

② 积极实施“互联网 + 现代农业”行动计划，创新营销模式。

黄志强（2016）认为，需要制订和实施合作社电子商务应用技术培训计划，鼓励和引导合作社与电商企业对接，并加大扶持力度，推动合作社物流配送、冷链设施设备的建设与发展。[1]

在由同安区工业和信息化局、同安区市场监督管理局、同安区总工会联合主办的“寻味同安安心实惠”同安安心消费节之“一村一品”大联展直播现场，通过多场直播，从农产品、名人与美食、乡村旅游、企业复工等方面，打造同安特

[1] 黄志强 . 厦门市同安区农民专业合作社发展现状与对策 [J]. 福建农业科技，2016（7）.

色名片，吸引厦漳泉更多消费者到同安吃、喝、玩、乐、购。[1]

③ 积极借鉴我国台湾地区农业的成功经验，鼓励和扶持合作社探索发展休闲农业与创意农业新业态。

将政府引导与市场化运作相结合，针对市场新趋势，结合互联网热点，培育一批带动力强、档次高、辐射面广、效益好的休闲农业品牌，建成集生态旅游、休闲观光、科普示范等于一体的观光休闲产业带。

白交祠村海拔高、气温低、光污染少，很适合观察气象、星空，也是厦门最佳赏月地之一。据东南网（2020）报道，2020 年 10 月 3 日，白交祠村与军营村联合，依靠星空特色，“金山阁升中秋月 · 光明顶蕴高山情”直播活动。此次线上直播，不仅赋予了中秋思念的意义，而且加深了气象科技进乡村的氛围，引发市民游客对乡村发展以及美好生活的认同与向往。

此前，厦门市青少年气象天文科普基地分基地在军营村授牌成立。白交祠村大学生村官陈宇说：“我们希望进一步与气象天文学会、气象局等开展合作，把科普活动做精、做深，将天文研学与乡村旅游相融合，强化乡村振兴内核。”[2]

（3）加强指导服务，抓好合作社标准化、品牌化、规范化建设

合作社的标准化、品牌化、规范化是使合作社“走出白交祠”，实现长远发展的重点。

① 指导实施标准化生产，提升合作社产品的竞争力。

所谓标准化生产，即做到质量有标准、过程有规范、销售有标志等。不论是在产前、产中还是产后，各个环节都应有标准体系。在消费者日益重视产品质量

[1] 厦门社会宣传教育网 . 同安区：“网红 + 村官”直播带货　163.8 万人在线观看 [EB/OL].（2020-05-11）[2021-06-30]. http://shxc.xmnn.cn/lqlb/202005/t20200511_5365597.htm.

[2] 东南网 . 厦门军营村、白交祠村举行乡村直播，市民游客尽情赏月 [EB/OL].(2020-10-03).[2021-06-30] http://xm.fjsen.com/2020-10/03/content_30497668.htm.

的今天，产品质量可追溯制度必不可少。

② 指导搞好合作社品牌化建设，提高市场竞争能力。

“菜篮子”直控基地、“一村一品”等扶持政策的出台，为白交祠村带来了新的机遇。一批有影响力、高质量、有丰富文化内涵的农业品牌被打造出来。在食品安全问题成为热点的今天，白交祠村不忘发展无公害产品、绿色食品，开拓有机食品生产基地，积极进行地理标志产品等相关认证和申请注册产品商标，提升产品附加值。

例如“瑞银山”。瑞壶祥茶叶合作社成立前，村里茶青平均四五角钱一斤，合作社成立后，很快涨到了一块钱一斤，以往挑三拣四的商贩，开始抢着收。合作社目前每年能收二三十万斤茶青，产出五六万斤成品茶，纯利润在二三十万元。[1]

③ 指导合作社完善规章制度和治理结构，提高合作效率。

合作社是一个高度自助的组织，需要成员们依照相关规章制度进行自我管理。为了实现合作社的持续、健康、科学发展，白交祠村各合作社都制定了符合本社实际情况的章程，做到依法建社、按章办社、以制管社。合作社体现出的“民办、民管、民受益”的特征，表达了《中华人民共和国农民专业合作社法》（以下简称《农民专业合作社法》）的主要精神。

④ 指导健全利益分配机制，增强合作社凝聚力。

依照《农民专业合作社法》规定，为了明晰成员和合作社产权关系问题，需要规范成员账户。在白交祠村，合作社成员账户得到了规范的设置与记载。同时，在同安区财政等部门密切配合下，合作社的财务会计工作更加健全、合理。合作社成员的权益得到了很好的保障。

---

[1] 新华网．“高山党校”与特区“高山两村”的振兴——厦门军营村．白交祠村蹲点观察 [EB/OL].（2020-06-23）. [2021-06-30]. http://www.xinhuanet.com/mrdx/2020-06/23/c_139160118.htm.

（4）完善支持政策，构建良好发展环境

① 加强合作社人才队伍建设。

如今，在白交祠村，有越来越多年轻的面孔出现。他们有的是大学生村官、有的是青年创业者。据悉，在大学生回乡创业帮扶政策和大学生村官制度的支持下，越来越多曾经离开白交祠村的年轻人回来了，其中，不乏高等院校及中等职业学校的毕业生。

同时，同安区的各种经费预算也向合作社倾斜。根据合作社发展的实际需要，同安区农林局和各镇（街、场）还配备了合作社辅导员，帮助合作社更快更好地发展。

② 加大财政扶持力度。

在网络热潮的影响下，同安区财政在新型农业经营主体发展专项资金的基础上，还增设了网络营销、开发农业休闲观光项目等项目补助，鼓励合作社积极开拓网络营销渠道。

③ 研究和完善相关配套政策措施。

黄志强（2016）认为，需要明确相关职能部门牵头负责，研究与完善税收优惠、金融信贷、农业保险、用地用电、绿色通道、自营进出口以及人才支持等支持合作社发展的相关配套政策措施。[1]

④ 加强宣传推介工作。

“法律进乡村”活动对于乡村来说必不可少。广泛宣传与合作社紧密相关的法律法规、政策、先进典型，有助于提升合作社成员的认识水平，做到知法、懂法、不违法，增强农民群众的合作理念。

---

[1] 黄志强．厦门市同安区农民专业合作社发展现状与对策 [J]. 福建农业科技，2016（7）.

（二）“一村一品”工程

2003年区域调整后，同安区把发展“一村一品”工程当成推动新农村建设、促进现代农业发展、农民增收的重要举措，加以大力推进。白交祠村作为同安区下辖村庄，获益颇多，提升了白交祠村经济整体实力和农业综合竞争力。

1. 推行“一村一品”的主要做法

（1）发挥资源优势，培育“一村一品”特色农业

同安区复杂的地形条件在“一村一品”战略下得到了合理的应用。平原区，建成了万亩的蔬菜基地；沿海地区，水产养殖规模日益壮大；丘陵地区，种植各式特色水果与蔬菜，生猪养殖也在这里得到了发展；白交祠村在山区地带发挥传统优势，建设了多个优质茶叶基地。柯秋锦（2010）认为，整个同安区已形成“两水一菜一畜”（水产、水果、蔬菜、畜牧）的特色农业带。在白交祠村，地瓜、茶叶等特色农产品资源在“一村一品”工程下得到了快速发展。依靠科技创新，培育绿色优势品牌。

（2）依靠科技创新，培育绿色优势品牌

科技创新的观念在农业当中也得到了贯彻。针对农民想创业却没有技术、有技术却已过时的问题，同安区开展了“一师一项目”活动，聘请农业专家对农民开展各式培训，增长了农民们的新农业知识，提高了农民们的实用技术水平。这些经过培训的农民在“一村一品”战略下开拓进取，取得了丰硕的成果。同安全区建设多个无公害种植基地和畜牧基地，每年可为市场提供数吨的无公害农产品和禽类。同时还积极开展产地认定、产品认证工作，并申请下了无公害产品、绿色食品和有机食品的认证。白交祠村也与时俱进，跟随着区政府的脚步，以科技

创新来创建出新时代的农业产业，培育出绿色优势品牌。[1]

（3）扶持特色农业企业，推进农业产业化经营

一是扶持农业龙头企业。区政府每年拨款进行资金扶持，经过多年发展，全区产生多家农业产业化龙头企业，并且其中还有获得国家级、省级、市级等多项认证的农业产业化龙头企业。

二是设立奖励基金。同安区为了鼓励“一村一品”的开展，设立了专项以奖代补扶持基金。扶持对象为各个承担“一村一品”项目的村委会、农民专业合作社和农村专业协会。从2008年开始，每年100万元，从区财政中划分出来，用于该项基金。

（4）创新农业科研推广机制，强化科技支撑

一是利用2001年开通的969155农业服务热线，同时联合区、镇、村三级相同的服务热线，为参与“一村一品”的各组织单位提供有力的、专业的咨询服务，为大家答疑解惑。

二是对村“领头羊”即农技干部，进行培训，更新其农技知识，进一步提升农机干部们的专业水准，为广大农民提供更高水平的技术服务保障。

三是为了弥补现有农技力量薄弱的状况，除了选聘村级农技员外，还增设了每村一名的村级畜牧员，为农民们提供多方面的服务。如今，许多农作物及畜禽优良品种在白交祠村扎根，农民们熟练使用各种新型农业设施，各种高端农业技术如地膜覆盖栽培技术、无公害农产品生产技术等在村中普及开来，各类农产品在质和量上都得到了大幅度提升，市场优势凸显。

（5）积极开拓市场，着力抓好农产品营销

一是开展品牌创建。白交祠村积极开展品牌创建活动，全区各类农业企业获

[1] 柯秋锦．同安区发展“一村一品”特色农业的做法和成效[J]. 福建农业，2010（1）．

得多个品牌认证，例如白交祠村甘薯、郭山紫长茄、绿交林茭白等诸多品牌深受消费者追捧。白交祠村所属的莲花镇成立了农产品开发公司，并注册“白交祠牌”地瓜商标，生产的地瓜价格从 1 元 / 千克提高到 7 元 / 千克，年产量 2000 吨以上，栽培面积扩大到 1000 多亩。

二是开展产品推介。“酒香也怕巷子深”，为了让更多的消费者接触到同安区特色、优质的农产品，同安区组织各企业、合作社、专业村参加农产品展销会，参加“厦门市特色农产品进超市对接会”。如今，许多商家还抓住了互联网“直播带货”的机会，在直播间向全国各地甚至海内外的消费者推销本地特色产品，提升了销量的同时，也扩大了知名度。

2. 成立新型生态茶叶合作社

2014 年 4 月上旬，莲花镇白交祠村新型农民茶叶合作社——瑞壶祥生态茶叶合作社正式挂牌成立、运作。108 户村民加入了合作社，并签订茶叶采销初步协议。茶叶合作社的成立，是白交祠村在大力推进“五位一体”建设，朝着“村民富、生态美”目标迈进过程中的一次主动求变和积极探索。

合作社覆盖面广——茶叶是白交祠村的传统特色农作物，多户村民加入合作社，几乎每家每户都种植茶叶，种茶卖茶是村民的主要经济收入之一。合作社筹建期间，通过向村民进行广泛宣传，说明加入合作社的有关注意事项，本着“入社自愿、退社自由，降低风险、利益共享”的原则，招收全村大多数村民加入合作社，在制茶产茶期间帮助他们增加家庭收入。

村民收益得到保障——长期以来，村民种植的茶叶主要有两个去向，一是直接售卖茶青，二是自己加工茶叶出售。由于地处产茶区，加上近年来茶叶销路不畅，贩茶人员收购茶青的价格往往压得比较低；如果自己加工的话，算上人工和投入的其他物料，成本较高，往往是丰产不丰收。而合作社则依托在外省建立的稳固销售渠道，给入社村民以较高较稳定的收购价格，切实保障村民的合理收益。

制茶工艺实现提升——为进一步改进茶的品质，拓宽茶的销路，合作社首期投入 50 万元从南平引进 10 台“岩茶”工艺的综合做青机及整修厂房。其主要以“白芽奇兰”为原料茶青，制造出的茶叶属岩茶，有别于闽南传统茶叶，品质更好、价格更高，销路也更好。此前村民种茶、采茶、制茶均沿用传统方法，独家独户各自完成，效率低下，茶叶品质不高。采用新设备新工艺后，逐步改变了村民“种采制”一条龙现状，使村民专事种植、公司专业制茶，实现各工种的精细化、专业化分工，有效提高了生产效率，提升了茶叶品质。

（三）旅游业

“高山党校”带动了白交祠村研学产业快速发展，开启了白交祠村乡村旅游的新格局。一系列共建单位的“驻场”让白交祠村从“卖空气”“卖美景”的观光旅游升级为“卖创意”“卖产品”的红色旅游、高山休闲度假研学游。2019 年，白交祠村村民年人均收入约 32250 元，是 1986 年的 140 倍。产业兴起、旅游旺起、研学办起……吸引了众多乡贤返乡创业、就业。如今，军营村和白交祠村人文景观和自然景观星罗棋布、相互交融：高山防空哨所、郑家寨、朱熹“半亩方塘”石刻、关帝庙、杨六郎庙、杨氏宗祠、杜鹃石寨、古厝群等人文景观令人神往；七彩池、风动石、漫山茶田、火红柿子林、牛心石水库、雄狮瀑布、状元尖、水尾山地公园、光明顶、百丈崖、白格尖、水蜜桃基地、徐水垵水库、樱花茶园、双乳峰、元帅瀑布、叠水步道、吊桥等自然景观让人陶醉。一幅美丽乡村的“画中画”正在军营村和白交祠村徐徐展开。

两村的“踏火节”“齐醮”“进香”等传统民俗活动，吸引了一批批游客前来参观，展现了乡土文化旺盛的生命力，增强了村民的乡土文化自信。“软法治理”和文化振兴协同推进，培育了文明乡风、良好家风、淳朴民风。

文化是旅游业的灵魂，旅游业是文化的载体。非物质文化遗产是文化与旅游产业的重要依托。开发利用非物质文化遗产，既可以以保护带动开发，又可以以开发促进保护。最有效的方法就是以文化产业化的方式，开发物质和非物质文化遗产的经济产业价值，将文化遗产中有条件的文化资源转化成为文化生产力，带来经济效益，以此反过来推动非物质文化遗产的保护。第十一届全国人大常委会第十六次会议初次审议了《中华人民共和国非物质文化遗产法（草案）》，在《草案》的第四十条中提到："国家鼓励和支持在有效保护非物质文化遗产代表性项目的基础上，充分发挥非物质文化遗产资源的特殊优势，合理利用非物质文化遗产代表性项目开发具有地方、民族特色和市场潜力的文化产品和文化服务，发展文化产业。"同安历史悠久，文化积淀深厚，可结合"非遗"保护项目发展文化产业。同时也要积极开发新热点，带动经济发展。

（1）依托非物质文化遗产保护区，发展文化旅游产业

同安区历史悠久，具有丰富的文化遗产资源，应充分利用，形成规模化区域。

①依托莲花褒歌，以点带面发展文化特色旅游业

莲花褒歌是同安区非物质文化遗产的特色品牌，是省级非物质文化遗产保护项目。自 2007 年始，已经成功举办多届"元宵莲花褒歌赛"，吸引了广大市民前来参观，具有广泛的影响力。在白交祠村，褒歌作为人们在劳动闲暇时候的一种娱乐方式，世代传唱，氛围浓厚，具有浓郁的地方特色，是一个旅游业的"潜力股"。以点带面，从旅游、文化、商业、健身、房产等方面，打造同安集民俗、乡村风光、休闲等特色文化旅游产业，使之成为厦门市特色旅游的一张名片。

②依托北辰山庙会与王审知信俗保护区，集成宗教资源，发展宗教朝圣文化旅游产业

北辰山历史悠久，人杰地灵，同安历传"先有北山，后有同安"。开闽王信

仰在闽南及东南亚地区具有广泛的影响力。农历二月十二日是开闽王诞辰日，北辰山的庙会香火不断，人山人海。南曲与高甲戏演唱，通宵达旦；“宋江阵”大显身手；八方香客燃香顶礼，诚敬朝拜开闽王。同安区应充分利用开闽王文化的优势，积极打造开闽王文化旅游品牌，可策划开闽王民俗文化旅游节，将其打造成为同安对台文化交流的一个品牌。此外，朝元观玉皇信俗也是同安区市级非物质文化遗产保护项目之一。朝元观是闽南地区最古老的道观之一，是闽南地区历史悠久、供祀玉皇神像的道教圣地。在我国台湾地区的很多道观中都有相关的记载。如今，随着两岸经济文化的交流越来越频繁，众多的台湾信众会过来祭拜，它成了台湾地区同胞到同安进行文化寻根探源的热点。2009 年 4 月，中国台北地区的“玉皇大帝”金身前来谒祖，这些都为同安区开展宗教朝圣文化旅游奠定了良好的基础。同安可抓住机遇，集成我区宗教信仰资源，开展海峡两岸的宗教界文化交流，并以此拉动宗教旅游的发展。

（2）依托十二个民俗基地建设，发展民俗文化艺术产业

同安区现有华兴文武学校宋江阵、舞龙、莲花褒歌、莲花镇云埔村民间表演艺术基地、民间戏曲培训基地（西柯镇吕实力芗剧团）、丙洲南音社等十二个民俗基地。政府在建设基地的过程中，除了投入资金人力物力以外，更要引导基地走向自主“造血”的道路。近几年来，在文化部门的有效引导下，每逢节庆日广场活动，文化部门尽量安排各个基地参加演出，扩大艺术团的知名度，各基地因此渐渐有了演出市场。 在引导基地产业化“自主造血”的同时，也使广大人民群众可以观赏到最质朴的民俗节目，普及“非遗”知识。同时，基地不断吸收新的学员，使闽南民间表演艺术发扬光大、有效传承，促进非物质文化遗产的可持续发展。此外，选取了发展较为成熟的几个基地群，建设有特色、多门类、规模化、辐射力强的大型文化艺术产业集中区，将有地域特色的农民画、草编、木雕等特色民间文化产业集中展示，充分挖掘市场潜力，促进文化产业专业市场成为

贸易物流、品牌展示、信息交流、文化传播、文化会展、文化旅游和引导生产的文化产业综合平台。

（3）借鉴我国台湾地区布袋戏成功的做法，创新我区非物质文化遗产产业模式

同安区是我国台湾地区居民的主要祖籍地之一，“五缘”优势明显，两地经济文化交流日益频繁。要以闽南文化生态保护实验区建设为契机，善于先行先试，大力开展两岸非物质文化遗产的交流合作，积极借鉴吸收台湾地区“非遗”产业化的成功做法。如布袋戏起源于闽南漳泉，以手掌套布偶演出得名，传入台湾地区后从走乡串里的野台戏发展到电视布袋戏，再到自设片场每周发片租售，经历三代艺人兴衰后终于迎来被公选为地方标志的“中国台湾意象”的风光局面。纵观我国台湾地区布袋戏的发展过程，动漫化是一个重要的转折点，将布袋戏搬上电视，从而快速传播，长足发展，是布袋戏可持续发展的一种创新模式，值得我们借鉴。同安区的非物质文化遗产如南音、闽南童谣、宋江阵、车鼓弄、莲花褒歌等都可以借鉴布袋戏的发展过程，发散思维、创新模式，在保留其个性的前提下以动漫画等多媒体形式搬上荧屏，既可以让更多人了解和接纳非物质文化遗产项目，也可以将“非遗”项目以另一种形式留存于世。

三、民间艺术

（一）莲花褒歌的基本形态与艺术特点

1. 基本形态

就演唱形式而言，莲花褒歌一般用闽南语以男女对唱形式为主，男生先演唱四句（一段），每句七字，女生以四句对应，可以多次对应，多用俚语、谚语、俗语等，即兴演唱，且句句押韵，通俗易懂、生动活泼、诙谐风趣，具有浓厚的乡土气息。

就内容而言，根据莲花褒歌传承人洪参议提供的内部资料——《莲花褒歌选编》，其中有四季篇（春夏秋冬）、节日篇、采茶篇、爱情篇、处事篇、劝学篇、劝孝篇、劝善篇、劝和篇、计生篇、戒酒篇、戒赌篇等多种类型，基本上涵盖了人们日常生活的方方面面，其积极向上、纯朴的思想内容为净化社会风气具有很强的教育意义，为建立和谐社会提供了精神食粮。

就音乐形态而言，莲花褒歌基本上分为宫调式和商调式两种曲调类型。

2. 主题与内容

褒歌根据内容可大致分为以下几类：

（1）采茶生产类：

无　题

日头出来红绸绸，一片茶园绿油油，
满园茶丛乌加幼，春夏秋冬好丰收。
日头出来红又红，茶山一片水琅琅，
采茶姑娘满茶缝，身背茶卡采茶忙。
日头出来金当当，茶山处处闹匆匆，
制茶师傅好手工，制出好茶十里香。[1]

采茶歌

十日曾无一日闲，拣茶不易采茶难，
蓝溪采得珍珠种，便是阿侬得意间。
东邻阿姐爱采莲，西邻阿妹爱采桑，
采莲有曲采莲调，合与茶歌唱和忙。
莲叶有心清且凉，桑叶有心冷如霜，
桑叶莲心都可采，只采春茶叶叶香。

这类褒歌大多描述茶农在山间采茶或在作坊制茶时的情景，不仅把生产劳动的过程，如采茶、晒青、做青、杀青、揉捡、烘焙、包揉等步骤展现得清晰灵动，更将自身热爱茶叶、热爱劳动的心情入歌，因此听起来格外的轻快明朗、清新自然。

[1] 蔡清毅．闽台传统茶生产习俗与茶文化遗产资源调查 [M]. 厦门：厦门大学出版社，2014.

（2）日常生活类：

无　题

包袱提来我君手，
两行泪水准倾油。
泪水一粒斤外重，
练落涂脚煞两空。[1]

这类褒歌通常描述人民的生活日常，如衣食住行、婚丧嫁娶之类的，从中来展现人生的悲欢离合。上文举的这首歌谣便用夸张的手法描绘了夫妻离别，二人双双落泪的场景，歌词生动形象、感人至深。

（3）男女情歌类：

水锦开花白猜猜

水锦开花白猜猜，
乌麻开花垂落来。
阿哥看去嫂看来，
亲像山伯对英台。

爱食鲜鱼

爱食鲜鱼倚海垅（海边），
爱交阿妹同厝边（当邻居）。
出出人人常相见，
恰赢（胜过）牛郎织女星。

---

[1] 郑政，林志杰．闽南民间表演艺术 [M]. 厦门：鹭江出版社，2009.

一块手巾十三折

一块手巾十三折，
娘子送君到船头。
听见水螺喷三声，
神魂一半跟哥行。

无　题

大只水牛细条绳，
大汉（年龄大）娘子细汉（年纪小）哥，
少岁（岁数小时）毋（不）知憨憨（傻）抱，
等伊成人我变婆。

此类褒歌以描写男女爱情为主，包括相知、相恋、热恋、结婚、苦情、思念等主题。歌词或含蓄柔情、或泼辣大胆；风格或活泼轻快、或凄凉悲苦，却都生动地展现了当时男女对于爱情的向往与追求，颇有先秦遗风。

近十几年来，白交祠村村民们感恩党和领导对白交祠人的挂念与支持，以褒歌歌颂党与党的好政策，成为莲花褒歌的又一新主题。

例如，白交祠村原创的《褒歌调·茶乡来了总书记》：

太阳起来红支支，姑娘采茶四月天。茶乡来了总书记，乡亲日子节节甜。茶乡来了总书记，茶乡来了总书记，乡亲日子节节甜，乡亲日子节节甜。

低头看天边的月亮，低头想远方的家乡。春天里来了总书记，他登上了莲花山。家乡的茶山呦，有人在唱褒歌，山高水长的深情，不忘初心的担当。踏后留印的脚步，细细地丈量，细细地丈量。

低头看天边的月亮，低头想远方的家乡。春天里来了总书记，他登上了莲花山。高高的云山雾山，有人在唱褒歌，向往幸福的人群，盘山过岭地坚持，满山开花的日子，齐齐来打拼，齐齐来打拼。

金山银山的故事，说的是绿水青山，山上戴帽山下开发，字字记在心肝。美丽乡村唱褒歌，山回音来水应声，滴水穿石金不换，歌声唱过万重山，歌声唱过万重山。

太阳起来红彤彤，莲花山上一片红，褒歌声声献给党，振兴乡村迎春风。

这首褒歌由洪参议作词，林玉坤作曲，词中饱含村民们对习近平总书记的深情厚谊，表达了村民谨记“上山戴帽、下山开发”的决心。

3. 艺术特点

莲花褒歌的艺术特点概括起来为两点：

首先，即兴创作的褒歌，往往表达村民们当下的心情，情感真挚而朴实。村民们往往在劳作当中产生创作灵感，歌词随口而来。虽然短小精悍，但歌词通俗易懂，有着农民特有的淳朴与热情。歌词前两句一般与当下情景有关，或是满山绿油油的茶树，或是身边美丽的采茶女。后两句运用起兴的手法，抒发歌唱者的心情或愿望。同时，可能还会有其他村民对歌，二者互褒相唱，别有一番趣味。

《中国民间歌谣集成 · 福建卷 · 同安县分卷》(1991)当中便记载了这么一则表达爱情的褒歌《身背茶卡采茶叶》。歌词中写到“身背茶卡采茶叶，脚踏茶枝软摇摇，看见哥来不敢叫，假意叫鸡喊耐叶。哥挑茶担两头摇，欢欢喜喜过木桥，听妹歌声回头笑，想要与妹你相招……”[1]。这是一首“相褒”歌，由男女对

---

[1] 同安县民间文学集成编委会. 中国民间歌谣集成 · 福建卷 · 同安县分卷［M］. 厦门：同安县民间文学集编委会，1991.

唱完成，表达了村中男女青涩淳朴的感情。前四句由女子开始，后四句由男子回应。开始前两句女子描述了采茶时的情景，后两句直白地表达了女子看见如意郎君时内心的娇羞、渴望与期待。接着男子褒唱了四句，快乐地回应了女子的感情，表明自己与女子心意相通、情投意合。

其次是旋律折叠进行，音调简约多变。许佩晖在 2014 年发表的《论闽南莲花褒歌的艺术特点与保护传承》一文中提出，褒歌由于是劳动人民即兴创作的作品，所以音调相对简单，易于上口。根据歌词的四句式，可分上下段。其旋律的基本框架由 A、C、E 三个音组成。多为大三度、小三度或纯四度的跳进，旋律折叠进行。其节奏多为附点节奏形。（见谱例 1）[1]

谱例 1：

褒歌音调只有几种基本的旋律。看似简单，但是在实际歌唱时却让人大开眼界。歌手们在即兴歌唱时，会根据不同的情绪，对闽南方言的音节重音做出一些个性化的处理，有的还会加入装饰音、滑音，甚至改变演唱的节奏、速度。因此同样一个褒歌调，不同的情境下，不同的歌手演唱，虽然基本的旋律未变，但原本简单的音调也会变幻出不同的韵味，让人感受到不同的风味与心境。

（二）农民画

1. 简介

厦门同安农民画 1988 年被文化部评为全国首批“现代民间绘画之乡”之一。作为历史的见证，当时的农民画作品留存在世的已经为数不多了。

[1] 许佩晖 . 论莲花褒歌的艺术特点与保护传承 [J]. 闽南师范大学学报（哲学社会科学版），2014（2）.

同安农民画在20世纪80年代后重获新生，出现了许多令人耳目一新的内容。画中，可以看到多种多样的文体活动，蓬勃发展的农业生产，整洁美丽的新农村，以及对于新生活充满喜悦与期待的农民们。2011年，同安区政府文化馆还被评为县区级国家一级馆。文化馆中，许多农民画家在独立的农民画创作中心学习，一批批优秀的农民画作品涌现出来。

作为闽南民间美术体系派生出来的一个新品种，同安农民画随着历史不断发展，显现出了新的艺术特色。

（1）神——闽南文化风采的显现

同安人生活在厦门岛的北面，由于这里半封闭型的港湾十分适宜渔业发展，鱼虾藻贝遍布浅滩之中，近年来逐渐形成了厦门市主要的水产养殖基地。艺术源于生活，世代在辽阔闽地之上繁衍生息的同安人，其创造的艺术自然而然地反映了渔樵耕织的文化风采。

①奇异、浪漫的艺术想象

许多农民画家对于自己画中的特殊造型并没有很理论性的规定，而是放开自己奇异、浪漫的艺术想象进行创作。林惠平（2013）认为，这种强调规定与理想相统一的创作意识，在同安农民画造型中起着至关重要的作用，与这种造型意识相适应的是奇异、浪漫的艺术想象。这种手法可以解释为围绕画面主要形象而展开的意识流动。[1]

②简练概括、脱形写神

中国民间美术不以自然形态的简单概括为目的，而是以意念观念的造型为最高境界，即在概括的基础上注重神情的描绘。同安的农民画不仅具有这种特点，甚至达到了脱形写神的境界。[2]

---

❶ 林惠平．福建闽南现代民间绘画研究[D].福州：福建师范大学，2013.

❷ 林惠平．福建闽南现代民间绘画研究[D].福州：福建师范大学，2013.

（2）情——托物言志的美学观

憨厚、质朴的闽南人民，拥有着对美好生活的向往。笔下的一幅幅画，包含了强烈的激情与渴望，有丰收之喜、新婚之悦，是他们心中梦幻世界的模样。虽然看似浅显易懂，实则有深刻的内涵。

①象征寓意的含蓄美

农民画虽然是一种旧有的民间美术，不可避免地保留有一些封建道德观念及封建迷信色彩。然而，随着时代的发展，这些封建思想慢慢褪去，农民画中增添了更多新时代的元素：对绿水青山的向往、对农村新生活的畅想、对党和国家的美好祝愿。这些都使农民画焕发出新的生机。

（3）理——合情违理的审美心理

中国几千年封建社会对劳动人民的压迫在客观上造成中国辽阔疆域里的民间美术有着极大的求同性。在闽南地区，这种求同的观念依然植根于民间美术家的心中，影响着他们的创作。同安农民画作者们，虽然也受这种观念的影响，但又能从他们的作品中，发现挣脱传统观念的努力。这种新旧观念的冲突，在他们的画作中，表现为“合情违理”的作品。

①追求人和物的完整效果

“十全十美”是许多传统民间艺术所追求的，也是所谓的“完整效果”。这一追求千百年来植根于劳动人民的心中，寄托了人民大众对美好生活的向往。

②无纵深透视的平面构成

民间绘画中不见前后之间的纵深变化，各种物体互不遮挡，充分展示各自的美。林惠平（2013）发现，民间艺术家们根据对客观事物的理解、认识，习惯于以宏观俯瞰式表现的思维方法，这种表现方法在同安农民画作品中约占60%。[1]

③多物象的组合结构

丰富多彩的乡村生活，让农民画家拥有取之不尽用之不竭的创作源泉。他们

[1] 林惠平．福建闽南现代民间绘画研究[D]．福州：福建师范大学，2013.

用自己独特的认知视角，在同一画面上描绘出各种各样的物象，并将他们按照自己的意志自由组合，呈现出一幅盛大的画面。虽然他们违背了美术上正规的理论（如色彩学、透视学等），但是他们创作出的作品又是这些理论所无法概括的，在旁人看来也是美的，并且是一种“合情”的美。

（4）四味——稚拙天真的审美趣味

①稚拙纯朴的生活味

同安农民画表现领域很广，然而表现得最多的，还是作者们自身熟悉或经历过的纯朴生活。

②天真烂漫的色彩味

同安农民画的色彩是最吸引眼球的。广大的农民画家虽然不懂得复杂的绘画色彩理论，但他们凭借自己天真烂漫的想法，创制了属于农民画家的“色彩理论”。夺目的、大块的颜色，比如红配绿，碰撞出巨大的火花，这在他们眼里就如同春节的大红灯笼一样热闹、火爆，为画作增添了独特的浪漫色彩。

年轻的农民画家与稍年长的农民画家不同，他们不喜欢用大红大绿，而多用富有现代性的颜色，如蓝色、绿色和橘黄色。五彩的树、五彩的叶，猪牛鸡的身上都画上了美丽的花纹。他们的画更多保留了原有的童真，表现了年轻人丰富多彩的青春生活。

无论是年轻的画家还是年长的画家，他们笔下的画作，都是农民画大家族中不可缺少的一“味”。

林惠平（2013）总结，同安农民画的艺术特色是从主观意志出发的，以主观意志为先导。神情相依，理味相托，互不可分。这些意志和情感，上承闽南古老的民间美术源流，下载民间画家们对新生活的感悟与追求，表现题材又为闽南地域文化日常生活中的事物，极富乡土气息。同安的农民画，正以其泼辣浪漫的风格和日趋成熟的创作技巧，显示出了一种不可遏制的生机。[1]

2. **作品赏析**

钟敬文（1998）在《民俗学概论》中提及，福建由于地势复杂，历来有“十里不同风，一乡有一俗”的说法，这句话形象地说明了福建民风习俗的差异。民俗是“人民群众在社会生活中世代传承、相沿成习的生活模式，它是一个社会群体在语言、行为和心理上的集体习惯”[2]。

不同的民风习俗活动会催生出各具特色的民间艺术形式。而农民画便是闽南地区民俗文化的一大载体，其内容与题材无不与闽南人民的生活密切相关，浓郁的闽南风韵在画作当中可见一斑。许多作品直接以闽南语命名，让人感到亲切自然的同时，也表达了闽南人民求愿祈福的精神寄托。林惠平（2013）在《福建闽南现代民间绘画研究》中提到《阿姑要出嫁》《跳车鼓》《阉猪》等作品，还有很多作品直接再现了闽南当地的民风习俗，比如作品《闽南拍胸舞》《同安车鼓》《闽南过火节》、关于端午节日习俗活动的《端午采莲舞》和《古镇安海唆唤随》《蛹女头饰》《火鼎公火鼎婆》《元宵闹龙灯》《高跷》《闽南创狮舞》、祈祷小孩平安健康的民俗活动的《淋珠搭》、女子出嫁习俗的《挽面》等。[3]农民画不仅是一种艺术形式，也是一种民俗现象。丰富的民俗活动就是农民画的源泉，而农民画的发展也丰富了民俗文化的内容与形式。农民画在给人们带来独具一格的审美体验的同时，也悄然记录着闽南文化的方方面面。它是一部闽南民风民俗的历史，是一份珍贵的视觉图像资料，使闽南文化得以流传，让后来人能直观地感知到属于闽南大地的奇妙色彩。

---

[1] 林惠平 . 福建闽南现代民间绘画研究 [D]. 福州：福建师范大学，2013.

[2] 钟敬文 . 民俗学概论 [M]. 上海：上海文艺出版社，1998.

[3] 林惠平 . 福建闽南现代民间绘画研究 [D]. 福州：福建师范大学，2013.

（三）同安车鼓弄

这是一种非常具有特色的民间娱乐形式，又可称为“车鼓弄”“弄车鼓”。逢年过节，祭祀迎神或是婚礼，少不了车鼓之音。

同安车鼓弄的来源众说纷纭。目前有两种比较流行的说法。第一，与梁山伯好汉宋江有关。当年众好汉为了救宋江，在一面大鼓中藏入兵器，众人化妆打扮隐瞒身份，抬着大鼓表演各种杂耍，边表演边混进法场救出宋江。后来这种“耍鼓”的形式便被民间保留下来，慢慢演化为今日的“车鼓”。第二，是与新圩一对开豆腐店的老夫妻有关。他们彼此编歌对唱来化解夜里磨豆腐的无聊，没想到歌谣被邻居们听了去，觉得新鲜有趣，便纷纷邀请老夫妻到家里表演。但是磨豆腐的石磨又笨又重，因此夫妇二人便用斗篮代替石磨，象征着大鼓，故称“车鼓”。“车”是“车转”的意思。“车鼓弄”就是抬着鼓，转动着身子表演。

车鼓表演的乐器仅有几项：二胡、唢呐、拍板、笛子和三弦。表演道具也比较简单。车鼓公头戴瓜皮帽，手持长烟杆，一身长衫马褂。车鼓婆上穿开襟红衣，下穿黑裙，左手手帕，右手折塌。《台湾研究丛书 · 民俗——闽台民俗风情》（1989）记载了车鼓表演的过程。两人抬着一个敞口向下，上用红布结朵大红花遮盖的篾斗篮，斗篮绑着两根用色纸条缠裹的细竹竿。演员把系在竹竿两端的红带子挂在肩上，拾起篮子车转身子，做“三步进，二步退”的表演动作。表演者轻盈的体态，风趣的唱词，诙谐的表情、动作，往往使观众开怀大笑，乐而忘返。伴奏乐器有二胡、三弦、唢呐、笛子和拍板，结队行走时，锣鼓助乐。演员演唱的唱词常用民间流行的曲词，如车鼓调、四季歌调、更鼓调、乞丐调等。车鼓调可以说是车鼓的基本曲调。[1]

---

[1] 厦门市思明区文艺联谊会 . 台湾研究丛书 · 民俗——闽台民俗风情 [M]. 厦门：鹭江出版社，1989.

旧时车鼓常唱的歌有《十月病子歌》《十二碗菜歌》《百花歌》等。歌词多表现男女间的戏耍，比如《十月病子歌》中有这样一段对唱：

女唱：阮（我）今五个月男女分，
出门脚手恰（较）慢钝，
有时心头会郁闷，爱吃鲜壕炒赤根（菠菜）。
男唱：你要吃赤根自己有，
咱兜（家）门前一大丘，
待我自己来去取，
你去洗锅我来犁（扒）灰夫（草木灰）

又比如《孔某〈老婆〉歌》开头唱道：

正月里来是新正，
少年孔某真歹命，
阮某归心注你走，
放阮干埔（男人）腰细图（照管小孩）❶

诸如此类，有的还带有低级趣味。中华人民共和国成立以后，民间艺人在“车鼓弄”的基础上进行加工提炼。近几年来，一些农村业余剧团用“车鼓”这种形式来演唱庆丰收，演员也由二人增加到八至十人，形成了既歌且舞，又演又唱的车鼓表演，使这朵开放在侨乡银城土地上的古朴文艺之花——同安车鼓，更加绚丽多彩。

❶ 厦门市思明区文艺联谊会．台湾研究丛书·民俗——闽台民俗风情 [M]. 厦门：鹭江出版社，1989.

（四）红砖古厝的文化内涵

红砖古厝，不论是在闽南还是全国，都是一朵夺目的奇葩。白交祠地处闽南，拥有许多保存完好的红砖古厝，其文化内涵直到今天都值得人们深究。

李淋、周小儒在2018年发表的《浅谈闽南红砖古厝的文化内涵》中指出，作为中国传统建筑的一个分支，红砖古厝表现出中国传统建筑的思想理念、群组布局、生活环境等。红墙燕尾在蓝天白云间展现着自己的轻盈灵巧。昔日的古厝红砖艳丽、色彩优美，建筑豪华大气、结构完整、功能齐全，是闽南人的骄傲。它们有的是名人故居，有的是历史遗存，这一座座精美的建筑体现了红砖主人的品位及地位，记载这数千年来先人走过的足迹与辉煌。红砖古厝的文化脉络是工匠们潜意识或者无意识的对文化传承的认识和再创造，无形的文化表达了一定的社会意识，他们将审美规则变成地域性的特殊意义。在简单的砖石墙表面，闽南文化观念被凝固，从侧面反映了闽南人的文化意识、生活意识。[1]

四、农业环境下的民风民俗

闽南地区历史上祭祀与信仰氛围浓厚，儒、释、道各派在闽南地区杂糅，形成了各种独具特色的祭祀与信仰风俗，在白交祠村，闽南风俗被保留完好。

[1] 李淋，周小儒．浅谈闽南红砖古厝的文化内涵[J]. 才智，2018（6）.

（一）齐醮

白交祠村最近的一次齐醮庆典，在2015年12月14日，即农历乙未年冬月初四举行。据当地村民介绍，齐醮庆典12年一度，是村里的大事，各家各户都非常重视。家家户户杀猪宰鸡，聚集在杨氏宗祠门口举行庆典，场面比新春佳节还要热闹。宗祠内要设醮建立道场祭拜祖先，过去更多的是祈求风调雨顺、人丁兴旺、国泰民安，如今大家都盼望国家富强，人民幸福，或者是自己的孩子学业有成。

齐醮，指的是僧道设醮建立道场祭神祈拜、祈求平安等事。其中，“醮”指僧道设坛祭神。“齐醮”则是其中的最高仪式，意指全村每户都“做醮”，也有叫“普渡”的。[1] 齐醮仪式主持者多为道士，醮场布置分外讲究。除了醮坛及灯篙外，醮场中还可以看到很多纸糊的神明及器物，而醮场之外，家家户户也都提前张灯结彩渲染喜庆的气氛。据当地村民介绍，齐醮不止白交祠村有，但各地“齐醮”的年份不同，有的地方6年一度，甚至有72年一次的。过去做齐醮，还没有如今场面那么盛大。现在家家户户收入都增加了，家境都变好了，才杀得起猪，做得了这么盛大的庆典。谈起2015年的庆典，村民回忆道，当时村里还进行了猪王评比，村民杀的最大的一头猪有488斤重，这头猪获得当天齐醮仪式的冠军。“齐醮”寄托了人们对生活无数的美好愿望，人们可以祈求：

① 祈福转运，消灾解厄，化解小人、化解太岁，以趋吉避凶，防止事故、牢狱官非无侵，诸厄消除万灾化解。

② 事业兴旺发达，生意兴隆通四海，万事吉祥顺利如愿。

③ 婚姻美满，夫妇和合，求爱求婚求子求女，家庭和睦幸福快乐，求福求禄

---

[1] 天气万年历.齐醮是什么意思　齐醮的含义是什么[EB/OL].（2020-04-29）[2021-06-30]. https://wannianli.tianqi.com/news/271547.html.

求寿。

④ 家宅公司厂矿平安顺利，道法驱邪镇煞，洒净安神谢土。

⑤ 病愈灾消，防病避祸。

⑥ 悔罪祈福法会：化解久病不愈，服药无效，病情反复之类。

⑦ 放生大法会：代信众放生，广积阴德，延年益寿，荫泽子孙后代。

⑧ 子女身体健康，开智增慧，学业有成。

⑨ 文昌帝君护佑，贵人扶持，官运亨通如意。[1]

虽说齐醮传统很多地方都有，但白交祠村独具一番特色，显示出白交祠村民风的热烈与淳朴。白交祠村的“齐醮”从清晨6点便已开始。每家每户会提早选择自家最大的一头猪杀好，并精心装饰一番：猪背上绑上厚厚的一沓纸钱，一颗红彤彤的柑橘塞到猪嘴巴里，嘴巴再用红纸围起来。一头头大肥猪被搬到该村宗祠前广场祭拜，直到广场被无数祭品塞满，再也摆不下了，其余人家便把猪放在村道上。一时间，宗祠广场和每条村道前都排满了被装饰得很漂亮的肥猪。除了肥猪之外，还有其余琳琅满目的贡品，如鸡、鸭、鱼，等等。整个“齐醮”现场沿着白交祠村溪流两岸排开，现场相当壮观。庆典仪式从早上一直持续到当天下午1点左右，之后大家陆续将供品搬运回家。由于家家户户都杀了猪，猪肉一时吃不完，所以村民们都会趁此机会宴请亲朋好友前来参加仪式，在共同感受热闹喜庆氛围的同时，也将祭祀得来的好福气一起分享。

[1] 天气万年历.齐醮是什么意思　齐醮的含义是什么[EB/OL].（2020-04-29）[2021-06-30]. https://wannianli.tianqi.com/news/271547.html.

（二）过节习俗

都说闽南地区节日习俗独具一格，放眼全国各地可谓其中一支奇葩。

1. 春节

春节是闽南一带极为隆重的节庆。新年伊始，闽南话叫“新正”，现代均称为“春节”。

为过一个欢乐的节日，早在年前家家户户就“扫尘”、贴春联，“庭扫尘除”“桃符万户更新”就是这方面的写照。春联的内容除了迎新纳福外，还有欢乐过节的意思。在用具上贴一“春”字的小红纸，表示迎春，而米缸只能贴“福”字，不能贴“春”字，因为闽南话“春”与“剩”同音，米吃不了，有剩余，即表示有人病有人死，大不吉利，因此米缸只能贴“福”字。

除夕之夜，不能熄灯，要点至天明，表示人间生命的延续。灯火熄灭，有厄运征兆，所以一般家庭都会点好几盏油灯。现今有电灯，唯恐停电，家庭多备有烛火、油灯。近几年时兴在门庭挂红灯，或用彩色小灯泡串联照明，有升平盛世之感。

民间童谣唱道：“初一早，初二早，初三睡到饱，初四巷（神）落地，初五年假开。初六摸，初七摸，初八初九敬天公。初十伽蓝生，十一十一福，十二返去拜，十三人点灯，十四结灯棚，十五元宵暝，十六孝大人。”

正月初一，天没亮小孩就起来燃放鞭炮。“初一早，初二早，初三睡到饱”，就是要初一早起床。家庭主妇起床后，首先就要开大门，放鞭炮，叫作“开正”。敬神后又拜祖先，然后把散过的东西分给家里的人吃，“吃欢喜”“吃康健”“吃福气”“吃长寿”。如奁盒里的供品有红枣，“吃红枣，年年好”。有贡糖（花生酥），有“咸新娘仔”（一种味道咸又甜的酥油糖）、有“鸟仔蛋”（即鱼皮花生），有麻枣（芝麻包麦芽糖）、有花生糖（麦芽糖熬花生仁），等等。还有鸡蛋煮甜线面，全家每人都要吃，不爱吃甜的人也要喝一口汤，表示“团圆”“长寿”。

这一天人人都穿新衣裳，但白色的、青色的绝不能穿。男子要提前几天剃头，表示除旧，这一天是“新的开头”。男女一律不能赤足。这一天破皮流血，也会表示来年不吉。

这一天不能扫地，今日家里的东西都是“财宝”，只能进来，不能出去，扫地把垃圾扫走了，就是把财物扫出去了，今后想发财较难。

这一天不能打井水。传说井底有井妈，井妈过一天，人间正好一年。井妈每天早上要梳头，正好是人间正月初一早上。井妈梳头时用水面作镜子，如果谁家把井水搅浑了，井妈梳头看不见，就会激怒，头发乱如麻，当然不肯施恩赐福给这一家。所以，古时还有人家在天亮之时，就准备供品、金银冥纸来拜奉她，请她梳头。

这一天不能杀生。凡是春节吃的鸡鸭鱼肉，都是除夕以前杀的。新正万万不能动刀。这一大被杀的动物难以超脱，不能投胎再生。

这一天不能吃稀饭，一定要吃面或干饭、米粿等。民谚有“初一吃稀饭，出门天下雨”的说法，吃稀饭会引来天下雨。另一层意思，就是新年家家户户应该欢度节日。吃稀饭，老天看了会流泪，所以最好撑一撑，再穷也要在这一天吃顿干饭。

这一天人与人相处要礼貌、和气，出口要温顺，说好话，说吉利话。不能讲不雅的事，说不祥的话，更不能诅咒，不能骂人，不能打人。过去，小孩偶然说了错话，家长便很惶恐。如果小孩说了不吉利的话，大人不能生气，不能打骂，用一张草纸往小孩的嘴巴一拭，意思是说那不是“讲话”，那是“屁股在放屁”，于是不吉利的话也不算话了。这一天遇到亲人朋友，要说“伸手恭，大发财”。小孩子要念“给你吃百二（活一百二十岁）”，这是最受欢迎的。据说漳州有些小贩，每年新正都赚很多钱，就是靠“唱好话”唱来的。这天天刚亮，他就挑了一担“菜头”，沿街向有钱人家敲门。人家问：“敲门做什么？”小贩便说：“有好菜头！”这句话与“好彩头”谐音，表示今年来了好兆头，于是这户人家便要赏他许多钱。每年，都有人出门唱好话，也有许多人希望有挑菜头的小贩来敲门。

这一天行动要小心，不能鲁莽，尤其不能打破器皿。打坏了家具，有不祥之兆。最怕打破碗，表示“饭碗打破了——今年活路有断绝的危险”，所以大人常常交代小孩要拿好碗，有的干脆给小孩用木碗、铁碗。

不能讨债。这是一种穷人自卫的办法。对债主来说，要在农历腊月十六日前把钱讨完，如讨不完（如借债人躲避）初一就不能讨，会伤和气。

“初二早”意思是因为初二这一天既要祀祖，又要接待女儿女婿，大人小孩要早早起床，这一天也可以出门甚至出远门寻亲访友。风俗云：“有孝女儿女婿，初一、初二到，不孝女儿女婿，初三迟过到（晌午）。”女儿女婿登门拜正（贺春），设宴共欢。新婚的女儿女婿，第二年的正月初二，不管怎么忙也要回娘家拜年。女儿带的礼物与祝寿一样，有鸡、猪肚、鳖。女婿一进门，岳父母就丰宴相待，让女婿吃个饱。民谚“灶脚吃，门后喘”，生动地形容岳母痛爱女婿的情景，让女婿吃得喘不过气来。女儿、女婿要给家中的小孩分红柑，表示祝贺。女儿女婿要回家了，岳父母要送红龟粿让他们带回去。

“初三睡到饱”，按照闽南传统习俗，经过几天的热闹，这一天是休息调整日，不能登门拜年。还有另外一个说法是“初三无姿娘”。姿娘指新婚的媳妇，因初二新婚媳妇返娘家贺正。一般都被留宿娘家，故叫无姿娘。

初四神落地。俗例家家户户备牲设醴，烧纸马（纸上印有车、马、轿的称纸马），接神下降。

初五年假开，指新年假期已过，商店开始放炮开市，人人开始忙碌各自的生计。

初六摸，初七摸，是指家庭主妇又忙碌于舂粢做粿、杀鸡宰鹅准备初八、初九敬天公生日的事了。（另一说：初七七元，初八团圆。即农村中，拣些最好的五谷，混杂蔬菜瓜果，煮成“七宝汤”全家分尝。俗云：喝了七宝汤，可以除百病，安居乐业。初八团圆，这天全家又团聚在一起，乐叙天伦之乐。)

初八、初九俗传为玉皇诞辰，即天公生日。家家置香案，摆上五荤六斋，焚香点烛，一家大小顶礼膜拜，十分虔诚、隆重，祈求天官赐福，添丁发财。

初十伽蓝生，已废除了。

十一福，农村家家户户都要分“福酒”。晚上，以鱼、肉、菜肴加上初九敬天公生日留下的大公鸡，办成丰盛的宴席，合家大小围坐“吃福”。

十二返去拜，指贺年来往客人都归家了。

十三人点灯，农村神庙、祖庙都点上花灯，祖庙则按男丁点上“斗灯”。

十四结灯棚，以前有结灯棚排椅次的风俗。

十五元宵暝，正月十五，又称上元节。这在漳州及中国台湾一带，又是一个十分隆重的节日。这天城市、农村张灯结彩，鞭炮声声，不绝于耳，入夜大放烟火、弄狮、舞龙，锣鼓阵阵。男女老少出游观灯，笙歌鼓乐，通宵达旦。

农村村社，开祖龛祭祖，这一年内结婚的新婚夫妇，双双对对入庙祭祖。社里按男丁名额点上斗灯。以米斗装有文房四宝、铜镜、宝剑，并点燃灯盏。家家户户主妇拿出最拿手的烹饪，把花样独特的菜肴摆入祖庙的供桌上，称“斗菜碗”或“摆菜碗”。逢上手艺巧的，不仅色、香、味俱全，而且精工巧手能摆出各种名目，如“太公钓鱼”“双凤朝牡丹”……

村村祖庙前还有通宵达旦的连台好戏。

元宵佳节又是“凌波仙子”争芳斗艳时令。闽南地区特别是漳州，雕刻水仙能手极多，能控制开花的时日。除夕夜开花的称“除夕花”、元宵开花的叫“元宵花”。水仙花盆景造型新颖、巧夺天工，有“金鸡报晓”“孔雀开屏”“麻姑献寿”“玉象荣归”“金牛迎春”……千姿百态，充满诗情画意。

元宵夜，街头还多了几种闽南人喜闻乐见的歌舞队伍，除舞龙、弄狮外，还有大鼓凉伞舞、歌仔阵、大车鼓、锣车鼓……，真是“火树银花不夜天”，人人踩街春意浓。

十五夜，人们除了吃“元宵”外，在漳、厦一带，还有一种节日风味小食。家家户户都用嫌仔（即牡蛎）拌地瓜粉煮线面，叫“嫁仔兜”。全家都吃，俗话说，“蜂仔线面兜，好人来相交”。一家人一年一度欢聚，元宵后即各奔前程工作去了，希望工作顺利，商业兴旺。

十六孝大人，大人实是用竹枝做骨架，纸包皮，做成的“辔身庭仔”，满身挂着纸钱，俗例以为它能辟灾去祸。用酒菜供奉，祭完唱道：“大人吃酒，出门遇上好朋友，逢了险灾，化为吉有”，然后焚化。

2. 馔盘和甜碟

所谓“馔盘”，是正月初一在厅堂敬奉祖先的一种摆设器皿。“馔盘”的盘子是一种约有一尺高、六角形的雕花漆金的锡器或木器皿，盘面有七个空格，分别盛上各种糖果，如金光豆、红枣、寸枣、冬瓜、糖果之类，柑橘则置于中央一格。金光豆系由花生仁滚糖制成的，染有红色，形状圆滚滚的，寓有团团圆圆、红红艳艳的意思。寸枣是由面粉做成一寸长的条条，经过油炸沾糖而成。闽南话“寸”与“春”谐音，“枣”与“早”谐音，“春”又与“剩”谐音，红枣和寸枣都有早发有余、喜庆红艳的意思。而柑橘则更是预祝一年的吉利了。“馔盘”就摆在厅堂的一张八仙桌上，八仙桌前还要结上一面绣有“福禄寿”的红色彩屏，俗称“桌裙”。正月初一早晨，主人家一早起来，梳洗更衣，沏上甜茶，在厅堂上摆好“馔盘”，点上香烛，燃放鞭炮，便算是“开正”了。

3. 端午节

端午节俗称“五月节”，这一日，在门楣上悬插五种植物：松、艾、菖蒲、柳枝、大蒜头，叫“五端”，借以驱秽。又用能杀菌的中药“雄黄”，微量泡酒，一家大小均沾口和涂抹耳鼻，并以这种“雄黄酒”蘸笔画符于栀子，可做药用。染黄的纸笺，贴在门后，借以辟邪禳瘟神。此外，缝制鸟兽瓜果等形状、小巧玲珑的香袋，装放香料或雄黄，挂在儿童胸前，借以除瘴气。还在中午汲取井水，为儿童沐浴，传说入夏不会生痱子。借习俗活动，起医疗作用。在民间节日中，端午节是别具一格的。

闽台人民在门上挂上菖蒲、艾叶，有对联道："菖蒲驱恶迎吉庆，艾叶辟邪保平安。"说是能辟邪去秽。随着风俗的沿袭，民间还有一个感人的传说。

晋朝邓攸，及第后任吴郡（今苏州）太守，为官清廉。

永嘉末年，八王作乱，兵燹绵延，吴郡失守，老百姓争相逃命。邓攸肩挑两幼（自己的儿子及兄嫂的遗子绥景），掩命南逃。至泗水边，正遇石勒乱兵逼近，眼看难以保全两幼儿，邓攸思忖之后，把自己的亲生儿子丢弃路旁，带着妻、侄继续南逃。 过了泗水，被乱兵追上。石勒欲杀邓攸，邓攸诉说南来遭遇，求石勒只杀他夫妻俩，保全侄儿生命。石勒听后，受到感动，并随手在路旁摘下菖蒲、艾枝插在邓攸身上，且下令众官兵："若遇插菖蒲、艾枝者，仁义之人，不准杀！"

五月初五，邓攸南逃至福建石壁都，眼见村民将成为刀下冤鬼，着急间，想起石勒的军令，就叫各家各户都在门上插上菖蒲、艾叶。乱兵进林时，见各家门上均有菖蒲、艾叶，不敢烧杀，扬长而去。

邓攸救了老百姓的生命，这些人在战乱平息后分散闽、台各地居住。因感念邓攸端午救命之恩，每年这一日，都在门上插上菖蒲、艾叶，以示永志不忘。这种风俗一直流传至今。

（三）婚丧嫁娶

婚丧嫁娶贯穿每个人的一生。白交祠村地处闽南地区，其礼俗与福建多地大体相似。

1. 婚俗

《同安县志》记"正婚"有"订盟"，俗称"下定""纳采""请期""亲迎"四个过程。但实际上应为"拿暗订"（相当于古六礼中的"纳采"）、"压定"（相当于古六礼中的“问名”与“纳吉”)、“送大订”(相当于古六礼中的“纳征”,亦有称之为“纳币”)、请期和亲迎五个过程。“拿暗订”(纳采)是世俗称法,是男家请媒人到女家说亲,得女家同意后的订婚仪式,主要是商定今后所下的聘金等事宜。一般送一些小礼物,如包了双数几元钱的红包,或一两件小首饰等。女家可还礼也可不还礼,礼物一般是些物轻意重的东西,如手巾等。此后,男家需做“压定”仪式,即把女方的生辰八字求到,放于男家厅里神前的香炉下压着,三天之内,如不出什么事情,此事就可定下。如出事,就表示不行,需推翻重找。如“压定”通过,就可进行下一步骤——“送大订”(纳征)。“送大订”也是俗称,古称“纳征”或“纳币”,并非《同安县志》所谈的“纳采”。一般为择一双数日子,由男家派人去摆聘金等物。聘金的多少是“拿暗订”时商量好的,一般的家庭200元左右,稍有钱的人家可高达300多元,特别有钱的人家就更多了。当然,也有因家境困难而低于一般家庭的,甚至不要聘金的,后者叫“聘金不要,孝女捐送”。相对而言,男家送多少聘金,女家在亲迎时也需送相应价值的嫁妆,其值应略少于聘金。例如男家的聘金为300元,女家的嫁妆也得值100~150元,否则会让人说这是在“卖女儿”,而不是嫁女儿。由于嫁妆中主要是新娘的生活必需品,如衣裤、首饰、镜箱、妇女从事家务用的“六桶”、针线盒(“甘仔”)和以后生孩子用的一些物品,如小孩的手环、脚环、长命锁、背孩子用的花被等,故聘金本有两部分用途,一部分给女家,作为女家养育新娘十几年的补偿,另一部分则是给新婚夫妇购置一些生活上所必需的物品。送聘金时,女家要还礼,一般为糖果、饼之类的食品,让男家送给他们的亲堂,并通知他们婚礼的时间。在“送大订”时,有的人家就把写有婚期的柬帖送上,这样,他们就不再从事“请期”之礼了。有的人家则是在此后和亲迎前择一日送去,称“请期”。即派人请女家选定成婚日期,表示不敢自专。而不像《同安县志》中讲的送红袄裙、凤冠曰请期。实际上这项送袄裙仪式是婚礼前一天举行的。男家不仅送去租来的红袄裙、凤冠,还要送“轿内猪脚”几十斤,隔天就举行亲迎仪式。

亲迎当天，除有身份和特别有钱的人家有鼓乐前去迎亲外，一般的家庭都只派媒人和挑灯舅仔去迎新娘。亲迎当天早晨，男家一般要“敬天公”。把供桌放于厅内的“天灯”下或天井中，摆上一床糕、一盘炸枣和三牲（猪肉、魷鱼、鯷鱼等），有的人家会供上全猪，此时，猪肝肺等要披于猪上，猪嘴塞一红柑，背上插一把刀。如可以“上头”的新郎就需要从事上头仪式。事先要做好上头衣，这是“五具全”的男式右衽大襟裳，要做两件，一件给新娘用。男的在家中厅里上头，厅里的天灯下要起风炉，焚“静香”，新郎内穿上头衣，外罩结婚穿的青长衫，头上披十二根三尺长的红丝线，由一男孩抓住尾部，由一儿女双全的妇女为他梳几下，边梳边要念些祝词，以表示他已成丁了。上完头，上头衣要换掉，新郎就可在家中等新娘了，但一般是去请客人。如果男的在亲迎当天上头，女方也得上头，新娘内穿上头衣，外穿桃红衣，再罩上红袄裙，头上戴凤冠，披十三根红线，由十全的妇女为她梳头，梳完后还要“开脸”，以后就梳妆打扮等着红轿上门而出阁了。

出门一般在午后，临出门时，新娘要在家中厅里“分饭”，表示和家人分开。然后由父母牵上轿（父母不在，就由亲堂或亲戚中夫妇双全者来牵）。出大厅门时要跨火炉，出了大门，大门要关起片刻，上轿时倒着上。起轿时，父或母要泼一碗含有静香的水于轿顶，以示“泼出去的水收不回”，希望女儿嫁出能在夫家中生根开花。新娘则从轿子底下的小孔中扔出一把“心扇”，让弟弟捡，此称“放性地”。亲迎时，媒人先半小时或一小时走，到男家扔缘钱，这叫“人未到，缘先到”。此外，嫁妆出门时，也需一件一件过风炉火，以示洁净。

新娘轿到男家时天将黑了，这叫“入门黑，生乾埔”。这时要由一个小男孩（一般是挑灯男仔）捧一盘红柑或糖果到轿前请新娘出轿，然后由新郎一手牵新娘下轿，一手用一个米筛笠（用米筛、红罗被、斗笠合在一起制成）遮住两人，意思是不见天、不见地。进厅时要跨风炉火。在厅中拜天公、厅内供的神明，如有祖先牌位也得拜。然后牵进洞房，由一个男孩来请吃茶，茶要喝三道（茶叶茶、鸡蛋茶、桂圆干茶），然后吃点心、米粉，此为合卺礼。而后，关起房门，新郎新娘一起张蚊帐，意为齐心合力。弄完后再打开洞房门，亲堂们进来摆好嫁妆。此时，新郎可出去招待客人，新娘则留于洞房里禁三天不出洞房。别人来看新娘，新娘要请人喝甜茶吃冬瓜糖。这天请亲戚，多是男家母家的客人，第二天请亲堂，为男家父系方面的客人，第三天请女客。请女客之前，要一早请新娘出厅，先同新郎一起去祖厅拜祖先，回来后拜公婆，给婆婆插花，并拜见各位亲戚。然后到井边打一桶水，这时，大家可以戏新娘，如拿个大桶当汲水的桶仔，上系细索再抹上猪油，让新娘打水，新娘打不起来，就叫新郎帮忙，或者要新郎新娘一起去钩龙眼、过梯子等，十分热闹、诙谐。水打来后，新娘要下厨房，用此水煮甜茶款待亲堂、邻居，此外，还要搅一搅锅里煮的“豆面”，摸摸筷筒，搅搅泔水桶，表示已下厨处理家务了，而后才上女桌陪客。

第四天，新娘的弟弟会来“换花”，送两朵春花来，新郎家要给新娘的弟弟甜的东西做回礼。到第六天，新娘才“头倒客”回娘家，此称“扛米糕”。乘红轿来的新娘，要由娘家弟弟来请，乘乌轿，带些“末饼”（上撒花生末的饼）回去。娘家要请她吃鸡蛋茶、点心等，晚上回来时，也得由夫家派人去请，乘乌轿回来。回来时，要带米糕（送给各位亲堂用的）、红枣、花生、红圆，家有婆婆的要带回几粒“大家包”，还有从头至尾的甘蔗两根、一对带路鸡。回夫家后，甘蔗竖于洞房门后，带路鸡塞到床下，看先跑出的是雄还是雌，以预卜今后先生什么样的孩子。到此，正婚的礼仪才算告一段落。另外，正婚还有一类称“坐乌轿”的，这种类型也需有上述各种过程，不同的是不讲聘金，也没有什么嫁妆，女方只在乌轿中带几件随身需用的东西就可过门。这虽也是正婚，但是，它是许多贫家所举行的婚姻形式。

《同安县志》“招赘”一节提到“因无子养母招夫者”，但却没有提到女儿招赘者。在同安，招赘一般分两类，一为女儿招赘，即这家中没有男裔，故以女儿招赘，招赘的对象通常是家境贫寒无力娶妻者。女儿招赘有一个特点，就是被招者一般不改姓，因为怕与“同姓不婚”的祖训相逢，所以，往往其子女改姓，只有当他死后，牌位要入女家祠堂时就需改姓。一般是男女颠倒，即在牌位上，男的改女姓，女的改男姓。招赘一般要有契约，写明各种条件后，双方认定才可招进，因为这关系到财产继承、香火继承等问题。

重婚与续婚应归为一类，而不是分为两类。因为如果是女方在订了亲未成婚时先逝，男方通常是要承认这门亲的。于是，男的在再娶时，往往需在娶亲的前几天，先把早先订了亲而未能完婚的女方的木主娶回，相伴几天，然后供起来。这仪式做后，才能同后娶的新娘举行结婚仪式。也就是需承认先前订了亲未成婚而早死的女子为前妻，后者为后续的。当她们都归西后，牌位上的排列也是把前一个的名讳排在前头，后娶的名讳排在后头。所以，这种婚姻可称为续弦。因为这不论怎么说都等于前妻死后又再娶的，而且和前妻家庭也当亲戚走动。

2. 庆寿

庆寿，俗称“做生日”“做寿诞”，是庆贺长辈福禄长寿的一种民间习俗。

过去，诏安地区民间认为年满五十者算长寿，值得庆贺。所以，通常以51岁（虚龄）时才开始“做生日”，称为“头生日”。日期依其出生的月、日而定。此后，每年的生日都必须庆寿。男女都一样。到了61岁、71岁、81岁……的寿诞要比常年隆重，称“大生日”。

每年“做生日”的早晨，全家老少都先食“甜寿面”，表示托长辈之福，儿孙自能长寿幸福。是日，儿孙辈都应聚集祝寿。女儿、女婿、孙女、孙婿、外甥等也都要携带祝寿礼品登门祝寿。较有名望的长者寿诞，族内晚辈和亲友也会带着礼品前来祝寿。祝寿所带礼品有寿面、寿桃（面制品）、寿龟（面制）、鸡蛋、猪肉、酒、糕饼、鸡、鹅、鸭、鱼，等等。所带礼品俱要双数，意为“好事成双”。第一次做生日（51岁），寿桃是必带的礼品，取其“蟠桃献寿”之意。如值红柑成熟季节，需加上红柑。礼品必须贴上红纸或染上红色，表示“见红大吉”。凡带寿礼来祝寿者，今后年年都要送礼祝寿，但礼品不必年年换样。祝寿的礼品，事主只能收其部分，余者奉其带回，意为彼此福寿。

过去，一些较有名望或出身书香门第的长者做生日，讲究庆寿仪式。厅堂中置香案，堂中悬挂寿星图，两边贴寿联，如“福如东海长流水，寿比南山不老松”，横批则写上“延年益寿”“寿星高照”等佳句。做寿诞的长者上坐堂中（老夫妻白首齐眉者同坐），接受儿孙辈祝寿。祝寿者有的还会咏颂祝寿诗句，俗称“做四句”。有些家中富裕，儿孙满堂，或有功名的长者，做大生日时，庆寿延续数天。亲友除携带一般礼品外，有的还用布贴上贺联、贺诗、贺词，称为“贺轴”，随礼品送上。事主把贺轴陈列在庆寿的厅堂。有的还聘请戏班到家中唱戏，戏出以示“福寿团圆”的内容为多。寿诞之日，一般都备办菜肴，儿孙及前来祝寿的亲友欢聚一堂，共饮庆贺酒。

3. 丧葬礼俗

白交祠村葬礼俗与福建多地的礼俗相似。

（1）临终

依据过去的讣闻中常提的正寝与内寝，当家中不同身份的病人进入弥留之际时，家人会将其移至正厅中的不同位置：若是主妇，就放在正厅偏左之位；若是主人，则于中央。

此时，病人已意识到自己命不久矣，马上召集诸位家人于病榻旁，交代遗言，处理好遗产的分配等重大事情。

（2）断气

病人一旦断气，众人马上痛哭流涕。在安置牌位的同时，需对死者净身。净身即拿水擦拭身体，有的也只是洗脸而已。

此时死者尚未入棺，需要格外小心，家属们要轮番守夜。比如闽南民间传说，倘若有猫从尸体上跳过，死尸会变成僵尸，跳跃起身抱住活人或者其他东西。所以要提前赶走周围野猫，或者是嘱咐养猫的邻居管好自家的猫。

牌位会临时安置在正厅之中，死者脚底下需放一碗饭，饭上插一双筷子，有的富裕人家会直接大摆一桌酒席用于祭祀。家属们还要在灵前点白蜡烛、烧香、烧金银箔纸钱。

（3）入殓

入殓需要择取黄道吉日，并且入殓也不是简单地将死者放入棺材。闽南人相信棺材之中也是有棺神的，因此入殓前要请来道士，由道士主持盛大的祭典。棺木抬进家门前，需在家门口得到家属们的拜祭。一桌山珍海味是不可缺少的，也有的人家信奉佛教，便以素菜代替。

依据过去的闽南旧俗，假如死的是母亲，入殓之前要请母舅来验尸。母舅，在查验尸体前，得用棍子打一下外甥，称其不孝。

富裕人家，会置一珍珠于死者口中。死者入棺前，要由长子试棺，即至少一只脚踏入棺内。之后，由长子抬死者的头，次子抬死者的腿移入棺中。

（4）守丧

守丧期间，需要做功德。所谓做功德便是请僧人或道士念经作法，信佛之人多请尼姑。做功德又名“做旬”“做七”，指的是七日做一次功德，做满七七四十九天。实际上大部分人家会以三天或四天为一旬，无须四十九天，这种做法称为“跳日”。每七天又有不同的要求，孝男需做头七，即前七天，接下来是孝侄。而出嫁了的女儿要等到第四个七天。其他没有特别要求的“七”都由孝男来主持。

与其他地方相似的是，守丧期间要披麻戴孝，孝女不敷脂粉，孝男不剃须与理发。与死者还在世一般，供祭一日三餐，其中要有死者生前喜爱的饭菜，甚至还可以点上香烟。

（5）出丧

过去埋葬多采土葬，近几十年来渐多火葬。

闽南语中，出殡称为“出山”。首先，要将棺木移至门外，称为“转棺”。丧主需跪在供桌下答谢众亲友的跪拜。在此日，还有其他亲友会送来各种祭品“吊祭”，但死者家属在收下的同时，也要回赠更多礼品。主持礼仪的人，称为“祭生”，宣读祭文，与此同时献吊祭文者需行三跪九拜，丧主跟随其后一同祭拜。

“封钉”，是这一系列仪式中的小高潮。所谓“封钉”便是由道士盖上棺盖并在棺盖四方各打一长钉。《台湾研究丛书 · 民俗——闽台民俗风情》便记载了封钉时道士所念吉句：“一点东方甲乙木，子孙代代居福禄。二点南方丙丁火，子孙代代发家伙。三点西方庚辛金，子孙代代大富贵。四点北方壬癸水，子孙代代大富贵。五点中央戊己土，子孙寿元如彭祖。”封钉完毕，由道士带领众孝男孝女绕行棺木三周后，盖上棺罩，以担具缚棺。若是丈夫死去，则遗孀需倚棺而哭，称为“哭棺材头”，表达对丈夫的不舍。之后便是“发引”，即丧葬行列出发前往目的，在此之前还需要“起柴头”。

据《台湾研究丛书 · 民俗——闽台民俗风情》记载，出殡的队伍排列，前后次序为：

① 草龙：稻草束成龙形，焚其端使有烟。

② 铭旗：写死者姓名之白旗。

③ 孝灯：灯上有三代者绕麻布，有四代者绕浅黄布，有五代者绕黄布，正五代者绕以红布，由子孙举之。

④ 吉灯：上写字姓来源，如颍川、延陵、太原等字，或者“百子千孙”等字。

⑤ 放生笼：过去笼中放活龟活鸟，后放鸽子，至墓地放生。

⑥ 铭旌：由女婿、孙婿赠吊者。

⑦ 挽轴、花圈、艺阁、化妆：多排二十四孝、三藏取经等故事场面。

⑧ 香亭：轿亭，内置香炉。

⑨ 像亭：内置逝世者遗像。

⑩ 一魂轿：内置五升米，米上安置位牌、魂帛，并放五谷种子、铜币、铁钉等，象征五谷丰收，财富、子孙昌荣。

⑪ 纸轿：内置纸制魂身，由子孙抬扛。

⑫ 鼓吹：南北管、西乐等乐队。

⑬ 灵柩：孝男沿途哀号，跟随棺侧。棺由 8 至 16 人抬。多至 32 人至 64 人，可雇人或由宗亲、结拜抬扛。

⑭ 遗族：一人在前领路，用长布条曳行之，各人手执布条，沿途号哭而行。

⑮ 道童、金童玉女：装扮成随死者升天的男女天使。

⑯ 吊祭者：即送葬者。过去，亲戚头扎“白头巾”，朋友在腕扎白布。现在，大多以丧徽带于胸前。以上出殡行列行至一段，丧主则“谢步”婉谢送行，并以面巾手帕答谢。

在出殡途上，还有“排路祭”风俗：由亲戚故旧或过去受恩者，为答谢逝者生前恩德，在葬列行途上备办香案供祭。对此，丧主以白布金品作为答礼。❶

到达墓地之后，便进行“落葬”。僧道诵经，亲属哭泣。为了让尸体与地下土气相通，还需要在棺木上打穿气孔“放栓”。土工将馆材安放到土坑内后，丧主主持动土，各土工一齐以土埋棺木。结束之后，还需祭祀墓前的土地公。接着，由“点主官”主持“点主”。“点主官”通常是由学者或官人担任，需要用到两支笔——一朱一墨。点主官用朱笔在灵牌上点朱，并将朱笔扔向太阳的方向，然后拿起墨笔在刚刚的朱点上点墨，墨笔用后留下。墓地上还需要播撒五谷种子，象征着五谷丰登、子孙绵延，此举由僧道完成。最后，少量的五谷种子和一块墓土会由长孙带回家中。

回家之后，需要“竖灵”，即把灵位由最初的正厅中央转移到正厅边上。家中妇女每日仍需在灵前早晚各供一次膳来祭祀，此膳被称为“孝饭”，并且还需在灵前哭泣两次，这在闽南风俗中被称为“叫起叫困”。也有比较讲究的人家，会请糊纸店“结影坛”，即装饰孝堂。

每日的供膳祭祀会随着时间的推移，变成以薪米供奉。

❶ 厦门市思明区文艺联谊会．台湾研究丛书·民俗——闽台民俗风情 [M]. 厦门：鹭江出版社，1989.

在出丧后第一日或第二日，丧主会进行“巡山”，即到坟头查看坟地是否完好。此时仍需着丧服。“巡山”后发现一切正常，便会举办“完坟”仪式，标志着坟墓竣工了，死者已经入土为安。与此同时还应当拜谢土地公。

每年清明时节，需前往墓地扫墓。

值得注意的是，墓地的布置有许多讲究。从《台湾研究丛书 · 民俗——闽台民俗风情》中可知，如果墓碑写“显考”者系用于表示有勋功男人，“显妣”为其妇，一般书写“故考”及“故妣”。墓碑左右石称“墓耳”，接于“墓手”，墓手弯曲处造印头（方柱）石笔（圆柱），左右墓手围“墓庭”（或称拜庭），墓碑下设墓桌。墓碑左右两侧竖立石狮，墓碑后面，葬棺处上呈馒头形处称“墓龟”，周围盛土处系墓山，墓山的界堤称“砂手”，面向右方称龙砂，左方称虎砂，又称墓穴周围的山左为“青龙”，右为“白虎”。[1]

---

[1] 厦门市思明区文艺联谊会 . 台湾研究丛书 · 民俗——闽台民俗风情 [M]. 厦门：鹭江出版，1989.

第六章　旅游板块

千米高山，蒙蒙雾气，清澈蓝天，纯净空气，绿油油的梯田茶园……对长期生活在厦门岛上的城市人来说，这几乎算得上是离市中心最远的地方，是个都市人少见的高山村，以其原生态的山水、宁静的田园和纯朴的民风，让人难以忘怀。这就是现已经入选“中国美丽休闲乡村”的厦门市同安区白交祠村。这个山村向来有“雾都”的美名，沿着蜿蜒的山路走进这个云雾山庄，蒙蒙白雾恍如仙境。

“远上寒山石径斜，白云生处有人家”，云雾缭绕的白交祠村，能让人感受到杜牧《山行》里所描写的那份欣然的心情。位于海拔上千米的高山上，一片碧色的茶园和郁郁葱葱的竹海连绵缠绕，交相映衬，若隐若现于缥缈雾气中，依傍于古香古色的闽南特色瓦厝四周，浑然天成为一幅秀丽的山水画。白交祠村民风淳朴，茶香人家热情好客，“丰年留客足鸡豚”，在白交祠村做客，街头巷尾偶遇，常看见温和的笑容，听见热切的招呼声。白交祠村村民也有着自己的信仰，大大小小的宗祠庙宇散落在村庄四周，看着从过去到现在这一切欣欣向荣的变化。

白交祠村靠山，有大量聚集的旅游景点，相应地，村内也有独具特色的民宿农家乐供人休憩，“云雾白交祠”自然有不少值得一试的活动，还有“红色游”“生态游”“探险游＋民俗游”等活动待游客前往解锁。

一、靠山 · 旅游景点

白交祠村作为“云雾山庄”，靠山，享有依傍大山的旅游资源，盘山公路、徐水垵水库、百丈崖、古民居、中心叠水溪步道、竹园、登山步道、蛟龙瀑布、鲁班宫、生态茶园、石寨、双圈寨、文化广场、杨家祖祠、杨六郎庙……这些旅游景点都有着各自的“山味”。

（一）盘山公路

通往白交祠村的盘山公路，细数起来有 230 多个弯，开起车来虽有些惊险，但沿途美景也尽收眼底。这条公路海拔上千米，高山美景与连续的弯道并举，素有“厦门小秋名山”之美名。一路上经过大大小小不同的村庄，看到不同的美景，往高处开去，逐渐蜿蜒入云端，慢慢进入云雾仙境。

如果不想自己驾车劳顿，可以搭乘厦门海报最高的公交路线——606 路公交车，这也是开往白交祠村唯一的一路公交车。车行蜿蜒山路，远眺近看，一路参差，一路青翠，山挡路，路盘山，九转十八弯，想着柳暗花明，其实仍是山重水复，终能抵达小村，一品山乡村野的意趣。

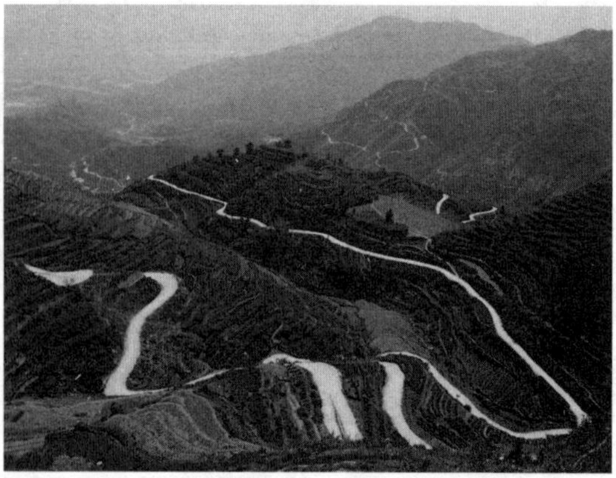

图 6-1　白交祠村公路

（二）徐水垵水库

徐水垵水库不算大，犹如一面镜子，映射着美丽的白交祠。吃完饭，沿着水库周围绕一圈散步，游客可以享受到静谧的生活气息。

徐水垵水库水质尤佳，地方政府积极响应“好山好水好福建”的号召，水库的生态保护一直被放在白交祠村建设的重要位置。福建为全国第一个生态示范区，是水、大气、生态环境质量全优的省份，是我国南方地区重要的生态屏障，生态文明建设起步早、力度大。2000年，习近平同志任福建省省长时就极具前瞻性地提出建设生态省的总体构想，亲自指导编制和推动实施《福建生态省建设总体规划纲要》。

二十年来，福建省坚持把一脉相承的生态文明理念作为根本遵循，生态文明建设和绿色发展取得积极成效，“清新福建”成为一张最亮丽的名片。2016年，福建12条主要河流Ⅰ类至Ⅲ类水质比例为96.5%，其中Ⅰ类至Ⅱ类水质比例为60.1%。徐水垵水库的水质良好，水库内有游鱼往来，静观或者垂钓，都自有意趣。

（三）百丈崖

白交祠村的百丈崖位于通往白交祠村的道路旁。百丈崖呈70~80度倾斜的陡崖，三面环山，底下形成一个山谷。站在崖边，风徐徐吹来，令游客心旷神怡。百丈崖的地势容易在阴雨天气形成美丽的云海。云海，是指在一定的条件下形成的云层。云海的云顶高度低于山顶高度，因此，人们在高山之巅俯首，会看到如大海般波起峰涌、浪花飞溅、惊涛拍岸的漫无边际的“云海”。山高谷低，林木繁茂，日照时间短，水分不易蒸发，因而湿度大，水汽多。雨后常见缕缕轻雾，自山谷升起。云海一般在海拔较高的山峰常见，厦门可形成云海的自然环境并不多，白交祠云海是厦门市同安区一大特色风景。在阴雨天气，百丈崖附近的山谷常常形成云海景致，所以白交祠村也因为这一特色景观被称为“云雾白交祠”“云雾山庄”。白交祠云海以它变幻不定的身影赋予周围的山峰以神秘的色彩，使它更显得妩媚动人。这片云海也是千变万化，有的像平静的湖面，有的像波涛随风涌动，还有的像朦朦胧胧的纱布。风平浪静之时，云海一铺万顷，波平如镜，映得山影如画，远处天高地阔，峰头似扁舟轻摇，近处仿佛触手可及，似乎可以掬起几缕云来感受它的温度和质感。

气流在山峦间穿行，上行下跃，环流活跃。漫天的云雾和层积云，随风飘移，时而上升，时而下坠，时而回旋，时而舒展，构成一幅奇特的千变万化的云海大观。清休宁人吴应莲的《云海歌》有诗句云：“望中汹涌如惊涛，天风震撼大海潮。有峰高出惊涛上，宛然舟楫随波漾。风渐起兮波渐涌，一望无涯心震恐。山间小露如垒石，高处如何同泽国。”[1] 如至风平浪静之际，则白云茫茫，前铺万顷。无数的山峰，被白云淹没，只剩下几个峰尖，像是大海中的岛屿。清人江鹤亭有诗曰：“白云倒海忽平铺，三十六峰连吞屠。风帆烟艇虽不见，点点螺会时有无。”[2] 欣赏白交祠村的云海，丝丝缕缕的云雾让人有误入仙境之感。尤其是厦门市漫长的夏日，到白交祠村避暑，清晨山村中氤氲的云雾更增一丝清凉之感。同时，云雾白交祠也是摄影爱好者极佳的取景地。

图 6-2　白交祠云雾

[1] 郑岩，崔广彬．旅游资源概论 [M]. 哈尔滨：黑龙江人民出版社，2007.

[2] 林衍经．地方志与旅游 [M]. 北京：方志出版社，2005.

（四）古民居

民居是人类生活中最重要的建筑，它给人们避风遮雨，提供温暖的家。正如《黄帝宅经》序中所言：“夫宅者，乃是阴阳之枢纽，人伦之规模……人之所居，无不在宅。”[1]“宅者，人之所本。”[2]无论什么地方的人都十分重视民居的建造，因而民居又是彰显建筑主体文化、艺术个性的重要所在。

白交祠村的古民居大多属于平脊型民居。包括单条平脊或叠顶平脊，即无论是主体建筑还是附属建筑的屋脊均为平脊，绝大多数为马鞍形山墙。此外也有山形、水形、火形山墙等。据说，它的出现可能与客家人有很大的关系。还有一部分古民居属于石墙类民居建筑。厦门出产花岗岩，用花岗岩条石等建构房屋有悠久的历史。花岗岩质硬，耐磨，耐腐蚀，易开采。所以石墙类古民居无论是民居的柱子、柱础、门窗、栏杆、台阶大多用条石构筑。

白交祠村的古民居大多低矮，砖石结构，有着老村落的古朴感，墙体粗糙，木质的门也有了岁痕，木石村落，古风古韵，是一处拍摄古装的好景致。白交祠古村落常常有来自四面八方的学生和画家，坐在不同的视角处描绘写生，有许多来自不同地方的游人和旅者前来观赏。陈旧也是一种美，它窖藏着岁月，蕴藏着文化，珍藏着历史。而且，这种美只能临摹，只能观赏，不能复制。

一些古民居门前还堆放有整齐的圆柱形木材，一根摞上一根，码得整整齐齐，不经意间成为古民居一种质朴的装饰。古民居主人堆放的这些柴木，在太阳下常被晒得暖烘烘的。

[1] 北京乾圆国学文化研究院．易学与建筑环境学（中）[M]. 北京：北京工艺美术出版社，2018.

[2] 陈文．厦门古代建筑 [M]. 厦门：厦门大学出版社，2008.

（五）中心叠水溪步道

我国古代的桥梁一般可分梁桥、拱桥、索桥、浮桥等基本桥型，而梁桥和拱桥的数量最多。厦门地区的古桥基本上是花岗岩条石构筑的梁桥。白交祠的古桥都是横跨溪流的桥梁——厦门地处狭长的丘陵、海岛地带，属于亚热带气候，植被十分丰富，加上厦门降雨量充足，小溪小河水量充足，因而小型桥梁较多。同时，由于厦门出产花岗岩，并且花岗岩容易开采出条石，加上溪流不宽，只要铺上花岗岩条石即可横跨两岸。而在较为宽阔的溪流中，河中便砌筑石桥墩，再在其上纵铺条石为桥，因而梁桥非常适合厦门的环境和自然条件。梁桥即用梁做主要承重构件的桥，它有石、木、竹等多种材质。白交祠村用花岗岩条石架设的梁桥，不仅结构简单，架设方便，省工省时，而且使用寿命长，是白交祠村人适应环境的聪明之举和巧夺天工之作。

行走在中心溪叠水步道上，游客能够听到鸟儿的鸣叫声，可以看到村民在田地劳作。在清澈见底的小溪水中，能够看到鱼儿嬉戏，看着溪水随着层层叠叠的石头缝哗啦啦地往前冲。丝丝的凉意就像大自然备好的空调，即使是燥热的夏天也氤氲着阵阵清凉。

（六）竹园

“可以食无肉，不可居无竹”[1]，郁郁葱葱挺拔的竹林是白交祠村常见的景致，走在竹林登山步道上，竹子的清脆颜色和沙沙声响可以冲淡游客跋涉的疲倦。

片片竹林首尾相接，竹林中飘来的一阵阵风，可以驱走在喧腾的闹市积攒下

---

❶ 施立学．故国神游 [M]．长春：吉林文史出版社，1990.

来的疲劳，竹的清新使人心旷神怡。一路伴随竹林向上走去，竹林在微风中轻摇曼曳，竹林中鸟鸣声声，风穿梭于竹林，轻轻地弹拨叶片。夏日中竹园的绿色，给游客一种清凉的感觉。

若是凉爽的夜晚走进这片竹园，月上竹梢头，竹林托出月华，犹如翠盘托着无瑕的碧玉，流溢着清丽的光辉，丛丛翠竹，仿佛用清泉洗过似的，一尘不染，葱茏、纯洁、润泽。竹叶在微风习习中款款低语，叶上映着碎银一样的月光。白交祠村常有雾，进到竹林中，竹林里便漂着一层淡青色的雾，像轻纱笼罩，使竹林变得更加恬静、温柔。朗朗月色和薄薄的雾融在一起，一种幽静的意趣便萦绕脑际。人静静地站着，不忍打破竹林月色的宁静，一簇簇水灵灵的竹叶，含着晶莹闪光的露珠。月光透过竹叶的空隙，在地上洒下疏落有致的花纹，踏着这花纹地毯轻轻地走，那月光织成的绿荫的幽静会慢慢地笼罩人心，融入竹林和月色的和谐旋律。

（七）登山步道

登山的道路是曲折的，终点是光明的，登山步道是通往光明顶的步道。光明顶登山步道总长约 900 米，一千多个台阶，步道两旁有茶园，有竹林，爬累了还有凉亭可以歇息。

到过登山步道的人多有这样的感觉，沿石阶拾级而上，即使三伏盛夏，空气中也有丝丝凉意袭来，暑气顿消。这不仅仅是白交祠村海拔高、温度相对较低的缘故，还因为步道两边植满树木，可为旅客遮挡炎炎日光。

（八）蛟龙瀑布

蛟龙瀑布，是大自然的杰作。走近蛟龙瀑布，游客可以听到“哗哗”的声音从远处传来，像微风拂过树梢，渐近渐响，最后像潮水般涌过来，盖过了人声，天地间就只剩下一片喧嚣的水声了。

透过树的缝隙，就能看到一道瀑布悬挂在岩壁上，上面折为几叠，好像一匹宽幅白练从织布机上直泻下来，“哗哗”的水声便成了千万架织布机的大合奏。瀑布激起的水花，如雨雾般腾空而下，随风飘飞，漫天浮游。

蛟龙瀑布泻落在一片群山环抱的谷地里。若是顺着石阶往下走，一直来到谷底。游客坐在水边的岩石上，一伸手便可以撩过来洗洗脸。瀑布泻入谷底溅出的水珠直洒到人的脸上，带来一阵清凉。

蛟龙瀑布从岩壁上直泻而下，如雷声轰鸣，山回谷应。坐在下面，游客可感到像是置身在一个乐池里，四周乐声奏鸣，人就像漂浮在一片声浪之中，每个细胞都灌满了活力。游客可以久坐，任凉丝丝的飞珠扑上火热的脸庞，打湿薄薄的衣衫。游客聆听着轰然作响的瀑布声，会觉得胸膛在扩展，就像张开的山谷，让瀑布飞流直下，挟来大自然无限的生机。

蛟龙瀑布，常常让人联想起一首小诗：“拔地万里青嶂立，悬空千丈素流分。共看玉女机丝挂，映日还成五色文。”[1]蛟龙瀑布映入眼帘，一条长长的瀑布似银河决口，从九天崩泻而下，愈靠近瀑布，愈被这排山倒海锐不可当的气势所震撼。清澈的水流拍打着山石，发出轰隆的巨响，激起的浪花，似万马失蹄，千军扑地；喷烟吐雾处，万练倒悬，细如珠帘，粗若冰柱；飞瀑跌落处掀起轩然大波，碎玉四溅，银珠轻扬，如蒙蒙细雨，似点点飞雪。漫天的水雾将人笼罩，温柔地

[1] 李诚．国学小百科书系——元曲小百科 [M]. 成都：巴蜀书社，2013.

打在旅者的脸上，会有一种别样的舒坦。站在谷底，仿佛置身于一个圆形的乐池中，在雄奇壮观的瀑布前，静静地聆听流水奏响的铿锵有力、激情飞扬的交响曲。在这人间的仙境里，游客会感到心旷神怡，无限陶醉。

（九）生态茶园

白交祠村现有 3000 多亩茶园，茶叶是白交祠村的主要经济来源。茶园依山开垦，围绕着山体分布着，犹如一条条龙环绕着。在春天，可以看到村民们在茶园里辛勤地采摘。

白交祠村四面环山，常年云雾缭绕的山坡上，郁郁葱葱的竹林和茶园带来了清新的视觉和嗅觉感受。山上山下，茶丛整齐排列，娇嫩的茶叶舒展玉立，碧绿的色泽浓郁得仿佛画布上的颜料。

逢采茶季节，采茶姑娘也陆续回归茶园，处处有茶香扑鼻，处处是村农采茶、制茶的身影。茶能醉人何需酒，但得清闲吃茶去。一壶清茶，一缕神思，想要这样的清雅自在与洒脱，可以走一走白交祠村的茶田，看山品茶，染一身茶的清香。随便找家村内小店，在屋前摆起四方桌，冲泡一壶乌龙茶，香气弥漫，抿上一口，唇齿留香，一切美景都恰到好处。

如果运气不错，还能遇上缕缕轻雾自山谷升起，站在茶山之上，观云听涛，蔚为壮观。古人有云：野泉烟火白云间，坐饮香茶爱此山。品一杯茶，看山在云海若隐若现，这是许多游客喜欢这个村子的理由。

“晨兴理荒秽，带月荷锄归”，这是大部分村民一天的生活写照。白交祠村以农为主，产甘薯、茶叶等。当地农民的主要经济来源是茶叶，每到采茶季节，白交祠村四周的茶叶满园绿色，茶香扑鼻。

制茶的时节，家家户户空旷的地上，庭院里都晒着茶叶，村民们在自己的作坊里炒着茶叶。村民淳朴好客，要是对炒茶有兴趣，可以跟村民交流，甚至村民会让游客上手当一回茶农。

（十）石寨

自从迁都杭州后，南宋统治者已经非常重视包括厦门在内的福建地方的经营，把它视为“后院”来对待。南宋绍兴十五年（1145 年），知县王轼修筑同安县城城墙。这是今厦门地区有城防设施的开始。元代在厦门岛上设置了第一个军事机构嘉禾千户所。明太祖朱元璋令江夏侯周德兴在东南沿海筑建卫所，明洪武二十一至二十四年（1388—1391 年）修筑高浦城（在今杏林高浦村海滨），称高浦千户所城。洪武二十七年（1394 年），厦门城建成，是为中左所城。厦门岛的战略地位越来越重要，正如清乾隆《鹭江志》所说：“鹭岛距同邑七十里，四面环海，为漳泉之咽喉，台澎之门户，诚海疆要地也。”[1]清初，厦门地区城寨建筑得到了大规模的兴建，特别是郑成功起兵反清复明，和清军在厦门地区对峙和反复拉锯战时，更促使了城寨等军事据点的修筑。清中期后，厦门地区也还修筑过小担寨、大担寨，同时修有炮台，城寨和炮台已有机结合，由于火炮的威力日显，这时已到了修筑城寨的尾声。此后厦门地区再也没修筑过新的城寨，它的防御功能渐被炮台所取代。修筑炮台，铸造铁炮已是当时最重要的军事事务之一。有幸，在白交祠可以看见存留的两个城寨——石寨、双圈寨。

石寨位于厦门市同安区莲花镇白交祠村东南 2 千米，即 416 县道分岔后往白交祠村约 1.5 千米道路旁山顶，寨顶海拔高度 976 米。寨址建于宋代，沿用至清代。山寨由建于山顶的内寨和山腰的外寨组成，内小外大，高低错落 6~8 米。寨墙由就地开采的石块垒砌，厚 0.6~1 米，残高 0.5~4 米，内寨环绕山顶而建，直径约 20 米，寨内耸立数块约一人高的岩石，可做指挥台；南侧有长方形寨门，宽 1.15 米，高 2 米，厚 1.5 米。寨址北面和东面较为陡峭，外寨建于西南部山

[1] 陈文 . 厦门古代建筑 [M]. 厦门：厦门大学出版社，2008.

腰，面积约 800 平方米，平面呈梯形，靠山体内侧宽 34 米，外侧宽约 10 米，总长约 60 米；外寨南侧有寨门，门梁掉落，门高 1.8 米，宽 1 米，墙厚 1.1 米。

寨内已开垦为茶园，可采集到少量的板瓦、筒瓦及陶瓷片，其中有宋代青瓷碗碎片。此寨建于大山之顶，北面和东面为大山谷，极为壮观险峻，山顶常年云雾缭绕，是迄今厦门已发现的海拔最高的山寨。

除了石寨之外，白交祠村还有一个双圈寨。如图 6-3 所示：

图 6-3　双圈寨

（十一）文化广场

白交祠村的建设得到了各级领导的关心和支持，市委组织部联合建发集团从 20 世纪 90 年代开始就挂钩联系白交祠村，给予了大力的帮扶。文化广场就是由市委组织部、建发集团联合共建的，村部前的 LED 显示屏就是由市委组织部捐建的。

文化广场未建之前，破旧不堪的猪圈、参差不齐的杂草，让这一整块地方显得杂乱不堪。听说这里要建设文化广场，许多村民主动配合拆迁与清理工作。平时的清洁家园活动，许多村民也积极参加。

文化广场的建设改变了以往村民单调的业余生活方式。到目前为止，市、区用这一平台已组织了多场慰问演出和写春联活动，并选派市、区文艺人才来白交祠村授课。在凉爽的晚上，还可以看到村里的妇女在文化广场跳起广场舞。值得一提的是，白交祠村褒歌队连续两届获得莲花褒歌比赛第二名，有力打响了莲花褒歌的名气。

厦门市自 2007 年起，每年举办一届莲花褒歌比赛，并已成为莲花周边山村农民文化活动的一大盛事。褒歌是每年必有的节目，也是联欢会上最大的亮点，村里的歌手们用他们古老而又历久弥新的曲词，唱出新农村的新面貌。山歌主要分为独唱和对唱，而互相问答的对唱称“褒歌”。褒歌表演是采取二人对答的演唱形式，也叫“相褒歌”。莲花小坪山歌用闽南方言演唱，俗语和谚语并用，讲究押韵。

山歌的调子比较简单，计有七八种，多 6/8 拍子，偶尔也有自由拍子。有的调子旋律相同，但歌手根据闽南方言音节强调特点，形成切分节奏，突出了闽南方言的声腔和歌腔的自然和谐。长篇叙事山歌在演唱时为了情节的表达和听众情绪的需要，也引用闽南的一些民间小调，形成了类似“歌仔”的表演形式，这是一种很有地方特色的表演，值得游客一赏。

白交祠村的文化广场上常有南音的演奏表演。南音也称“弦管”“泉州南音”，是中国现存历史最悠久的古音乐。两汉、晋、唐、两宋等朝代的中原移民把音乐文化带入以泉州为中心的闽南地区，并与当地民间音乐融合，形成了具有中原古乐遗韵的文化表现形式——南音。南音有“中国音乐史上的活化石”的美称，发源于福建泉州，大多用泉州闽南语演唱，是中国现存历史最悠久的传统古乐。并在 2006 年 5 月 20 日，经国务院批准列入第一批国家级非物质文化遗产名录。在 2009 年 10 月 1 日，福建南音正式被联合国教科文组织列入人类非物质文化遗产代表作名录。

南音发展的历史是一部立体的中国古代音乐史。“‘南音’一词最早应该出现在汉代，张衡《南都赋》云：‘齐僮唱兮列赵女，坐南歌兮起郑舞。’高诱注曰：‘南歌，取南音以为歌也。’‘南音’文献有载。《吕氏春秋音初》记：禹行功，见涂山之女，禹未之遇，而巡省南土……女乃作歌。歌曰：‘侯人兮猗！’实始作南音。从‘侯人兮猗’与《楚辞》体式相类来看，南音主要应指楚音，也很可能包括长江下游的吴音和越音。”[1]唐宋时南曲兴起，元朝时，俗文化兴盛，文人也加入戏曲创作，为南音的创作注入了新的活力，当时，南音不仅吸取了元曲的内容，还效仿元曲的表现风格。明代中叶以后，南音博采众长，吸收了当时流行于江浙一带的昆山腔、江西一带的弋阳腔，内容、唱腔更加丰富。迄清代，南音已相当成熟。南音流传至今，保留了历史的传统气息，但“问渠那得清如许，为有源头活水来”，保留历史精髓的同时，也是因为有不断的发展、改革、吸收、创新，才有了现在南音的精彩呈现。

南音不只是一种供人欣赏的音乐，它的演奏还涵盖了许多古老的乐器，比如：洞箫、南琵琶、三弦、二弦、响盏、小叫（狗叫）、木鱼（铎）、双铃、四宝、扁鼓，等等。这些乐器大多音色典雅浑厚、柔和优美，配合南音中古老的故事，一同演绎了中国古典文化最原始、最质朴的音乐表现形式，具有多学科的研究价值。而且“泉州南音是我国现存最古老的乐种之一，是弥足珍贵的民族音乐瑰宝。演唱形式、乐器形制、宫调旋律、记谱方式独特，保留了大量古代中原旧俗，承继汉晋以来的音乐形态，洞箫和琵琶一直保持着古老形制，其古老奏姿在中国其他乐种中均已消失。谱字“乂工六□（‘思’字草写进而省笔为）一”五个汉字对应于中国传统音乐的五音部分附加指法和节拍符号，精准独特。内容则多为历代故事、优秀诗词、民俗民情等，是古代音乐文学史的宝贵遗存，具有很强的教化劝导作用，其中保留了许多唐、五代的著名诗词，以及许多中国古老南戏早已遗失的剧目”。诗言志，歌咏言，南音则将“诗”内容的深邃隽永与“歌”

[1] 孙景琛．中国乐舞史料大典：杂录编 [M]. 上海：上海音乐出版社，2015.

形式的惟妙惟肖融合在一起，丰富了南音艺术的表现力。

当代中国特色社会主义道路强调文化自信，“习近平总书记指出，文化是一个国家、一个民族的灵魂。在当代中国，文化自信是具有科学性的时代命题，是中华民族生生不息、走向复兴的精神源泉，是中国特色社会主义破浪前行、繁荣发展的精神武器，是中华民族屹立世界、面向未来的精神脊梁。”[1]而福建南音就是中国传统文化的瑰宝，是福建人文化自信的底气之一。很早就有学者指出，文化才是一个地区最独特的标签：在全球经济一体化，文化多元化的发展潮流中，白交祠人清醒地意识到，一个地方之所以区别于另一地方的坐标，已经不仅是20年前的评价指标——经济实力的高低（那是迟早要拉平的），而是独特的文化空间，中国人迟早都会享受同样的物质文明，独特的地方文化，才是这里永远吸引人的地方。

袅袅南音，可唱可叹，可歌可舞，可清可幽。当代社会发展飞速，生活气息浮躁。当下现代人趋之若鹜地追求着弥漫全球的快节奏，而南音人坚持着南音的特点：节奏徐缓、古朴幽雅、旋律优美，深沉内敛的唱法，泉腔入乐。当现代人终于发现物质生活与精神生活混而不清，从而体味到现代节奏对人类精神世界的某些折磨和苦涩感，于是人们开始追寻本土文化的清源——南音时，才深深地体会到厦门人在熬过那段“突飞猛进求发展”的时代浮躁后的精神意义。南音缓慢、纯粹、不焦躁的特色里保留着中国文化的从容、香远益清的品性，这是来白交祠村放松心情的游客们所需要的。

文化广场上还有妙趣横生的答嘴鼓表演。答嘴鼓是一种以闽南语表演的曲艺诙谐形式。它近似对口相声，但对白却是严格押韵的韵语，语言节奏感很强，擅于运用丰富多彩、生动活泼、诙谐风趣的闽南方言词语和俚俗语，注重情节的展示与人物的刻画，讲究使用“包袱儿”与“韦登笑科”（爆笑料）以获取喜剧性

[1] 郑云鹏. 高校校园文化产品设计开发研究 [J]. 美与时代（上旬刊），2018（11）.

效果，很受广大群众的喜爱。

答嘴鼓是用两人对口争斗辩说的形式，近似我国北方的对口相声，又有些像北方的数来宝，只是不用击节乐器。偶尔由一人演播，有时也一人充当几个角色。

答嘴鼓是由闽南民间广泛流传的“念四句”吸收闽南口传文学与地方戏曲曲艺的一些成分，经过历代艺人的加工、创造，逐渐形成的。“念四句”在我国台湾地区叫“四句联仔”，是运用丰富生动、诙谐风趣的闽南方言词语与俚语，以逗谑戏弄，用流利而活泼的四句韵语来反映事物，表达思想感情。答嘴鼓就是在吸收“念四句”这种形式的基础上，用扩大四句，变换长短句的办法，吸收民间戏曲插科打诨爆笑料的手法，又不断吸收其他艺术形式，尤其是相声包袱的艺术手段，在叙述故事情节、刻画人物中取得寓教于乐的艺术效果。

答嘴鼓的艺术特点之一是押韵，闽南话称为“斗句”。闽南话因为有文读、白读、训读之分，其音韵领域比其他语言多出一倍。民间常用“斗句”的语言，谈天说地，戏谑争斗，妙趣横生，凭借语言的风趣幽默以及韵语的巧妙运用来吸引听众。

时值中秋，白交祠村村民还会聚在文化广场博饼，好不热闹。中秋博饼起源于民间，明末清初，闽南和我国台湾省的士子就有中秋节博饼的习俗。据清初蒋毓英《台湾府志》等文献记载，当时士人于中秋节掷骰子争一个红朱涂一元字的“大面饼”，寓有“秋闱夺元之想”。

中秋博饼发源于厦门，流传分布于漳州龙海市（石码）、泉州市安海镇（安平）和金门县（大、小金门岛）。近年来，也传播到周边闽南其他地区和我国香港地区、台湾地区以及东南亚一些闽南籍华侨华人居留地。

鸦片战争后，有许多闽南人漂洋出海谋生，中秋佳节成了每个家庭盼望团圆的重要节日。民间利用中秋赏月的良机，模仿古代科举级别，把传统的月饼改良成一套完整的“会饼”，并结合古代博弈游戏“骰子选格”和明代中期江南流行的“状元筹”的游戏法则进行活动。此习俗在20世纪二三十年代最为盛行。先是家庭成员的娱乐，慢慢扩大到亲戚朋友，而后普及到社会群体，成为娱乐性很强的习俗活动。

中秋博饼的参与性很强，游戏规则平等公道，方法简单。它通过掷六个骰子的方式，获得表示封建时代科举制度的状元、榜眼、探花、进士、举人、秀才共六个等次的称号，并博取相对应的奖品——大小不等的饼，搏完后游戏即告结束，所得奖品即席分享。规则为：取骰子六个，点数1、4为红色，2、3、5、6为黑色。掷骰子得点数：状元（按从大到小顺序排列）：红六勃（六个4）大于状元插金花（四个4，两个1）大于五红（五个4）大于五子（五个1或2或3或5或6）大于四红（四个4）；对堂：六个骰子的点数分别为1~6，即一条龙；三红：三个4；四进：四个1或2或3或5或6，若还带一个4可多得一秀，带两个4可多得一个二举；二举：两个4；一秀：一个4。以所带点数总和多少决胜负。

文化广场的舞台上，还常有闽南童谣的声音。闽南童谣是以闽南方言创作和传唱的儿童歌谣。大多系历代闽南百姓根据儿童的理解能力、心理特点，用丰富多彩、生动活泼、诙谐风趣的闽南方言、俗语，充分发挥闽南方言复杂而富有音乐美的韵语和平仄节奏进行创作的。闽南话童谣是闽南话歌谣的一个重要组成部分，它与闽南民间广泛流传的“念四句”有密切的关系。“念四句”运用丰富生动、诙谐风趣的闽南方言词语与俚语俗语以斗谑戏弄或流利而活泼的四句韵语来反映事物，表达思想感情。基本内容可分为时政类、育儿类、游戏类、动物类、植物类、知识类、幻想类、生活类、节令类、民俗类、趣味类等；从体裁上可分为摇篮曲叙述式问答歌连锁调、谜谣、绕口令等；从表演形式上可分为念谣唱谣、戏谣、舞谣等。

文化广场上少不了车鼓弄艺术的一席之地。车鼓弄是集说唱和表演为一体的民间歌舞艺术。“车”就是车转，“弄”就是舞弄之意，所以又有“弄车鼓”的俗称。它运用对白和歌词中丰富多彩、生动活泼、诙谐风趣的闽南方言词语、俚语俗语和群众熟识的民间小调，加上角色互逗的表演手法，产生了喜剧性的艺术效果。所以有人说：这是闽南的“东北二人转”。它植根于闽南广大乡村，以丑角表演形式，动作朴实简单易演，风格诙谐幽默，唱词平民生活化，受到闽南人民的喜爱。

相传它源于汉代的“笳鼓”（谐音“车鼓”），因游行表演时将鼓置于车上，故名车鼓。闽南地区将“车鼓”舞弄起来的民间歌舞艺术称作“车鼓弄”，历来流传着“磨豆夫妻逗唱”“武装劫救”“拷贝再生”“丰收庆贺”四种版本。在同安，流传较广的是“磨豆夫妻逗唱”。传统车鼓弄的表演形式比较简单。二人扮作男丑与彩旦，扛着竹篮互扣的鼓轿，进三步退三步，踏着四方交叉步，转着车身手舞足蹈，一唱一答，妙语连珠，唱词和内容大多表述孝道劝善、夫妻情趣、情人相思之类。

文化广场上还有歌仔说唱的表演。歌仔说唱，又叫锦歌，是流传于厦门、漳州及我国台湾等地的一种古老的民间说唱艺术，源自宋元时期。它以丰富、生动的闽南民间语汇为歌词，以通俗易懂、易学易传的闽南民歌、民谣为曲调，吸取戏曲、南曲、南词的养料，经过历代艺人的不断传唱和创造而逐渐丰富和完善。歌仔说唱语言生动诙谐，平仄押韵，唱腔或粗犷豪放、雄浑有力，或温文婉约优雅纤细，地方色彩浓厚，深受闽南人民喜爱。

歌仔说唱的内容大概可以分为三类：一类是民间故事，如《陈三歌》，与戏曲故事有一定关联：一类是闽南民歌小调，如“哭某（妻）歌”，这类歌一般没有故事情节，闽南流传的通俗歌曲都在它的范围之内；还有一类是民谣，如《过番歌》，有简单的故事情节，词比戏曲故事短。歌仔说唱的曲牌大概也可以分为三类：其一是基本曲调，其唱法可做变化，具备叙述和抒情双重功效；其二是由民间歌谣发展起来的朗诵体音乐，其唱法口语化，节奏活泼，朗朗上口；其三是花调、杂歌，指民间小调或从其他曲种、剧种移植过来的小调，范围较广。歌仔说唱形式，主要是单人的自弹自唱，另外，还有两人对唱以及有多人伴奏的歌仔阵，人数以歌仔乐器四管为主。歌仔说唱依演唱者所持的乐器不同，可分月琴弹唱、大广弦说唱、平鼓唱、荷叶说唱等多种演唱形式。

文化广场上的方言讲古也值得一听。厦门方言讲古，即为用闽南方言（厦门话）说的书，道具简单，演出不受场所限制，场边一般有简易搭盖的“茶桌仔”，有些听众边泡茶边听“讲古”。讲古是平民百姓喜闻乐听的口传文学，它运用闽南话丰富词汇以及特有的韵律、谚语俗话、掌故、歌谣等，谈古论今，生动有趣，让听众在潜移默化中，了解闽南的历史知识、风俗习惯和价值观，颇受百姓欢迎。

讲古的传承形式为群体传承，至今近200年。古时讲古有“文讲”与“武讲”之别。“文讲”擅长讲《聊斋志异》《西厢记》《红楼梦》等，儿女情长，丝丝入扣；“武讲”则善讲《水浒传》《三国演义》《少林寺》等，刚劲激烈。说善书，又称劝善，也是说书的一种。这是由群众集资或由慈善家出资聘请“讲古仙”或有学问的人在宫庙设置香案开讲，讲《太上感应篇》《二十四孝》等书目，劝人戒恶行善，不收费任听众自由听讲。讲古艺人俗称“讲古仙”，一般都有一定的文化水平。艺人讲古时坐在高于听众的特制高椅上开讲，有的还在高椅前边设置一平台，偶尔可下到平台上手舞足蹈表演一番；也有的先搭建一个小平台，而后在其上方放置桌、椅各一张，桌上摆放书本或折扇、茶壶。

每年白交祠村村民还会在文化广场上举行烧挂香的民俗活动，活动很热闹，村子的人会去信仰的神明那里挂香。村子里晚上要搭戏台做大戏，更添了一份热闹和隆重。

（十二）杨家祖祠

庙堂建筑即名人庙和祖祠（包括宗祠、家庙），是祭祀对社会做出很大贡献的名人和人们先祖的所在，正如书中记载有："庙，貌也，先祖神貌所在也。"❶白交祠的庙堂主要是家庙和祠堂，是供奉和祭祀家族祖先的宗教性建筑，是祖先崇拜和家族祭祀的产物。自古以来，汉族都十分尊祖敬宗，重学兴教。《礼记·郊特牲》中说："万物本乎天，人本乎祖。"❷由于人们认为灵魂不灭，庙堂这类建筑常被认为是祖宗灵魂的所在，敬祖重宗就需要修建这类较庄严肃穆的礼制性建筑，以适应祭祀祖宗的需要。早在西汉时，墓冢上就有作为享堂的墓上祠堂，《汉书·张世安传》记载："赐茔杜东，将作穿覆土，起冢祠堂。"❸不仅如此，当时还出现了名人祠堂，《汉书·循吏传》载："文翁终于蜀，吏民为之立祠堂，岁时祭祀不绝。"❹而从中原迁来的闽南人更是其中重祖敬宗的重要代表。白交祠村有自己的家族祠堂，正如清康熙《同安县志·风俗志》记载：当时同安"一族之内必有祠宇，有族房长，有祀事，有交轮业。"❺同时家家在厅堂中又都有供奉祖先的神龛、牌位。白交祠村的庙堂不仅是厦门古建筑中的优秀代表之一，还是古代祭祀文化的标志，更成为家族团结和凝聚向心力的重要工具和手段。

关于村名，还有一种说法认为白交祠村即闽南语"白狗畲"的谐音。此村原住民为古畲民，迁自永安清水四十二都二图。"莲花镇白交祠村民早年多来自畲民，后逐渐融合。此祠堂（杨氏祠堂）对同寄古代姓氏源流、宗族变迁具有

❶ 陈文．厦门古代建筑 [M]. 厦门：厦门大学出版社，2008.

❷ 解缙，等．永乐大典：第 4 卷 [M]. 全新校勘珍藏本．北京：大众文艺出版社，2009.

❸ 黄金贵，黄鸿初．古代文化常识 [M]. 北京：商务印书馆国际有限公司，2017.

❹ 周啸天．古文鉴赏 [M]. 成都：四川辞书出版社，2019.

❺ 福建省炎黄文化研究会，龙岩市人民政府，台湾地区中华闽南文化研究会．闽南文化新探——第六届海峡两岸闽南文化研讨会论文集 [C]. 厦门：鹭江出版社，2012.

研究价值。”[1]

白交祠村还会举办敬祖节。“三月三”是厦门的敬祖节。传说郑成功据厦抗清时，认为“清明节”名称中的清在前，明在后，含有清除明朝之意，所以要人们不在清明节扫墓，而改在“三月三”敬祖。人们久而习之，把三月初三作为祭祖的日子。到清统一全国后，民间除了三日节祭祖外，也在清明节到先人坟前扫墓化纸，洒酒献食，拜祭先人。后厦门人常把这两个节合称为“清明三日节”，中心活动就是扫墓祭祖。

杨家祖祠祭祖仪式隆重，主祭官跪于案前向列祖列宗三上香，敬酒，贡献丰盛的筵食。白交祠村村民也有在家中供祭，摆酒席、点香烛、烧纸钱、放鞭炮，按常规祭祖仪式进行的。

（十三）杨六郎庙

根据传说，杨氏族人在山上耕作时所见白色蛟龙后，杨氏族人就是集中在杨六郎庙前，征求六郎神的旨意并得到了授意，才举族迁至蛟龙出没之地定居的，并将此地命名为“白蛟祠”（后简化为“白交祠”）的，这体现了杨六郎在白交祠村村民心中的地位。

二、吃山·民宿农家乐

白交祠村海拔较高，住在海拔上千米的高山上，夏天也十分清凉。白交祠村因此成为旅游避暑胜地。留宿白交祠，必不可少的就是住在旅馆民宿。目前，白

[1] 叶红旗．同安文物大观 [M]．厦门：厦门大学出版社，2012.

交祠村已有 10 家民宿，将近 100 个床位。夏天的白交祠，温度会比山下相差好几度，往往睡觉都不用开风扇，开空调，打开一扇窗即可清凉一夜。住在白交祠村，邀上一两好友，泡着白交祠村刚制作的茶，听着夏天的蛙叫，枕着茶香入睡。要是晚些睡，在星光点点的夜晚走上茶香小道，就能体会到杜牧诗里所言那般——“云暖采茶来岭北，月明沽酒过溪南”的感受。白交祠村现有的民宿为“瑞银山客栈”和“云雾茶香农家乐”两家，还有一些古民居可供参观游览。赏玩之时，还有不少美食可供游客享用。

（一）瑞银山客栈

在这里游人可以寻觅到一种归属感，摆脱都市压力的束缚，让疲惫的心灵得到歇息的机会，一楼大厅可以和三五好友一起品茶谈心，清茶入口，思绪慢慢浮动，回忆过往，有一种特别的味道。

瑞银山客栈一共有三层，它不仅是一家宾至如归的客栈，还兼营茶叶和特产。一楼会客厅就是以茶会友的场所，在一楼茶厅，摆放着古色古香的桌椅茶具。走进三楼的客厅，有窗明几净的大扇落地窗，采光极好，还有一个小阳台可以供游客观览眺望。室内基础设施一应俱全，皮质沙发、液晶电视、洁白的床单被褥、便捷的洗浴设施，给玩赏累了的游客一个调整休息的环境。

（二）云雾茶香农家乐

云雾茶香农家乐最大的特色就是店里各式各样的本地美食了。白交祠村的高山特产，吸引着大批的吃货青年前往品鉴。

白交祠村晒出来的地瓜干，有一种清甜的味道。白交祠村香甜软糯的地瓜干不同于市面上常见的淡黄色的、硬邦邦的地瓜干，这美味的地瓜干不仅是高山自然的慷慨馈赠，还需要许多工序，及阳光、空气、时间的滋养。白交祠村适宜种地瓜，这里产的地瓜本身糖分高，制成的地瓜干才会有不输柿饼的软糯香甜感。

首先，要蒸熟一大锅地瓜，它们不能是从地里新刨出来的，而是要搁置一阵，让水汽稍微收敛些，蒸熟了才会更甜。蒸熟的地瓜剥了皮，切成大小适中的地瓜条，放到干净的筐案上，拿到古民居门前的太阳底下晒，风再一次让水分蒸发，软软的熟地瓜开始有了韧性，此时咬在嘴里是弹而粘牙的。地瓜干每天都要来回翻动，以防局部湿气太重，等过上半个月，这些地瓜干便可以漂漂亮亮出来见人了。去白交祠村的客栈住宿，他们常常拿出自己家做的地瓜干出来待客。

白交祠村所产的地瓜干有劲道、颇为耐嚼，入口清甜，有暖暖的阳光和风的味道。工业加工的红薯干，都是机器生产，只能做到蒸熟、切割、烘干这几步，而且只能把红薯烘得干硬，便于包装、储存和运输，那是普通的零食。而白交祠的地瓜干更加绵密细腻、入口清甜。

农家乐的咸米饭也是一绝。油而不腻、粒粒分明的咸菜饭，蔬菜均为高山自种，现摘现煮。农家乐的鲜竹笋炖老母鸭，是绝对的夏季首选。

汤作为一种富有营养价值、鲜美可口，又容易消化的食物备受人们的喜爱。汤在炖制过程中，各种营养物质的渗出，使汤中富含人体需要的营养物质，汤作为一种便捷而且营养丰富的食物，备受人们的喜爱。

同样，鸭也是餐桌上的一种佳肴，适合人们补充身体所需能量，有养胃、滋补、补肾、消水肿、止咳化痰的功效，极富营养价值。鸭肉易于消化，含有各种丰富的维生素，鸭肉中蛋白质含量较高，脂肪含量适中，易于消化，鸭肉中的脂肪在全身分布中较均匀。鸭肉中铁、铜、锌、钾等微量元素含量较高。多吃鸭肉对心脏不好的人非常有益，鸭汤可以益气补虚，补血行水，清除内热，健脾、养胃、生津，对人体有很大的滋补功效。而老鸭更可大补，因其温和均衡，老人、重病人、体质差的人都可以承受，肠胃也能受得了，滋补效果非常好，所以老鸭汤备受推崇。老鸭脂肪含量较低，且能滋阴降火。

农家乐中的岩葱炒土鸡蛋，也是高山的馈赠，值得一尝。锅铲翻炒让野葱和鸡蛋来个完美的碰撞，一道美味的野葱炒鸡蛋，在白交祠村当地，是非常受欢迎的美味，这是原生态的健康野味。这种美味是在城里很难品尝到的，是属于农村土生土长的味道。

农家乐的红烧土猪蹄，皮香肉弹，回味无穷。猪蹄是一道美味佳肴，蛋白质含量极高，也是一道美容养颜的佳品。白交祠村农家乐出品的猪蹄肥而不腻，软烂入味。将猪蹄翻炒出糖色，倒入酱油上色，炖煮过后，汤汁变得浓厚稠润，猪蹄色润味美，酥烂软嫩。一口咬下去，鲜嫩的猪皮，软烂的肉质，满口生香。

农家乐除了提供天然笋干、白交祠地瓜干、高山乌龙茶、野生冬蜜，还有野生春蜜，这是源自白交祠村的甜蜜问候。游客早起喝一杯蜂蜜水，甘甜可口。白交祠村的野生春蜜纯正天然、非人工加工的甘甜，清晨捧起水杯饮一杯香醇的温蜂蜜水后，顿有神清气爽的畅快感。

（三）古民居

古民居为砖石结构，砖块和土壤的结合，打造出的一栋一栋房屋，不知时间过了多久，依旧矗立，具有较高的文物价值和观赏价值。

早起，古朴的村庄在阳光的掩映下焕发出勃勃生机，一幅看得见风景、留得住乡愁的美丽乡村新画卷正在徐徐展开。村里常年气温会比山下低 6℃左右，走在乡间小道上，稍加留意就会发现家家户户都没有空调。日落时分，如果登上观景台，看着夕阳缓缓落入山的另一边，听着风声，袭袭寒意，哪怕还未入秋，依旧需要添件衣物。

（四）土特产

作为“美食品鉴家”的旅客在白交祠村也可以大快朵颐，青山绿水生态环保的乡村，绿色食品数不胜数，白交祠村靠山吃山，这些美味都是高山的慷慨馈赠。土鸡土鸭、岩葱炒土鸡蛋、蜂蜜、地瓜、佛手瓜、白萝卜、高山茶叶、芥菜，等等，足以让人食指大动。

1. 蜂蜜

白交祠村的蜂蜜极为甘甜。蜂蜜是蜜蜂到白交祠村的深山中采集多种鲜花的花粉，各种蜜蜂家族分工合作，不辞辛劳酿造出来的，不含任何化学成分，纯天然食品。

白交祠人自家的蜂蜜，摆在盘子里，清香四溢，村民总是挑一些上好的蜂蜜，让游客品尝，掰一小块放入嘴里，嚼时觉得蜜汁四溢，蜜汁咽到哪里就甜到哪里，甚至舍不得吐掉它的渣，吃了一块还想吃一块。白交祠人把蜂蜜用一块纱布挤出蜜汁，装在瓶子里，安放在橱柜里，想吃的时候再吃。劳累了一天回到家里，冲一杯蜂蜜水喝下去，顿时觉得体力恢复。小孩子感冒咳嗽时，去采几片枇杷叶和香橙叶，熬成汤药，服用时放上适量的蜂蜜，小孩子也喜欢喝，治疗效果也特别好。若有哮喘病，经常吃蜂蜜，也有一定的疗效。蜂蜜还可用作调料，做酥肉的时候，放上一点蜂蜜，不仅颜色好看，而且味道鲜美。烧好的糯米粑粑，蘸上一点蜂蜜，香甜可口，清热去火。据专家说，经常吃蜂蜜可以排毒养颜，延年益寿。蜂蜜还是女性的美容护肤品，用鸡蛋清加蜂蜜可以作面膜，也可以直接涂在手上，使人的肌肤变白嫩。

2. 地瓜

白交祠村地瓜品质高，其衍生品烤地瓜和地瓜粥也极其美味。游客到白交祠村，买个烤地瓜、吃碗地瓜粥是不错的选择，因为这里不仅盛产茶叶，也盛产地瓜。白交祠村的地瓜每年 5 月种植，10 月底才收成，在地里的时间长，又因高山昼夜温差大，易于糖分积累，因此，白交祠村的地瓜皮薄肉嫩、香甜爽口。

3. 阿弥陀佛佛手瓜

白交祠村人家家户户门口都爱摆几个佛手瓜。佛手瓜富含蛋白质、维生素、脂肪、锌、钙、铁、钾等营养物质，经常食用佛手瓜，能为人们的身体健康带来许多好处。佛手瓜性凉，味道甘甜，对于健脾开胃、祛毒解热、理气和中具有十分显要的作用。佛手瓜既营养又美味，即使是消化不良的人群也能食用，并且能够通过食用佛手瓜来调理肠胃，呵护消化系统，增强抵抗力，全面补充人体所需要的营养，维持营养平衡。健脾养胃是佛手瓜受人们青睐的重要原因之一。

佛手瓜可以促进人体的生长发育，因为佛手瓜含有十分丰富的锌，锌可以很好地促进儿童智力的发育，此外，佛手瓜还含有大量的钙和磷，因此佛手瓜可以促进儿童骨质发育，十分有利于儿童的成长。给家里的小孩子经常吃点佛手瓜，可以起到提高智力、促进生长发育的功效，佛手瓜独特的美味，也会增加孩子们的胃口。

佛手瓜可以美容抗衰老，所以深受女性的喜爱，经常食用佛手瓜可以美容、延缓皮肤衰老。佛手瓜里维生素 C 的含量十分丰富，维生素 C 具有很强的抗氧化能力，能够有效发现并清除人体内部产生的自由基。据说女性朋友们在日常吃一些佛手瓜，会使皮肤更加光滑细嫩，收获美容效果。

白交祠村的佛手瓜真是一种既美味又有营养的食物，除了营养美味，佛手瓜的吃法也多种多样，它可以跟水果一样直接食用，也可以切片炒菜，当然，也可以用来煲汤、凉拌、涮火锅，这些菜式在白交祠村里的饭馆中几乎都能品尝到。而且佛手瓜并没有什么相克的食物，所以在吃佛手瓜的时候可以放心根据自己喜欢的方式和口味选择烹饪，佛手瓜的个头偏大，一般一个人吃一个就可以了。

4. 白萝卜

白交祠村的萝卜常常一把一把地码着。村民不时用炊帚洒一点水，萝卜总是白白胖胖的。萝卜极脆嫩，有甜味，富含水分。

5. 芥菜

芥菜饭配土鸭汤是白交祠村著名的地方特色。芥菜常常种在半山及高山片区，以白交祠村产的较为有名，该地芥菜无普通芥菜的苦涩感，入口甘甜，常被当地居民用来做芥菜饭（芥菜与大米煮成咸干饭），再配上一碗土鸭汤，营养美味。

三、唱山歌 · 推荐活动

白交祠村自然风景优美，温度适宜。白交祠村举办的活动也是各具特色、多种多样，在白交祠村，可以去露营基地观星，可以去水库垂钓，可以去亲自动手挖地瓜、烤地瓜，可以进行动感十足的乡村越野跑和骑行比赛，可以借着郁郁葱葱的茶园 DIY 制茶，欣赏着层层叠叠的梯田登山，还可以欣赏最具白交祠村特色的莲花褒歌……

（一）观星露营基地

这里远离灯火通明的城市，没有像游乐场那般惊险刺激的体验项目，适合独处观赏。夏日午后，夕阳西沉，每一寸天幕都渐渐晕开了酱红色，这偏远的小村庄，不仅是摄影爱好者们的天堂，同时也是最佳的观星露营地。

沿着茶园登山步道拾级而上，就能到达白交祠村最高的观景平台。观景平台面积大，可以同时容纳多人露营，设有洗手间，外围有栏杆围挡，以增加安全系数。据双十中学资深天文指导老师徐老师实地体验后说，只要赶上好天气，这里会是厦门最佳的观星点。远离都市，没有过多的光污染，海拔又高，在凉爽的高山上露营，抬头就能看到银河，十分惬意。

届时，一轮明月被群山捧上一碧遥天，蹒跚天际，晶莹皎洁，如见素娥婵娟，眉清目秀。而清风如水，月色如霜，境界高远，游客仿佛来到仙山琼阁。

在大山深处的古村落，往往离星空最近。和人们心中的刻板印象不同，白交祠村不属于白墙黑瓦、小巷幽深一类。在白交祠村中，散落着的是一些用石头垒砌的房屋，显得格外原始而朴素。仰望城里的夜空，灰蒙蒙的有怅然若失之感。在白交祠，游客可以重拾乡愁。在适宜的天气，白交祠村是厦门市最佳的观星地点。夜晚，抬头就能看到闪烁星光。在观景台旁支起几顶帐篷，坐在柔软的垫子上，与身边的朋友分享生活中的趣事，聆听大自然的声音，醉入夜色，这是理想中最有仪式感的观星体验。

（二）水库垂钓

都市生活繁忙，节奏快，常让人应接不暇，身心俱疲。白交祠村徐水垵水库垂钓是一个让人放松身心的好去处。垂钓可以陶冶一个人的情操，舒缓暴躁的脾气使之变得温和；打磨松颓的脾气，使性格变得刚毅，恰恰符合孔老先生提倡的“中庸之道”。

垂钓可以让人们给自己一种无声的期盼和希望。在白交祠村徐水垵水库垂钓，并不是一件着急的事情——姜太公钓鱼，愿者上钩。当下，喜欢垂钓的人数每年都在增加，这可能与现代人的生活、工作有着很大的关系。快节奏的生活，紧张的工作，使得人们的思想和躯体无法得到放松，只好另寻其他的乐趣，钓鱼就是乐趣的一种。徐水垵水库水质清澈，垂钓之时还有徐徐清风伴随，一边钓鱼一边看山看水，自得其乐。

（三）挖地瓜与烤地瓜

白交祠村从每年的正月开始，一直到五月份都在云山雾海里浸沐着。所以有人把它和英国的伦敦、我国西南的重庆相媲美，称为厦门的“雾都”。雨水充沛、气候独特、土地肥沃等得天独厚的自然因素，非常适合培育白交祠地瓜。

白交祠村位于海拔上千米的高山上，云雾缭绕，风景秀丽。肥沃的土地和得天独厚的气候，让当地的村民种植大量高质量的农副产品，特别是当地远近驰名的特产——云雾白交祠地瓜，白交祠地瓜已经成了白交祠村的一张独具特色的“白交祠味道名片”。

白交祠地瓜作为同安地区远近驰名的特产，每年 5 月种植，10 月底才收成，由于当地高山特有的气候、地理、环境等特殊的自然因素，加上地瓜在地里的时间长、不施肥、不喷农药，个头特别大，像个巨型灯泡，粗纤维少，肉质滑嫩，吃起来味道非常香甜。很多城里人经常慕名“上山”，采购白交祠地瓜，有不少户外旅游爱好者组织到白交祠村进行地瓜烧烤露营活动。

白交祠地瓜有四大特色：

特色一：天然绿色。云雾白交祠地瓜，不洒农药，不施化肥，当地高山特有的气候、地理、环境等这些良好的自然因素及肥沃的土地，给予了地瓜最好的肥料和水分，绿色、健康、安全的地瓜从源头做起。

特色二：一年种一季。白交祠地瓜一年只种一季，每年农历 4 月份育苗，5 月份下种，10 月份才能收成。期间的半年时间，能够让地瓜足足地喝饱水，吸收充足的阳光，将糖分慢慢地转化、沉淀，牢牢地存储。

特色三：香甜软糯。由于有充足的水分及在地里的时间长，云雾白交祠地瓜个头均匀，无粗纤维，肉质滑嫩、甘甜香糯，唇齿留香。

特色四：口味多样。白交祠地瓜，不仅可当主食食用，也可把它变为更美味的食物，如烤地瓜、拔丝地瓜、地瓜粥、地瓜饭、炸薯条、薯粉圆等。

所以，在白交祠村不仅可以品尝到美味的地瓜，而且可以享受挖地瓜的乐趣，还可以自己动手把地瓜加工成各种衍生产品。游客可以给挖出的地瓜裹上一层锡纸，然后搭上土堆，在地里烤地瓜吃。每逢地瓜成熟的季节，家家户户门前的旷地上都会摆上一个个大箩筐，里面平铺着一根根色泽金黄的地瓜条，旁边往往还坐着一位满头银发、和蔼可亲的老奶奶，一边晒着太阳，一边看守着不让地瓜干被小鸟啄食，彼时场面仿佛一张白交祠村秋日民俗风景画。

（四）乡村越野跑、骑行

白交祠村海拔高、温度低，很适合举办乡村越野跑之类的比赛。蜿蜒的路径和沿路的风景是越野跑运动者不可多得的惊喜。

图 6-4　茶乡越野跑

路途中，可以看到嫩绿连片的茶园和浩瀚竹海连绵缠绕、交相映衬，若隐若现于缥缈雾气中。跑步道两旁翠竹夹道，竹叶轻轻摇动，显出万般的风情。白天密密匝匝的竹叶吸收了大量的热能，晚上释放大量的氧气，跑步时可以得到天然氧吧的能量补充。

白交祠村是厦门市的骑行天堂，村里经常可以看到来自各地的骑行爱好者纷纷慕名而来。梯田般的茶园下，这里更是厦门乡村村跑的乐园，2014 年 11 月 9 日上午 9 点，由同安区体育总会等单位承办的福建乡村同安茶乡越野跑，就在这里和军营村举办。

（五）DIY 制茶

白交祠村茶园连片，游客可以在当地体验 DIY 制茶。首先，采摘新鲜的茶叶嫩芽，清洗干净后控干水；然后，把炒锅烧热，将控好水的茶叶放入炒锅，可以用铲子或者手直接快速翻炒；炒至叶子柔软，拿出来晾，用手揉搓茶叶使之蜷缩；再次，放入炒锅炒 1~2 小时使茶颜色变深，快干时用小火；出锅后可以直接放在户外摊开晾晒；直至干透，游客就可以收起来，直接拿来泡茶喝了。

（六）登山

白交祠村地处厦门同安、泉州安溪、漳州长泰三地交界，山高林密，环抱其中，近可拥田园美景，远可眺梯田连绵，山石环绕，是登山的好去处。早上登山，还可以顺带着看看日出；阴天登山，就有一种一步步走向层层云雾仙境，直至产生云生不知处的错觉。

四、推荐路线

在白交祠村旅游，游客可以选择“红色游”，在旅程中回顾白交祠村走上致富路所秉承的初心和使命；可以选择“绿色游”——就是一趟“生态游”，呼吸新鲜空气，感受大自然的生意盎然；可以选择“深蓝游”，这是一趟“探险游+民俗游”，在这条路线上可以观赏到有着神秘传说的“奇山异水”，还可以欣赏到白交祠村独特的民俗文化项目。不同的路线有不同的风景。

图 6-6　旅游路线图

（一）红色游

路线：老村口—慰问村间小路—习近平同志走访农户—中心叠水溪步道—登山步道—金日希望小学

白交祠村是厦门市一个著名的扶贫样板村，在白交祠村旅游可以走一趟“红色游”的路线。白交祠村走上致富路的开始还要从习近平同志和白交祠村的渊源讲起，而这个故事要从白交祠村的第一处景点——老村口说起。

习近平同志在 1986 年和 1998 年，曾先后两次来到莲花镇军营村、白交祠村视察，他十分关心两村的发展和村民的生活。据村民回忆习近平同志第一次来到军营村的情景。他说，“在我印象中，习近平同志是一个简朴、实干的领导。当时到我们村就上来一辆车，只有三个人——他和时任同安县县长的郭安民，还有一位工作人员，村里人都不知道来了市领导。”[1] 那时村路还没有修，汽车只能开到村口，习近平同志一行步行三四百米走进村庄，到了村部，椅子都没有坐热，就急切地走到田间地头，了解当地村民的生产生活状况。

[1] 中共厦门市委党校课题组 . 习近平同志在厦门 [M]. 北京：中共中央党校出版社，2020.

1998 年 10 月，他以福建省委副书记的身份再次来到白交祠村视察工作。担任国家领导人后，他多次询问军营村、白交祠村农民的生产生活状况。习近平同志把一两个村庄作为典型来观察了解中国农村变化发展的时代脉搏，领导方法值得大家学习。

习近平同志在扶贫工作中强调扶贫扶志、创新思维。村民回忆当时情况时说道，“当年习近平同志在我村调研时就强调发展山区的思想，要振奋精神、扶贫扶志，‘山上戴帽、山下开发’，这与我们现在提倡生态文明建设和‘五位一体’建设是一脉相承的”。❶ 如今的军营村、白交祠村按照“山上戴帽、山下开发”的思路，发展特色农业、乡村旅游，成为高山上的小康村。当年习近平同志沿着没有改建的泥巴路，两次颠簸上山看望村民，了解生产，调研村民的民生保障工作情况，这种亲人似的记挂、家园般的眷恋，充分说明他心中始终装着人民、想着人民。

站在老村口，抚今追昔。1986 年，习近平同志要离开白交祠村的时候，在老村口握着当时村主任杨清洁的手，曾叮嘱他要带领村民脱贫致富，要“山上戴帽，山下开发”。30 多年过去了，白交祠村发生了翻天覆地的变化。白交祠人非常感恩也非常珍惜总书记的关心与指导，因此把“山上戴帽，山下开发”八个字，刻在了新村口的大石上，也立在了老村口的主要交通路线上，时刻把总书记的叮嘱，牢记在每个白交祠人的心中。

从老村口进入白交祠村，走上习近平总书记的慰问之路，“重走总书记走过的路，重温总书记的叮嘱”，学习“四下基层”“四在一线”工作方法，深化群众观念；参观美丽白交祠建设情况，学习共同缔造工作方法；深入学习开展“两学一做”，这些观念理念、思想方法都牢牢记在村人心中。

1986 年 4 月 7 日，习近平同志一行人走村入户，详细了解村民的生活情况。

---

❶ 中共厦门市委党校课题组．习近平同志在厦门 [M]. 北京：中共中央党校出版社，2020.

当时他入户很随机，看到路边谁家有人就走进去，一共走了 5 户。杨文王家是其中的一户。根据杨文王 2014 年的回忆，当时习近平总书记走进他家的时候，一群孩子正在吃饭，他进来后搅动一下他们的饭锅，饭锅里只有几粒米，当时就靠这个泡汤来填饱肚子，习近平总书记当时很感慨地说，没想到厦门经济特区还有这么穷的地方，然后他问杨文王，有没有什么发展的路子，杨文王说这里是偏僻的山旮旯，想要发展什么都很难。当时习近平跟随行人员交代，一定要想办法帮助村民改善生活、增加收入。据杨文王说，他当时真没想到会有这么一位大领导跑到这么一个偏僻的山旮旯来，关心我们这里，很感动，也增强了致富发展的信心。现在他们家早就搬进了新盖的楼房，孩子们都住在村口那边。时过境迁，但白交祠村的入户旧址内还保留了一些当年的老物件。

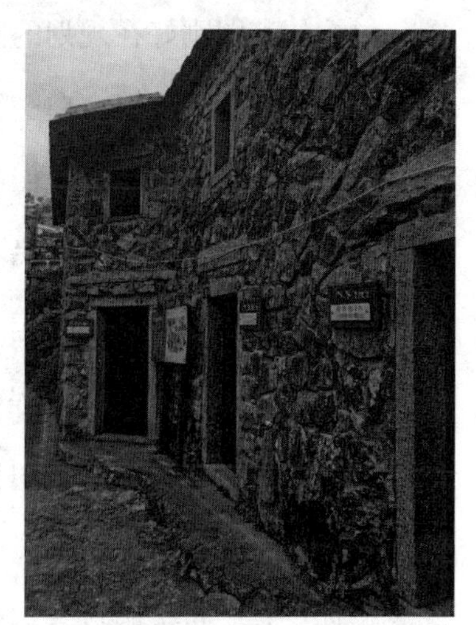

图 6-5　白交祠村入户旧址

走过这些作为入户旧址的古民居，就到了中心溪叠水步道。中心溪叠水步道是白交祠村的特色景点，在这里游客可以漫步聊天，享受山村溪水的清静安逸。白交祠村具有云露、高山、茶园、山寨，徐水垵水库等自然景观资源，白交祠村现在正在利用这些资源积极发展本村的乡村旅游。一方面开展旅游招商工作，把白交祠村旅游项目纳入《福建省旅游项目招商手册》，并印制新版《同安旅游地图》进行重点推介。另一方面，白交祠村通过并建立了村庄卫生保洁长效机制。通过公开招投标，确定卫生保洁队伍和人员，并制定奖惩办法，实现有效管理。现在，白交祠村的村容村貌较习近平同志慰问前有了很大的提升。其中最值得一提的是白交祠村已经形成了村民共管模式，建立了老人协会，参与环境卫生监督，让村民共同保持环境卫生，快速推进项目建设。随着白交祠村旅游设施的完善、知名度和影响力的不断提高，吸引了越来越多旅游爱好者前往白交祠进行“红色游”的观光游览。

来到白交祠村，一定要去的一个景点便是竹园登山步道，这竹园登山步道也是行政管理完善带来的良好结果。“共同缔造”带来最大的变化，是群众和政府观念的转变。群众和政府关系从“你和我”变为“我们”，居民行动从“观望”到“积极”，从“要我做”变为“我要做”。建设竹园登山步道需要征用村民的茶园，村委的茶园刚好在规划的路线当中，征收工作启动后，村委也是第一个响应号召，提前签订了协议。白交祠村很多村民一开始是顾虑重重，但村“两委”不仅细心给他们解释，征求他们的意见与建议，而且带头征用自己的茶园。这让全面了解茶园征收方案后的村民心里都非常踏实，于是竹园登山步道的前期工作很顺利就完成了。

在竹园登山步道建设过程中，老人协会也经常去帮助监督管理。这对项目保质按时完成起到了很大的作用。现在的竹园登山步道两侧已经种上了红枫、小叶紫薇等树木，拾阶而上，站在山顶上，便有“会当凌绝顶，一览众山小”的开阔之感。如果是雨过天晴，云雾就像蛟龙一般翻腾而上，气势磅礴壮观。平时也有不少旅友选择在山顶露营观星，很是惬意。

白交祠村内还有专属本村的教育场所——金日希望小学，1998 年 10 月 16 日，时任福建省委副书记的习近平同志再次走进白交祠村视察时，正是在新建成的金日希望小学二楼召开了座谈会。

（二）生态游（绿色游）

路线：文化广场—中心叠水步道—杨氏宗祠—盘山小道—杨六郎庙—蛟龙瀑布—百丈崖云海。

说起白交祠村，现在很多人或许并不陌生，作为入选省级“千年古村落”的它，不管是将茶山作画屏、云海揽入眼的高山风景，还是古朴的石头建筑，移步换景之中，游客会发现，山村一直与山林为邻，与白云为伴。这趟旅游路线，从文化广场再次走进白交祠村，感受被时光拉长的旧影，和清淡如画的乡村生活来一场“生态游”“绿色游”，寻找难得的避暑“凉”方。选择了“生态游”“绿色游”，就可以最大限度地领略村庄的美丽景观，感悟自然的生态魅力。

从开阔的文化广场出发，走上中心叠水步道，游客在桥梁上闭上眼睛，可以聆听到鸟儿的声声歌唱，桥下的潺潺溪水。白交祠村有水声的地方几乎都伴有风声，哗啦啦的水向前冲，小股小股的凉风吹在脸上，有一种人境和谐之感。

再走几步就到了杨氏宗祠前。在白交祠村，基本上家家户户都姓杨。据村里的老人家介绍，白交祠村村民是杨延昭的后代。现在白交祠还保留有杨大邮宫，据说非常灵验。每年农历正月十六日为杨府元帅圣诞纪念日，村民诚意敬拜，三牲供品，请戏演出，烟花礼炮放个不停，俗称“十五上元、十六照原”。该庙每逢巳、酉、丑年必定进行进香大典，清代到解放前曾多次进行过“过刀梯”仪式。

杨氏宗祠翻修于2015年12月，基本上保留了原来的建筑风格。据杨家族谱记载，杨氏先祖原先暂住在永安。至15世纪下半叶，为了躲“粮累”搬到同安的莲花山。

走过曲曲折折的盘山小道，经过标志性建筑“杨六郎庙”，就到了蛟龙瀑布前。这个瀑布让整个村庄的起源蒙上了一层神话般神秘的色彩。看着这飞流直下三千尺的瀑布，水声激昂，水滴四处飞蹦，游客总会感觉其中有一条呼之欲出的蛟龙，似乎下一秒它就要从蛟龙瀑布中飞腾而出。

既然欣赏了蛟龙瀑布，哪有放过百丈崖云海的道理。百丈崖是一个呈70~80度倾斜的陡崖，三面环山，底下形成一个山谷，百丈崖的地势容易在阴雨天气形成美丽的云海，这片云海是厦门不可多得的好景致，白交祠又叫“云雾白交祠”，就是源自这片云海，它是自然的鬼斧神工创造出的一个朦胧缥缈的高山梦境。

百丈崖的云海总像一个美丽的梦境，缠绕在人的脑海。它瑰丽多姿、轻柔缥缈；当大片云海上下升腾时，它又雄伟壮观、轻柔却充满震撼力。雄伟壮观的云海在陡峭磅礴的崖间穿行，会给游客留下了永难磨灭的印象。

连续降雨，常常使白交祠山区云海如画，经常出现罕见的高山云海奇观。不断变幻的云雾缠绕在峰林、山谷中，形成波澜壮阔、山雾合一、震撼人心的壮阔奇景。婀娜多姿、恍若仙境的云海，持续时间往往长达数小时，是摄影爱好者的好去处。

站在山顶放眼远望，漫漫云海在座座山峰间奔涌，如银涛，似雪浪，忽隐忽现，或浓或淡，变幻莫测，构成一幅奇妙壮观的天然画卷。白云轻雾时而盘于山顶，时而缠于谷间，时而随风纷飞，时而聚于谷底，云雾在青山茶树间不断变化，绝美景观不断呈现。云海有时将山峰吞没，有时将山顶托起，有时如白龙飞舞，有时如瀑布飞流。一座座高耸入云的青山奇峰变成了云海中一个个神奇的岛屿，远处的梯田与村落时隐时现，置身其中，如临大海之滨，仿佛腾云驾雾，呈现出一幕幕壮美的画面。高山云海奇观可以持续数个小时，给摄影爱好者创造了绝好摄影背景和环境。

登上百丈崖顶，首先映入眼帘的是丝丝清风吹送着缕缕云雾。那团团云雾仿佛一片片鹅毛白雪，飘然而下，静待时机，汇成丛簇，此时还可以看见一望无垠的崖底。在等待中，百丈崖云遮雾罩，轻纱萦绕，层层云雾镶嵌山间，仿佛《西游记》里的蓬莱仙境，仙气弥漫，各路神仙腾云驾雾，各显神通，是一个心驰神往的仙境。

这样震撼人心的画面——云海奇观，往往属于雨后的百丈崖。空山新雨后，崖底云如流。如梦如幻般的云海别有一番滋味。云气在崖间翻滚，相互簇拥，和天上软绵绵的云朵相互呼应，仿似瑶池仙子出浴，迷醉了眼，此景只应天上有，人间哪得几回看。

《易经·乾卦》中解说“九五爻”时曾说到：“九五曰：飞龙在天，利见大人。何谓也？子曰，同声相应，同气相求。水流湿，火就燥，云从龙，风从虎。圣人作而万物睹，本乎天者亲上，本乎地者亲下，则各从其类也。”[1] 这与白交祠的地貌、云海等景观不谋而合，白交祠的云如海一般广阔包容，每一朵飞云弥漫舒展，总会显露出移步踏云的奇姿。每一簇云浪翻滚奔腾，总会彰显出龙腾虎跃的英武。

有风的时候，云雾赶着趟儿，从四面八方奔涌进发，它们仿佛江河汇流成海，海水漫天卷地，浩浩荡荡地飞奔而来，犹如千万匹白色战马齐头并进，冲锋陷阵。

随着东方日出而云腾云散，百丈崖揭下面纱，显露真容。一缕晨晖徐徐拉开帷幕，渲染着丝缕云雾的太阳，慢慢显露在东边，渐露欢颜，这般的柔和、安谧。白交祠群峰慢慢从睡梦中醒来，光洁的晨光映衬着峰峦叠嶂，山涧云雾的层次也开始变得分明。渐渐升腾飘逸的云雾纯白如棉，游客似乎摘下一丝一缕就可以编织成一道云雾般朦胧的轻纱。

随着太阳的冉冉上升，金色的日光洒遍了铺着薄薄一层云雾的白交祠。太阳慢慢地上升到一定高度，投射出万丈光芒，为静谧安详的古民居镀上了淡淡的金边，温暖动人，易使游客联想到唐代白居易的诗句：“虹裳霞帔步摇冠，钿璎累累佩珊珊。”[2] 真是美不胜收。在晨光中游客总是会再次回想起云雾环抱着天与地，远近山峦，在云海中出没无常，宛若大海中的无数岛屿，时隐时现于“惊涛骇浪”之上。这般景象无法比喻，千丈青山踏着一朵朵云雾。云海潮起潮落，光与色跌宕，山与云起伏，行云流水，美不胜收。

实际上，白交祠的高山云海是由于连绵阴雨天催生，当地山高谷低，水分不易蒸发，海拔较高的地方常有轻雾自山谷升起，山峰在云海中若隐若现。游客在前往白交祠之前，只要查阅当地最新的气象资料，挑一个以阴雨天气为主的时间段动身前往白交祠，遇见高山云海奇观的概率还是非常大的。

---

1. 南怀瑾 . 易经杂说 [M]. 上海：复旦大学出版社，2018.
2. 石赟 . 国学常识一本通 [M]. 延吉：延边大学出版社，2011.

既然是“生态游”“绿色游”，自然少不了绿植的角色。在白交祠村漫步，时常可见高大的榕树。榕树是常绿大乔木，有气根，叶互生，革质，椭圆形、卵状椭圆形或倒卵形，全缘，上面暗绿色，有光泽；叶柄短而粗壮，这种高大的榕树实为白交祠当地植物的特色。这种榕树花序托小，常为单生或成对腋生，扁球形，直径5~10毫米，熟时黄色或淡红色，无梗。多栽培于白交祠古民居旁，树冠宽大，伞状，是很好的荫蔽树和风景树。白交祠人用聪慧才智，把这种榕树变得“一身都是宝”。榕树的树皮纤维可织麻袋、渔网、绳索和人造棉；树皮可提制栲胶；气根、树皮和叶芽为清热解表药；树根在民间被用于治风湿关节炎。

还有田边、路旁或水沟边常见的莲子草，也叫满天星、虾钳菜。这些莲子草多为一年生草本；茎匍匐或稍上升，具纵沟，沟内和节处被柔毛。叶对生，倒卵状长圆形或椭圆状披针形，全缘或稍有锯齿。花排成腋生的头状花序，单生或数个簇生，无总花梗；白交祠莲子草花小，两性，白色；花被5片，顶端急尖，坚纸质；雄蕊3枚，花丝基部合生成杯状，有退化雄蕊。胞果倒心形，边缘具狭翅，外貌较为特别，所以极有观赏性。莲子草也有意想不到的价值，比如莲子草的嫩叶可作饲料；全草又可供药用，有清热、解毒、止血及止痒之效。所以，白交祠对于植物爱好者来说也是一个值得赏玩的地方。

（三）探险游 + 民俗游（深蓝游）

路线：百丈崖—石寨—徐水垵水库—文化广场—村史馆—古民居

“探险游 + 民俗游”可谓一场“深蓝游”，观览文化景观时能感受到深蓝色般厚重的民俗底色，游览自然景观时也能体会到深蓝色一般的神秘与变幻莫测。选择“探险游 + 民俗游”，可以在白交祠村中探寻古老美丽的传说，体验山寨英雄气魄；了解村庄风俗习惯，感受闽南深厚文化。

可以以百丈崖为起点，感受白交祠村壮丽的地貌景观。白交祠村的百丈崖位于通往白交祠村的道路边。百丈崖是呈 70~80 度倾斜的陡崖，极有气势，三面环山，底下形成一个山谷。站在崖边能够感受到凉凉的风徐徐吹来，心旷神怡，一身的疲惫都消散在对大自然鬼斧神工的感慨之中了。自然，百丈崖地势陡峭，倾斜坡度较大，游客游览的时候要注意安全。百丈崖的地势容易在阴雨天气形成美丽的云海，阵阵云雾上下升腾，袅袅云雾流动旋转，有一种在低纬度的厦门欣赏到黄山云海景致的感觉。

走下百丈崖，可以去白交祠石寨一观。白交祠石寨可采集到少量的板瓦、筒瓦及陶瓷片，其中有宋代青瓷碗碎片。这些青瓷碗碎片呈现在游客面前时，总给人带来一种深远的联想，关于历史上古老的年代，关于古代人民的日常生活。白交祠石寨建于大山之顶，北面和东面为大山谷，极为壮观险峻。这样的石寨有一种神秘的气息，游客可以慢慢走进石寨深处一探究竟。

走完百丈崖和石寨这两个又陡又险的景点，可以走向徐水垵水库，地势平坦的水库可以稍稍平缓一下游客的心，平静的水面时时吹来的风也可以让游客的心灵重新舒缓。若是觉得百丈崖的陡峭和石寨的神秘还未尽兴，便可移步蛟龙瀑布去感受水流激荡的浩大，想到“白蛟”的古老神迹，会凝视着这片急流勇进的瀑布产生更深远的联想。或者去双圈寨走一走，感受古代军事防御的智慧，游客会在观览的过程中想到旧时的金戈铁马。

走完这些“探险”之地，不妨去白交祠的文化广场一览，感受一下白交祠当地的风俗习惯和厦门本土的闽南风情。白交祠文化广场上的莲花褒歌、南音、答嘴鼓、闽南童谣、车鼓弄、哥仔说唱、方言讲古等都极具闽南风情，若是赶上特定的文化节日，还有特色的民俗活动，比如中秋的博饼、重要日子时烧挂香之类。许多民俗活动被认定为“地方宝藏”，享受着非物质文化遗产般的保护。

最后还可以到白交祠的村史馆去看看，了解村庄的历史，感受起源于神秘白蛟的神话色彩的村庄起源，旁观历史上杨氏一族的辛勤劳作，兢兢业业的发家史，在村史馆中品味这个村庄的故事。

在不同景点的切换之中，游客一定会注意到路边的古民居。白交祠的古民居大多低矮，砖石结构，有着老村落的古朴感。墙体粗糙，木质的门也有了岁月的痕迹，感觉一推就会吱呀作响。整个民居有一种古风古韵，行走其中，像是回到了过去的岁月，怀旧之情呼之欲出。这样的古风村落，也是一处拍摄古装的好地方。

五、军营白交祠

白交祠并不是一个孤立的旅游观光点，白交祠和附近的军营村现已两村联动，联合发展，发挥集聚效应，扩大旅游者的观光范围，延长旅游者的欣赏路线，使旅游者在一趟旅行中得到更加充实的审美享受。

2012年，厦门市旅游部门发布的信息显示，农业观光游已经成为厦门“城里人”周末休闲新方式。军营村和白交祠村的带头人发现，这些守护多年的绿水青山，也可以变成金山银山。而这时候，正是开启这座“银行”的最好时机。

2013年，军营村和白交祠村被列为厦门市“五位一体”建设的试点村，两村抓住机遇，在市、区、镇各级政府和相关部门的大力支持下，不断推进基础设施的完善和旅游景点的打造，七彩池、高山哨所、百丈崖、光明顶等一批特色景点先后被开发出来。

2015年，军营村更是获评“中国最美休闲乡村”。酒好客驻车，花香蝶自来。于是，在厦门地图的最边缘处，两个地处厦门、安溪、长泰交界的偏远山村，作为历史悠久的茶乡，以其原生态的山水、宁静的田园以及纯朴的民风，一下子进入了市民们“乡村游”的视野。从2014年起，军营白交祠声名鹊起，游客渐多。在这场乡村旅游的大潮之中，村民们也各自找到了把人气变为财气的路子。

城市，让生活更美好；乡村，让城市更向往。2016年，军营白交祠的游客量超过15万人次，旅游收入超过200万元。在2013年两村村民人均纯收入首次突破万元大关之后，村民收入又一次进入快速增长阶段，2016年军营村的人均收入达15398元，白交祠村人均收入达14860元。这两个数字，相比2012年，几乎翻了一番。乡村旅游时代，军营白交祠迎来了发展的好时机。

大美同安四季游，绿水青山解乡愁。2020年厦门高山乡村旅游休闲季在同安区莲花镇军营村、白交祠村启动，现场发布了7个高山乡村旅游休闲季特色旅游线路产品，为市民游客营造出一个夏季避暑的“清凉世界”。2020年的休闲季活动持续到10月中下旬。此外，为进一步将同安高山旅游做精做细做实，启动仪式现场还举行了厦门高山乡村学堂揭牌、军营村返乡青年创业联盟揭牌、村企共建签约、向旅游专家顾问团颁发聘书等活动，助力提升乡村旅游服务质量，打造高山乡村旅游新名片。

军营村白交祠村现已规划出七大旅游线路，让游客多角度、全方位、多层次、个性化地感受高山气息。在厦门距离天空最近的高山露营，有漫天星光相伴；在海拔近千米的乡村，黄昏看落日、清晨观日出；露天烧烤、尽情唱歌……这些新鲜乐趣，都等待着新一批游客前来打卡。

2020年发布的高山乡村旅游休闲季特色旅游线路产品共有7个，分别是“夜宿银河畔 · 高山乡村星空露营二日游”“爸爸的童年 · 高山乡村家庭亲子一日游”“哪儿凉快哪儿去 · 高山乡村清凉避暑亲子二日游”“在厦门茶山体验茶人生活——知茶，懂生活，高山茶人之旅”“985军营夏令营 · 听山的话”“野趣一天”以及“房车侧畔，星河相伴 · 房车星空二日游”。“产品以‘厦门离天空最近的村庄’和‘避暑清凉福地’为卖点，结合原生态高山茶园景观元素、星空露营、夕阳日落、房车烧烤等高山村独特资源，为现代都市亲子客群和年轻情侣打造夏季避暑好去处。”厦门旅游集团乡村旅游投资发展公司总经理、高山红教育公司总经理张斌如是说，市民游客可以到高山上度过一个凉爽有趣的周末。

值得一提的是，借助坐落于军营村的厦门高山乡村气象科普基地，市民游客在体验 7 大旅游线路产品带来的自然乐趣的同时，还能够享受到科普研学的魅力。厦门市气象服务中心主任吴陈锋介绍，不同于城区，军营村、白交祠村海拔高、气温低，光污染少，适合观察气象、星空，开展研学活动锻炼学生的思维，促进气象知识科普和高山乡村旅游，实现双赢。

白交祠村、军营村联动发展，多元化旅游大大提升了高山旅游竞争力，如今的军营村、白交祠村已成为厦门市及周边地区市民游客的一处绝佳的避暑清凉福地。一向目光长远的军营村、白交祠村人没有停下脚步，他们正苦练“内功”，通过提升乡村内涵、提高服务质量，进一步提升乡村旅游竞争力。

2020 年发布七大旅游板块的启动仪式上，另一重头戏是现场还举行了集美大学党员教育基地、厦门大学附属第一医院思明院区党员教育基地、军营村返乡青年创业联盟、厦门高山乡村学堂揭牌，厦门大学附属第一医院思明院区与军营村村委会医疗共建合作签约，上汽集团大通房车科技有限公司与厦门厦旅中星文化旅游有限公司房车营地合作签约，以及向旅游专家顾问团颁发聘书等活动。依托这些基地和专家的支持，军营村白交祠村高山乡村旅游休闲季期间，军营村、白交祠村将举行厦门市高山乡村民居特色客房评选、高山乡村农家乐在地网红菜评选、高山乡村网红节点打卡大赛、厦门高山乡村摄影大赛、高山乡村生活节等活动，进一步提升民宿、农家菜品质，丰富高山乡村旅游休闲季内容，为之后到来的游客提供更多的选择和参考标准。

弱鸟先飞，滴水穿石。30 多年来，军营村、白交祠村放飞梦想，打破思想的藩篱，不等不靠，自立自强，一茬接着一茬干。勇毅笃行，步稳脚疾。30 多年来，军营村、白交祠村不忘嘱托，挣脱大山的束缚，山上戴帽山下开发，山路越走越亮堂。军营村党支部书记、村主任高泉伟表示，要通过多元化的旅游模式，凸显千米海拔高山特色，设计推出专属的高山乡村特色自驾和亲子家庭产品，大力发展红色旅游、高山旅游和团队素质拓展，推动村庄集体经济和村民收入节节攀升。军营村、白交祠村的联动发展必将带来更出色的旅游文化产品。

六、结语

夏季漫长，天气燥热，人们常常成群结队、扶老携幼、自驾出游到白交祠村登山赏茶。繁华、紧张、充满尘嚣的都市生活常常让人们感到烦躁和窒息，人们出于天性，渴望回归大自然，向往恬淡、闲适、浪漫和静谧的环境。白交祠村充满原始韵味、纯朴天成、恬静清幽的自然氛围，清凉的气候，清新醇醪的空气，令人倾心。在这样的地方，心灵的尘埃得以洗涤，烦闷狭隘的心事融汇在大自然中，心境慢慢变得开阔。白交祠村作为白云生处的人家，大方地为我们提供了这样的休憩天堂。

穿梭于质朴的民居间，情思小倦，暂休竹边。可晌时起，群啜清茗，观览云海，看瀑布之水肆意横斜，洒落人间。心目之间，觉洒洒灵空，而上俗尘，当亦扑去三寸，自有形同冷云、心飘事外的闲淡。在白交祠清赏，乘物游心。清在白交祠自然景致，赏在游客耳目之间，脱离都市物质而高飞远翥，在山村之间，心灵与万物缱绻。

清赏白交祠万物芸芸之时，游客常滋生一种古老又诗意的感受，自然万物之美，物与境谐，令人萦恋。白交祠雾令人幽，溪令人远，山令人隽，居令人寂，瀑令人爽，竹令人冷，月令人孤，游令人闲。白交祠清赏之欢，价值斐然。在白交祠村中，时光被放慢，它会让你注视到自然界中一些微小的存在，闻到一缕茶叶的馨香，看见古民居的屋檐下漏下一丝褶皱的阴翳，光影自拂，云雾自由，茶树兀自生长，游人亦乐得自在。若身居城市，有空到白交祠村走一走，心归山林。于此地栖息，于此地清赏，狎玩观览，清茶闲谈，可在云雾农家乐中小憩到红日三竿而起，云雾升腾亦可装点夜夜清梦。似一位诗人，诗意地栖息在大地上，在云雾山村风景如画的世界中定义自由自在的生活。

白交祠这样一个静谧古老的小山村，可以用唐庚的一首《醉眠》诗来形容："山静似太古，日长如小年。余花犹可醉，好鸟不妨眠。世味门常掩，时光簟已便。梦中频得句，拈笔又忘筌。"云雾白交祠的神秘面纱，等待更多的游人一起揭晓。

第七章 “美丽乡村”样板的价值意义

一、“美丽乡村”的提出和定义

现阶段我国经济发展速度不断加快，改革开放不断深入，城镇化的规划在发展中进一步加快。在我国这种经济高度发展的态势中，城乡经济发展成为我国整体经济形势中不可或缺的重要部分。但是在经济高速运转的动态发展过程中，随之而来的便是传统形势下的城乡规划已经无法满足我国目前的城乡经济需求，[1]我国农村传统城镇发展模式需要变革，城乡发展旧模式亟须大力创新，破除旧模式下的经济发展壁垒势在必行，更新城乡发展思路成为当前我国相关部门亟须解决的问题。

基于我国国情和传统的城镇发展模式，中国共产党领导人民，积极寻找应对之策，针对我国城镇发展现状发散思维，提出发展崭新思路，尝试发展新道路，积极地为城乡经济提供新的增长点，由此，“美丽乡村”建设理念应运而生。

“美丽乡村”建设理念并非一蹴而就。在我国近现代发展历史过程中，党从人民利益出发，在逐步摸索中对乡村经济以及城乡经济的发展模式进行规划实践。从党的历史文献资料来看，中国共产党以马克思主义为指导，以人民群众的

---

[1] 赖文兴 . 美丽乡村的规划设计与实践 [J]. 中华建设，2014（3）.

根本利益为出发点和落脚点，在20世纪50年代针对乡村发展问题，提出和使用过“社会主义新农村”的概念[1]。关于新农村的提法最早见于中发〔1981〕年13号文件，在中共中央的指导下，新农村的发展是全面的，包括农林牧副渔综合发展，力求营造出环境优美、生活富裕、文化发达的村民生活环境。

我国的发展理念具有强大的生命力，能够在与时俱进中永葆自身活力，乡村经济的发展路子也越拓越宽。2005年10月，我们的党在十六届五中全会期间，提到了“生产发展、生活宽裕、乡风文明、村容整洁、管理民主”的建设社会主义新农村的要求[2]，于《中共中央国务院关于推进社会主义新农村建设的若干意见（2005年12月31日）》正式发表这一重大历史任务的具体战略要求；并于2007年10月，党的十七大进一步提出建设生态文明的新要求“要统筹城乡发展，推进社会主义新农村建设”[3]，进一步深化对乡村建设的战略布局。全国各地也都积极响应国家对新农村建设的发展布局，纷纷制订加快新农村建设计划行动，支持农村转变传统发展模式，将农村建设的重点转变为构建社会主义新农村建设。

在2012年11月8日，胡锦涛同志在中国共产党第十八次全国代表大会上所作的报告中明确提出：“建设生态文明，是关系人民福祉、关乎民族未来的长远大计。面对资源约束趋紧、环境污染严重、生态系统退化的严峻形势，必须树立尊重自然、顺应自然、保护自然的生态文明理念，把生态文明建设放在突出地位，融入经济建设、政治建设、文化建设、社会建设各方面和全过程，努力建设美丽中国，实现中华民族永续发展。”[4] 这是中国共产党第一次提出了城乡

❶ 罗贤宇，俞白桦，曾丽萍．社会主义新农村生态文明建设若干问题研究[J]. 福建农林大学学报（哲学社会科学版），2013（4）.

❷ 中华人民共和国中央人民政府．中共中央、国务院关于推进社会主义新农村建设的若干意见[EB/OL]. [2021-06-30].http://www.gov.cn/gongbao/content/2006/content_254151.htm.

❸ 翁荣和．美丽乡村建设中的农民主体性研究——以福州市为例[D]. 福州：福建农林大学，2017.

❹ 江河．生态文明关系民族未来[J]. 决策与信息（上旬刊），2013（10）.

统筹协调发展共建“美丽中国”的全新概念[1]，强调把生态文明建设放在突出地位，融入经济建设、政治建设、文化建设、社会建设各方面和全过程[2]。而随即出台的2013年中央一号文件，即《中共中央国务院关于加快发展现代农业　进一步增强农村发展活力的若干意见》,《国务院办公厅关于落实中共中央国务院关于加快发展现代农业　进一步增强农村发展活力若干意见》(国办函〔2013〕34号)和政府信息公开专栏(http://www.gov.cn/zhengce/content/2013-02/16/content_2738.htm)明确提到“全面贯彻落实党的十八大精神，坚定不移沿着中国特色社会主义道路前进，为全面建成小康社会而奋斗，必须固本强基，始终把解决好农业农村农民问题作为全党工作重中之重，把城乡发展一体化作为解决“三农”问题的根本途径；必须统筹协调，促进工业化、信息化、城镇化、农业现代化同步发展，着力强化现代农业基础支撑，深入推进社会主义新农村建设”。[3]中国共产党从人民的根本利益入手，将发展目光对焦“三农”问题，加快建设现代化乡村发展，着力实现现代农业整体架构，推进农村生态文明建设。在中央文件中明确提到“美丽乡村”一词：“加强农村生态建设、环境保护和综合整治，努力建设美丽乡村。”[4]这是中央依据“美丽中国”的理念第一次提出了要建设“美丽乡村”的奋斗目标，新农村建设以“美丽乡村”建设的提法首次在国家层面明确亮相。[5]“美丽中国”更是在之后的十八届五中全会上被纳入“十三五”规划中，这是“美丽中国”的建设理念首次在五年计划中得到体现。

---

[1] 翁荣和．美丽乡村建设中的农民主体性研究——以福州市为例 [D]. 福州：福建农林大学，2017.

[2] 余谋昌．把生态文明融入文化建设各方面和全过程 [J]. 桂海论丛，2014（2）.

[3] 中华人民共和国农业农村部．中共中央 国务院关于加快发展现代农业 进一步增强农村发展活力的若干意见 [EB/OL]. [2021-06-30]. http://www.moa.gov.cn/ztzl/yhwj2013/zywj/201302/t20130201_3213480.htm.

[4] 中华人民共和国农业农村部．中共中央 国务院关于加快发展现代农业 进一步增强农村发展活力的若干意见 [EB/OL]. [2021-06-30]. http://www.moa.gov.cn/ztzl/yhwj2013/zywj/201302/t20130201_3213480.htm.

[5] 翁荣和．美丽乡村建设中的农民主体性研究——以福州市为例 [D]. 福州：福建农林大学，2017.

在2017年10月18日，习近平总书记针对“美丽中国”的发展计划，在十九大报告中指出，建设美丽中国，要加快生态文明体制改革，而要实现新时代“美丽中国”的宏伟蓝图，“美丽乡村”的建设则是必不可少的攻坚克难的重要节点。习近平总书记曾在中央农村工作会议上着重强调：“中国要强，农业必须强；中国要富，农民必须富；中国要美，农村必须美。建设“美丽中国”，必须建设好‘美丽乡村’”。[1]乡村的规划发展在我国建设的宏图中，处于一个必不可少的重要发展地位。自党的十九大召开以来，中国社会的主要矛盾已经由人民日益增长的物质文化需要同落后的社会生产之间的矛盾，转化为人民日益增长的美好生活需要和不平衡不充分的发展之间的矛盾。[2]

中国社会的发展规划便是基于对当今国情的深刻认识的基础上，站在中国新时代的历史方位，在马克思列宁主义、毛泽东思想、邓小平理论、“三个代表”重要思想、科学发展观、习近平新时代中国特色社会主义思想指引下，[3]明确中国特色社会主义事业“五位一体”的总体布局，“四个全面”的战略布局，坚持不懈地走中国特色社会主义道路，坚持和发展中国特色社会主义，在全面建成小康社会的基础上，更是分两步走的发展战略，能够在本世纪中叶建成富强民主文明和谐美丽的社会主义现代化强国。[4]

而关于如何坚持和发展中国特色社会主义，党在十九大报告中，着重指出在新时代中国发展过程中，将实施乡村振兴战略作为其中的一大重要步骤。在报告中明确指出“农业农村农民问题是关系国计民生的根本性问题，必须始终把

❶ 雷泉明. 三明市美丽乡村建设研究 [D]. 福州：福建农林大学，2015.

❷ 百味书屋. 专题党课讲稿：深入学习贯彻习近平生态文明思想　坚定不移走绿色发展之路 [R/OL].（2021-02-08）[2021-06-30]. http://m.850500.com/news/217832.html.

❸ 中青在线. 中华人民共和国宪法修正案 [EB/OL].（2018-03-12）[2021-06-30]. http://news.cyol.com/yuanchuang/2018-03/12/content_17012677.htm.

❹ 何平. 把方向　循规律　担使命——学习贯彻习近平总书记关于宣传思想工作重要论述 [J]. 中国记者，2014（9）.

解决好‘三农’问题作为全党工作重中之重。要坚持农业农村优先发展，按照产业兴旺、生态宜居、乡风文明、治理有效、生活富裕的总要求，建立健全城乡融合发展体制和政策体系，加快推进农业农村现代化。”❶“构建现代农业产业体系、生产体系、经营体系，完善农业支持保护制度，发展多种形式适度规模经营，培育新型农业经营主体，健全农业社会化服务体系，实现小农户和现代农业发展有机衔接。”❷

“美丽乡村”是在建设“美丽中国”的宏大框架下提出的，是新时代中国特色社会主义社会发展过程中重要的一环，是保持中国经济平稳运行的一大抓手，更是促进中国人民福祉的强有劲的着力点。“美丽乡村”是我国处于新时代特殊节点时的重大尝试，是为了更好地实现中华民族伟大复兴的有力措施。“美丽乡村”强调大力推进生态文明建设，努力建设“美丽中国”，这一建设思路是为了实现中华民族永续发展，总体上加强城市、农村的一体化建设，实现以工促农、以城带乡、工农互惠、城乡一体的新型工农、城乡关系❸，有效推动城乡发展一体化，促使城乡协调发展、共同繁荣，逐渐将城乡差别缩小消除，最终促进农村的生产力大幅度发展，促使城乡居民改变原有的生活方式、生产方式和居住方式，使得乡村的多重要素得到充分有效的开发利用，促进资源合理化，充分激活农村的生产要素。

在新时代的历史方位上，党中央继往开来，坚持对乡村发展进行合理规划，坚持不懈地推进新时代“美丽乡村”的建设使命。新时代“美丽乡村”的建设，是“以习近平新时代中国特色社会主义思想为指导，全面贯彻党的十九大和十九届二中、三中全会精神，牢固树立新发展理念，落实高质量发展要求，坚

❶ 邵忍丽．关于发展现代农业的战略思考 [J]. 农业经济，2014（1）.

❷ 陈芳．培育新型农业经营主体 促进农业适度规模经营 [J]. 河南农业，2014（1）.

❸ 罗贤宇，俞白桦，曾丽萍．社会主义新农村生态文明建设若干问题研究 [J]. 福建农林大学学报（哲学社会科学版），2013（4）.

持农业农村优先发展总方针，以实施乡村振兴战略为总抓手，以农业供给侧结构性改革为主线，围绕农村一二三产业融合发展，与脱贫攻坚有效衔接、与城镇化联动推进，充分挖掘乡村多种功能和价值，聚焦重点产业，聚集资源要素，强化创新引领，突出集群成链，延长产业链、提升价值链，培育发展新动能，加快构建现代农业产业体系、生产体系和经营体系，推动形成城乡融合发展格局，为农业农村现代化奠定坚实基础”[1]。党中央对于“美丽乡村”的建设提出了一系列发展大方向，紧抓乡村发展前景，近年来乡村地区的创业环境不断改善，创新因子不断被激发，新产业新业态逐渐萌发，以崭新的发展思路，着力提升农村经济发展水平，丰富不同农村业态类型，加强引导和扶持农村一二三产业融合发展，活化农村生产生活方面各要素，搭建乡村系列产业链，实现“美丽乡村”的建设任务。

二、“美丽乡村”的具体要求

美丽乡村作为新时代的乡村经济发展模式，其建设需要有科学合理的思想对乡村治理进行整体规划，从而优化乡村建设过程中的发展弊端，对农村发展潜力进行发掘，结合农村相应生产能力，改变传统的产业结构单一、资源消耗型、环境污染型的发展模式，有效实现资源合理调控和有机使用，提高农村资源的利用率，在保护自然生态环境的基础上，进一步刺激农村发展的生命潜力，实现乡村自然资源可持续发展的合理规划。根据国家相关部门的规定，“中国美丽休闲乡村是以行政村为主体单位，依托种养业、田园风光、绿水青山、村落建筑、乡土

[1] 中华人民共和国中央人民政府．国务院关于促进乡村产业振兴的指导意见 [EB/OL].（2019-06-28）[2021-06-30]. http://www.gov.cn/zhengce/content/2019-06/28/content_5404170.htm.

文化、民俗风情和人居环境等优势，发掘新功能新价值、培育新产业新业态、搭建新平台新载体，改造提升乡村休闲旅游旅居业，功能特色突出，文化内涵丰富，利益联结机制紧密，具有较强的示范带动作用。”[1]

当前我国农村发展现状存在着较多治理问题，这对“美丽乡村”的建设任务产生较大的阻碍性，不能及时激活农村资源的活化利用，导致农村资源消耗不合理，无法实现循环经济的发展，农村剩余劳动力无法在农村经济发展中找到就业机会，造成大量劳动力流失，农村“空巢”情况严重，农村经济发展情况进一步停滞。同时，农村发展模式无法与时俱进，仍较大比重以资源耗费型来兑换经济发展，会导致农村自然生态资源浪费和环境污染，削弱自然灾害的抵抗能力，导致乡村发展遭受自然灾害的侵蚀较大。乡村发展过程中存在的一系列发展问题，都迫切要求有合理、科学、可行的方案作为宗旨。《国务院关于促进乡村产业振兴的指导意见（国发〔2019〕12 号）》中，提出建设美丽乡村的基本原则：

因地制宜、突出特色。依托种养业、绿水青山、田园风光和乡土文化等，发展优势明显、特色鲜明的乡村产业，彰显地域特色、承载乡村价值、体现乡土气息。

市场导向、政府支持。充分发挥市场决定性作用，激活要素、市场和各类经营主体。更好发挥政府作用，引导形成以农民为主体、企业带动和社会参与相结合的乡村产业发展格局。

融合发展、联农带农。加快全产业链、全价值链建设，健全利益联结机制，把以农业农村资源为依托的二三产业尽量留在农村，就业岗位尽量留给农民。

绿色引领、创新驱动。践行绿水青山就是金山银山理念，严守耕地和生态保

---

[1] 中华人民共和国中央人民政府 . 农业农村部办公厅关于开展中国美丽休闲乡村推介活动的通知 .[EB/OL].（2019-09-03）[2021-06-30]. http://www.gov.cn/xinwen/2019-09/03/content_5426879.htm.

护红线，节约资源，保护环境，促进农村生产生活生态协调发展。推进科技、生态和模式创新，提高乡村产业质量效益。[1]

"美丽乡村"建设的基本原则，促使我国构建全国网络性乡村振兴计划，使其拥有纲领性的具体规范的指导思想，能够为农村提供一个可持续发展的有效方案。针对当前农村经济建设发展过程中，产业结构十分单一，主要以粗放型的产业为主，消耗大量农村资源，农村经济发展潜力有待深化开发的多方面问题[2]，提供科学可行的解决方法，并指明前进的方向。

"美丽乡村"建设的显著要求就是，要善于从实际出发，从人民群众的根本利益出发，开发适合农村经济的发展路径，进一步刺激农村经济的生产力，实现经济的循环发展，对资源进行深化提高，使得整体资源实现可持续发展，规划好对农村土地的利用，为农村剩余劳动力提供更多的就业机会，增强农民主体的经济收入，创造人民幸福生活。

与此同时，"美丽乡村"要注意的建设核心，是正确把握人与自然的关系。在马克思看来，自然界是人类生存与发展的基础，人是自然界的一部分，"人靠自然界生活。这就是说，自然界是人为了不致死亡而必须与之处于持续不断的交互作用过程的、人的身体"[3]。基于此，生态建设在美丽乡村建设中居于核心地位，习近平总书记指出，我们要建设的现代化是人与自然和谐共生的现代化，既要创造更多物质财富和精神财富以满足人民日益增长的美好生活需要，也要提供更多优质生态产品以满足人民日益增长的优美生态环境需要。[4]

---

[1] 国家林业和草原局（国家公园管理局）. 国务院关于促进乡村产业振兴的指导意见 [EB/OL].（2019-06-28）[2021-06-30]. .http://www.forestry.gov.cn/main/4815/20190628/173000151468264.html.

[2] 赖文兴 . 美丽乡村的规划设计与实践 [J]. 中华建设，2014（3）.

[3] 曹众 . "绿水青山就是金山银山" [J]. 法治与社会，2013（5）.

[4] 周先旺 . 绿水青山是最好的金山银山 [J]. 党建，2014（6）.

"美丽乡村"理念的提出就特别强调关于生态自然环境的建设，对于生态文明的重点把握提出了许多要求与规范，破除传统乡村经济发展模式中以牺牲消耗资源换取较低质量的经济发展模式，转而在合理利用生态资源的基础上，把握好绿水青山就是金山银山的生态发展观理念。[1] 在十九大报告中，明确将"美丽乡村"的建设直接放在大力推进生态文明建设的报告部分，清楚认识农村丰富且多样的生态资源，是乡村经济发展的经济源头。在"美丽乡村"的规划安排上，侧重发挥生态资源独具一格的发展优势，力求实现绿水青山就是金山银山的发展理念，走好健康稳健的乡村经济发展道路。总体上而言，"美丽乡村"的建成极大程度上是对农村的生态资源进行合理优化，所谓"生态兴则文明兴，生态衰则文明衰"，这种思想观点有利于我们正确看待和处理人与自然的关系，有利于我们更好地搭建"美丽乡村"的模板，具有极强的现实意义。

根据我国乡村现有的实际出发，从中国乡村的可利用劳动力和可持续发展资源入手，结合当地农民实际需求和自然环境的区域特色，在中长期之内，促进农村一二三产业融合发展，促进乡村产业体系健全完备，完成乡村经济发展增加值占区域生产总值的比重，实现较大幅度的提高，确保农业供给侧结构性改革取得明显成效，实现乡村产业振兴重大进程，进而确保农民的根本利益最大优化实现。

[1] 王玉庆. 关于生态文明建设的几点思考 [J]. 绿叶，2013（10）.

三、白交祠村入选“美丽乡村”

“美丽乡村”作为一个国家发展的重点项目，是生态文明建设中的重要着力点，为农村经济增长提供新型的发展机制和模式，能够有力托举国家关于农村建设的强劲方式。美丽乡村的构建，是我国社会主义新农村建设的升级阶段，将解决乡村发展理念、人居环境、生态环境、经济发展、文化传承、空间布局以及实施路径等作为发展核心。美丽乡村的建设，将改变农村资源利用模式，推动农村产业发展，完善公共服务设施配套和基础设施建设，改善生活环境，着重对传统有益文化进行保护和继承，改善农村精神文明建设，促进农民自身素质和新技能，从而提高农民收入水平，保障农民利益、促进民生和谐。

《中共中央国务院关于加快发展现代农业　进一步增强农村发展活力的若干意见》重点强调:“发展乡村旅游和休闲农业。创建生态文明示范县和示范村镇。开展宜居村镇建设综合技术集成示范。”[1]国家鼓励各省市积极打造“美丽乡村”示范样板，力争上游，成为新时代农村经济模式的领军者。同时，农业农村部为贯彻落实美丽乡村的建设，依据《国务院关于促进乡村产业振兴的指导意见》（国发〔2019〕12号），向各省、自治区、直辖市及计划单列市农业农村（农牧）厅（局、委）以及新疆生产建设兵团农业农村局下发通知，加强村镇整体整治，充分发掘各地乡村的多种功能和多重价值，努力发掘乡村田园美、景观美、庭院美、生态美、产业美建设，打造出一批内涵美好、视觉美丽、体验美妙的美丽休闲乡村，营造出一系列休闲农业和乡村旅游精品工程，培养出一批独具中国特色

---

❶ 中华人民共和国中央人民政府 . 中共中央国务院关于加快发展现代农业　进一步增强农村发展活力的若干意见 [EB/OL].（2012-12-31）[2021-06-30]. http://www.gov.cn/gongbao/content/2013/content_2332767.htm.

的美丽休闲乡村。

依托国家关于新时代农村经济建设的重点发展政策，厦门市高度重视“美丽乡村”的乡村发展模式，紧抓国家建设美丽休闲乡村发展新模式的战略机遇，更进一步争取做大做强乡村建设活动，努力成为“美丽乡村”的全国示范市。厦门市在统筹农村经济建设时，以习近平新时代中国特色社会主义思想为指导，贯彻落实党中央国务院关于实施乡村振兴战略的重大决策部署，按照“产业兴旺、生态宜居、乡风文明、治理有效、生活富裕”的总要求，科学编制乡村振兴规划，充分发挥城乡各自优势和作用，统筹考虑基础设施、城乡产业、公共服务等因素，推进农村人居环境整治、农业农村现代化、城乡融合发展、农村基层有效治理等重要工作，在经济发展过程中，注重于土地利用、交通运输、环境保护、旅游发展等规划相衔接，着力打造共建共治共享的社会治理格局，加快推动城乡融合发展新局面的形成，打造新时代乡村振兴的示范区。厦门市紧抓美丽乡村建设，多次下达构建任务，鼓励厦门市各个自然村响应“美丽乡村”建设号召，争取早日建成“生产发展、生活宽裕、乡风文明、村容整洁、管理民主”的美丽乡村。

在《厦门日报》“实施乡村振兴25个村试点先行”的报道中，农村面积广、农业占比大和农民人口多的同安区积极响应政府号召，抓紧时机召开同安区实施乡村振兴战略试点工作的推进会。相关领导人在会议中指出，目前同安区发展中遇到的阻碍是发展不平衡问题，其中最大的发展不平衡就是城乡之间发展的不平衡和农村内部发展的不平衡，而“三农”发展的不充分是发展中最大的不充分，基于同安区的实际发展情况，大力实施乡村振兴战略是势在必行的举措[1]。

在明确的思想指导和战略部署下，同安区按照重点突破、梯次推进的原则，计划拟定以汀溪镇顶村和莲花镇军营村、白交祠村等25个村（居）作为同安区

[1] 厦门市人民政府．实施乡村振兴25个村试点先行[EB/OL].（2018-08-16）[2021-06-30]. http://www.xm.gov.cn/xmyw/201808/t20180816_2104951.htm.

“美丽乡村”建设过程中的“领头雁”，重点大力扶持这25个村居率先建设起美丽乡村的任务，在同安区乡村振兴的大格局中担任起试点带动、示范引领的重任，力求在多个领域取得突破性进展，形成以点带面的示范性效果。在项目带动、人居环境、民生短板等方面起引导作用。同安区依据中央关于乡村振兴战略的部署，坚持全力助兴美丽乡村的建设，快速推动乡村振兴蓬勃发展。

在同安区政府的大力鼓舞之下，白交祠村的村干部也积极地投入，在拉动整个白交祠村乡村振兴的发展中，充分发挥民众力量，以乡村群众的利益为根本出发点和落脚点，积极探索村落专业化运作模式来作为激发白交祠村乡村振兴的新活力，白交祠村边探索边发展，“摸着石头过河”，最终成为厦门市市级示范村。为此，市区政府也加大支持力度，提供专家人才，为白交祠村更快更好地发展配备专门的工作组，来负责具体落实推动示范村（片区）的乡村振兴工作，力求形成可以复制推广的美丽乡村典型示范村，实现引领带动全区乡村振兴取得突破性进步成果，为进一步推动厦门市的乡村全面振兴总格局打下坚实基础。

白交祠村以自身独特的地理优势，位居三地交界的一千来米海拔高度的高山之上，发挥自身乡村特色资源优势，因地制宜，依势发展，推进特色资源有序开发、规模开发，形成相对小而精、精而美的乡土特色产业，贴合闽南特色和高山村落的文化特色，洽接相关专家学者进一步开掘当地文化内涵，并在独具特色的深厚文化底色上，设计打造出一系列具有文化内涵和经济价值的文化产业和创意产品，更是延续传统精华文化，赋义新时代以现代价值属性；在保护传统技艺，传承乡村文化根脉的基础上，培养引导小众类、多样性的特色种养、特色食品、特色手工等产业发展模式，促进白交祠村乡村产业发展，陆续打响一批具有白交祠村特色的“土字号”“乡字号”产品品牌。

白交祠村在美丽乡村建设过程中，牢牢把握“绿水青山就是金山银山”的可持续发展理念，突出生态文明建设核心位置的发展计划，以生态宜居为关键，推进农村人居环境整治三年行动，努力营造整洁美好的村容村貌，建设适宜居住的乡村环境，白交祠村以乡村文明为保障，按照区域等级资源优势的划分，审视自身区域资源优势，积极发展乡村休闲旅游，建设一批设施完备、功能多样的休闲观光园区，联合村民修建系列特色的乡村民宿，设置农耕体验等体现农家趣味的活动，对接农事研学相关活动，开展建设一批怡心悦神的康养基地，打造特色突出、主题鲜明的休闲农业和乡村旅游贯通一体的精品项目。

在宣传白交祠村的特色产业和精品旅游项目的过程中，丰富宣传手段，打开宣传渠道，充分运用网络直播、图文直播等新媒体手段，多角度、多形式宣传白交祠村资源独特、环境优良、设施完备、业态丰富的休闲农业乡村旅游线路，并且根据一年时节的变化，提供开展不同的活动，如“春观花”“夏纳凉”“秋采摘”“冬农趣”系列时令活动，融入休闲农业产品等元素，更好地在旅游项目中融入乡村特有的时节特点，增加旅游赏玩的趣味性和活动的多样性，来满足不同游客的需求，做到视觉美丽、体验美妙、内涵美好的特色旅游产业，加快白交祠村现代化美丽乡村建设，为城市周围居民提供休闲度假、旅游旅居的好去处，也为拉动白交祠村的经济增长提供机会。

在一系列“美丽乡村”规划实打实地落地开花时，厦门市为进一步提高城市内涵，促进城市经济发展，推选白交祠等数个村落参与 2018 年中国美丽休闲乡村的选拔，评选“美丽乡村”建设工作进展顺利，白交祠村也凭借自己独具特色的乡村建设规划，在“美丽乡村”选拔中脱颖而出，经农业农村部乡村产业发展司正式宣布，白交祠村入选 2018 年的中国“美丽休闲乡村”名单。

四、白交祠村样板价值

白交祠村入选2018年的中国“美丽休闲乡村”，成为厦门市“美丽乡村”市级示范村，成为厦门市“美丽乡村”振兴战略中的“领头雁”，以自身独具特色的乡村建设模式，担任起厦门市乃至福建省美丽乡村示范引领的重任。其中离不开厦门市各级干部的悉心指导和大力支持，在《厦门日报》“聚焦重点任务　全面推进乡村振兴——中国厦门”一文中，就如实报道了厦门市启动实施乡村振兴战略的相关事项。在会议中强调了厦门市在建设美丽乡村过程中所做的各方面准备活动，“坚持以习近平新时代中国特色社会主义思想为指导，深入学习领会习近平总书记关于‘三农’工作的重要论述，认真贯彻落实习近平总书记对实施乡村振兴战略的重要指示、重要讲话精神，按照全国、全省实施乡村振兴战略工作会议部署要求，加快推进我市乡村振兴各项工作，努力开创新时代厦门‘三农’工作新局面。”[1]

白交祠村建成“美丽乡村”示范点，是厦门市立足于习近平总书记提出的乡村振兴战略的重大决策，牢牢把握习近平总书记在乡村振兴战略中的重要指导，紧密结合厦门市乡村的实际情况，以人民利益为根本，寻求行之有效的科学路径和方法，充分尊重农民意愿，尊重乡村发展规律，深入研究，科学部署，将乡村振兴战略放在经济发展中的重要地位，推进“三农”工作落实到各领域中，取得发展中的显著成果。

厦门市在推进“美丽乡村”建设工作中，十分强调要聚焦“美丽乡村”振兴

[1] 厦门市人民政府．聚焦重点任务 全面推进乡村振兴[EB/OL].（2018-09-28）[2021-06-30]. http://www.xm.gov.cn/xmyw/201809/t20180928_2119538.htm.

战略工作的重点任务，就要统筹推进生态建设、治理提升、文明创建、产业发展、生活富裕各项工作，推动农村全面进步、农业全面升级、农民全面发展。❶

第一，坚持以实现产业兴旺为重点，大力发展现代化农业，加强农业技术的提升，进行农业的供给侧结构性改革，坚持农业有机改革为主线，以绿色兴农、质量兴农，着重突出地方各色农业产业优势特色，促进乡村经济发展进程中的产业融合，强化以科技为支撑，注重农业产品的质量品质把控，推动农业经济中的产业融合发展，力争在中长期内实现现代农业集群产值较大突破。

第二，牢牢把握生态文明建设，加快现代化美丽乡村建设，推进农村人居环境整治行动，对农村存在的环境问题进行大力整治，开展多项活动，比如垃圾治理、污水治理、“厕所革命”，提升乡村整体风貌，强化对农村生态环境的系统治理。

第三，在乡村发展过程中坚持以乡村文明为保障，着力深化农村精神文明建设。对农村传统文化取其精华，去其糟粕，大力弘扬农村优秀传统文化，坚定农村发展过程中的文化自信，以先进文化为指导，不断加强农村整体思想道德建设，突出强调培育文明乡风、良好家风、淳朴民风，弘扬完善农村公共文化的整体服务体系。

第四，创新乡村治理模式，深化村民自治实践，形成治理有效的局面，推动乡村服务重心下移，深入开展平安乡村建设，形成自治为基、法治为本、德治为先的完整的乡村治理体系。❷

第五，坚持以人民的幸福生活为出发点，以实现农民生活富裕为根本，着力加强和改善农村民生，加快城乡基础设施的发展和完善，实现城乡互联互通，极

---

❶ 厦门市人民政府．聚焦重点任务 全面推进乡村振兴 [EB/OL].（2018-09-28）[2021-06-30]. http://www.xm.gov.cn/xmyw/201809/t20180928_2119538.htm.

❷ 厦门市人民政府．聚焦重点任务 全面推进乡村振兴 [EB/OL].（2018-09-28）[2021-06-30]. http://www.xm.gov.cn/xmyw/201809/t20180928_2119538.htm.

力促进城乡基本公共服务一体化，为农民提供更多的就业机会，鼓励乡村农民转产就业创业，补齐农村和民生的发展短板，不断增强农民的获得感、幸福感、安全感。[1]

白交祠村作为厦门市“美丽乡村”的示范村，位于高山之上，充分结合自身特色，走出了一条具有自身特色的生态脱贫路和产业脱贫路，依托党校教学基地，为自身提供更多发展的新机遇，深入落实贯彻中央关于美丽乡村建设的宗旨要求，成为农村基层治理和乡村振兴的模板。[2]白交祠村在厦门市关于美丽乡村建设的总体规划中，更是主动担当作为，提振精气神，扎实抓好美丽乡村建设的各项工作，在厦门市的乡村发展中发挥着不同寻常“领头雁”的价值意义，以乡村产业规划、休闲旅游平台、精准扶贫攻克、公共服务设施、乡村文化传承以及特色党建品牌等多方面成果，为其他乡镇陆续发展建设“美丽乡村”提供科学可行的成功范例，据此已经成为厦门市其他区域建设“美丽乡村”的可复制的行之有效的借鉴模式。

白交祠村能够依托自身乡村特色，成功建设美丽乡村。其成功之处可以总结为以下这几个方面：

（一）突出优势特色，培育壮大乡村产业

产业兴旺作为乡村振兴的重要基础，是解决农村发展过程中存在的问题的前提。根据农业农村系统认真贯彻落实中央一号文件和农业农村部安排的指示下，在美丽乡村的建设发展过程中，牢固树立新发展理念，创新土地集约的利用

[1] 厦门市人民政府．聚焦重点任务 全面推进乡村振兴 [EB/OL].（2018-09-28）[2021-06-30]. http://www.xm.gov.cn/xmyw/201809/t20180928_2119538.htm.

[2] 厦门市人民政府．聚焦重点任务 全面推进乡村振兴 [EB/OL].（2018-09-28）[2021-06-30]. http://www.xm.gov.cn/xmyw/201809/t20180928_2119538.htm.

方式，积极落实完善农村用地的保障政策，不断创新产业发展的组织方式，大力培育乡村产业创新主体，形成多类型融合发展业态，还以农村产业融合为发展路径，强化科技创新引领，培育发展新动能，聚集资源要素，突出集群成链，着眼重点产业发展，大力发展富民乡村产业，做精乡上特色产业，加强白交祠村地方性资源保护和开发，建设规范化农产品加工厂，发展特色食品等乡土产业，充分挖掘农村各类非物质文化遗产资源，保护传统文化工艺，为乡村经济的文化产业发展提供有力支撑。

白交祠村的乡村产业是根植于县域，以农业农村资源为依托，以农民为主体，其地域特色鲜明、产业要素活跃，着力推动乡村个性化产业向标准化、品牌化和绿色化方向发展，业态类型丰富，多方位拓展延伸乡村经济的产业链，为社会增加绿色优质产品供给，不断提高自身的质量效益和竞争力，利益联结紧密，具有提升农业、繁荣农村、富裕农民的产业潜力。❶

白交祠村作为“美丽乡村”示范村，其在乡村振兴中有着自己的建设的独到之处。白交祠村的发展，牢牢把握住产业兴旺是推进乡村振兴的强大助力，立足于自身的农业基础，善于利用自身村落的特色，结合国家政策和政府福利，突出高山村落的地理优势，充分发挥白交祠村的产业潜力，有序开发乡村产业的特色资源，建设乡土特色的文化产业，开发乡土特色的创意产品，集中力量和资源创设白交祠村的特色农产品基地，如高山茶、地瓜干和龙须菜等，建设过程中朝着绿色化、标准化、规模化、产业化的方向不断前进，努力建设创新发展绿色循环优质高效特色农业❷，并且通过专业人员的指导，加强了质量管控，整体提升优势特色产业的质量效益水平，促使白交祠村的特色农业保持健康发展态势。

---

❶ 中国经济时报．产业兴旺是乡村振兴的重要基础 是解决农村一切问题的前提 [EB/OL].（2019-07-02）[2021-06-30]. http://www.ocn.com.cn/touzi/chanye/201907/thvba02085923.shtml.

❷ 中华人民共和国农业农村部．农业农村部办公厅关于印发《2020 年乡村产业工作要点》的通知 [EB/OL].（2020-02-17）[2021-06-30]. http://www.moa.gov.cn/ztzl/2020gzzd/gsjgzyd/202002/t20200217_6337195.htm.

白交祠村的优势还在于充分发挥了高山乡村特色资源，对高山资源优化，推进资源有序开发，朝着“一村一品”的发展格局前进，形成自己的资源品牌，给更多的人留下关于白交祠村的印象。通过多媒体互联网等大众多媒体，进行效果宣传，使更多人知道、了解白交祠村的产业规划，尤其是在旅游业和党建品牌等方面着重加大了宣传力度。而且随着白交祠村的旅游品牌被越来越多的人接受，其特色农产品的销量也会不断增长，产生了更多的经济效益。在白交祠村整体建设过程中，不但重视对自然资源利用的建设，还重视人文精神的传承与利用。在对白交祠村中的传统技艺进行保护与传承时，发掘一批有文化内涵和经济价值的乡村特色产品和能工巧匠[1]，这使得白交祠村的文化根脉在时代的革新中不断延展传承，存留住白交祠村自身乡村建设中独特有趣的一面。

白交祠村的发展也离不开上级领导班子的统筹决策，领导班子对白交祠村的产业布局进行合理规划，推进城镇基础设施不断完善，基本公共服务的范围不断延伸，使县域综合服务功能能够为白交祠村的发展提供支撑，如技术研发、人才培训和产品销售等平台，在一定程度上给予白交祠村服务功能的倾斜，有效扩大白交祠村的投资发展，使得整个同安区的公共服务能够普惠共享，形成城镇村落分工明显、功能有机衔接的格局。正是在这样的政策支撑和领导引导下，白交祠村突出村内主导产业，聚集乡村有效要素，加快特色产业的模式创新，将资金投入现代农业设施建设之中，结合大数据中心，不断完善农业的物联网、人工智能、智慧气象等现代信息技术，将之深入白交祠村的整体建设规划中，助推白交祠村逐步向国家数字乡村靠拢，使得整体效益更加具有效率。

白交祠村还大力发展农产品加工业，夯实乡村产业发展基础。

首先，积极发展农产品初加工。白交祠村委积极鼓励和支持农民合作社和家庭农业等新型经营主体发展乡村经济，将农民培育成创新创业群体，在白交祠村

[1] 中华人民共和国农业农村部 . 农业农村部办公厅关于印发《2020 年乡村产业工作要点》的通知 [EB/OL].（2020-02-17）[2021-06-30]. http://www.moa.gov.cn/ztzl/2020gzzd/gsjgzyd/202002/t20200217_6337195.htm.

搭建农民人才平台，培育乡村产业的生力军，吸纳促进白交祠村的人才，支持本地农民兴业创业，引导青壮年农民工返乡创业[1]，并给予一定的创业补贴，力求将能人留在白交祠村，为白交祠村献计献策，在乡村发展过程中提供源源不断的智慧方案。如建立农民合作社发展农产品初加工，发展乡村信息产业，实施“互联网 +”农产品出村进城等多种实施方案。

其次，白交祠村基于自身的农业发展，在村委会的有力引导下和政府资金的帮扶下，推进副产物综合利用，按照集约节约、环境友好、绿色发展要求[2]，建设特色农产品优势区。白交祠村在自身地瓜、茶叶、龙须菜等特色农产品的种植基础上，开展农产品循环、高值、梯次利用，通过初步的加工与包装，发展成多种初级加工产品，不仅提升了农产品品质，还增加了不少初级产品种类，丰富了农业产品的种类，使得白交祠村的农产品销售呈现出多样化的局面。对农产品的丰富加工，不仅符合现代人的生活习惯，为其提供各种丰富的口味，更有利于白交祠村特色农产品的销售，实现在城镇区域的产品流通。

白交祠村积极引导农业企业与农民合作社、农户联合建设原料基地、加工车间等，实现加工在镇、基地在村、增收在户的发展模式[3]，跨界配置农业和现代产业要素，在镇村联动发展的契机下，促进产业深度交叉融合，使“农业 +”多业态发展态势在白交祠村落地生根。支持发展县域范围内产业关联度高、辐射带动力强、多种主体参与的融合模式，使得白交祠村形成农业发展的融合性载体，引导白交祠村向特色农产品优势区集聚，鼓励发展农民合作社跟进、小农户参与的农业产业化联合体，推进农业与文化、旅游、教育、康养等多产业融合，推进农

❶ 中华人民共和国农业农村部 . 农业农村部办公厅关于印发《2020 年乡村产业工作要点》的通知 [EB/OL].（2020-02-17）[2021-06-30]. http://www.moa.gov.cn/ztzl/2020gzzd/gsjgzyd/202002/t20200217_6337195.htm.

❷ 中华人民共和国农业农村部 . 农业农村部办公厅关于印发《2020 年乡村产业工作要点》的通知 [EB/OL].（2020-02-17）[2021-06-30]. http://www.moa.gov.cn/ztzl/2020gzzd/gsjgzyd/202002/t20200217_6337195.htm.

❸ 国家林业和草原局（国家公园管理局）. 国务院关于促进乡村产业振兴的指导意见 [EB/OL].（2019-06-28）[2021-06-30]. http://www.forestry.gov.cn/main/4815/20190628/173000151468264.html.

业与信息产业融合，发展创意农业、数字农业、智慧农业、功能农业等系列现代化农业产业，并且通过利用农民合作社规范提升白交祠村农业整体行动，建设一批现代农业产业园，创建一批农村产业融合发展示范园，形成多主体参与、多要素聚集、多业态发展格局，实现优势互补、风险共担、利益共享的发展格局。❶

在农业发展过程中，白交祠村努力推行低消耗、少排放、可循环的绿色生产方式，主要发展模式以“生产—加工—产品—资源”的方式循环发展，开发新能源、新材料、新产品等，实现资源多次增值、节能减排。❷白交祠村的发展，还经过乡镇居民将白交祠村的农业产品输入市场，更是提高了乡镇居民的收入，满足了观光游客的消费需要，并且让更多的劳动力参与到乡村产业之中，把更多的产业链增值收益留给农民。

最后，美丽乡村建设的成功，离不开白交祠村特有的品牌产品的打造。白交祠村集中资源，集合力量引导白交祠村建设特色农产品生产基地，创新发展优质特色农业，建设绿色化、特色化农产品生产基地，贯彻“有标采标、无标创标、全程贯标”的要求，按照农产品生产标准化、特征标识化、主体身份化、营销电商化“四化”的精确标准，提升特色产业的质量效益水平，对自身农产品加强质量管控和品牌宣传，通过多媒体等手段，创响一批“土字号”“乡字号”特色产品品牌，加强特色产业产品的知名度，争取成为知名度、美誉度以及游客满意度较高，兼具不可替代的资源优势和口口相传的乡土符号，❸并促进白交祠村产业首尾相连、上下衔接、前后呼应，实现串珠呈现、块状成带、集群成链的农业模式。

---

❶ 国家林业和草原局（国家公园管理局）. 国务院关于促进乡村产业振兴的指导意见 [EB/OL].（2019-06-28）[2021-06-30]. http://www.forestry.gov.cn/main/4815/20190628/173000151468264.html.

❷ 中华人民共和国农业农村部 . 农业农村部办公厅关于印发《2020 年乡村产业工作要点》的通知 [EB/OL].（2020-02-17）[2021-06-30]. http://www.moa.gov.cn/ztzl/2020gzzd/gsjgzyd/202002/t20200217_6337195.htm.

❸ 中华人民共和国中央人民政府 . 农业农村部办公厅关于开展中国美丽休闲乡村推介活动的通知 [EB/OL].（2019-09-03）[2021-06-30]. http://www.gov.cn/xinwen/2019-09/03/content_5426879.htm.

（二）积极发展乡村休闲旅游，增添乡村发展亮点

白交祠村在旅游资源方面建设出色。因白交祠村有自身独到的高山地理位置，自然风光独具优势，山清水秀，风景秀丽，具有独特的风景资源，白交祠村村委会秉持着大力推进生态文明建设的理念，在建设白交祠村过程中，也在构思推进白交祠村的资源有效利用，组建出一系列旅游路线。在旅游建设的整体过程中，更是对农村人居环境进行整治活动，将村容村貌建设得焕然一新，并修建水泥路，规划住房建设装修风格等，尤其是在推进生态宜居的过程中，完善好白交祠村的基础公共设施，让更多的时代因素融入整体的规划当中，实现白交祠村的总面貌符合新时代推进发展的美丽宜居乡村基本水平，使得白交祠村成为新时代美丽宜居乡村。

针对这方面，厦门市委副书记陈秋雄对白交祠村关于“人居环境整治、乡村治理体系”的整体部署中，谈及乡风文明建设，明确指出了“要坚决打好农村人居环境整治这一关键硬仗，努力把绘就的美丽宜居乡村新画卷变成现实美景，继续抓好农村‘厕所革命’、农村生活垃圾治理、农村生活污水治理、农房整治、村容村貌提升五个方面的工作。要探索构建文明善治乡村新格局，继续抓好扫黑除恶专项斗争，排查化解乡村矛盾纠纷，推进乡村治理试点区、乡镇、村的建设。注重科技助力、智慧治理，探索创新乡风文明建设。[1]

正是对于乡村文明的高度重视，白交祠村在提升自身村容村貌的推进中，也对“生态文明”发展理念进行了细致的研究摸索，认真学习习近平总书记关于建设生态宜居美丽乡村的重要指示精神，把坚持加大农村环境整治、建设生态宜居美丽乡村作为发展的明确目标，坚决响应不推山、不填塘、不砍树、不过度硬化

[1] 蓝晓．培养美丽村民 建设美丽乡村 [J]. 传承，2013（7）.

的建议与要求，坚持将因地制宜的发展理念贯彻落实到总体发展的全局中，落实到具体化的行为中去：

（1）利用房前屋后空地、杂地，因地制宜种植易养护的乡土花木；

（2）遵循多因地制宜、多做庭院菜地、多用乡土材料、多塑地方特色的建设原则；[1]

（3）进行村庄整治工作，通过分类推进项目实施，重点对房前屋后的卫生情况进行整治，清理一些杂乱破旧的堆积物，保持住宅区域的清洁整齐；

（4）提升村庄绿化的主动意识，建设美化彩化高水平的村庄样貌，规划拆除老旧破住房宅子，复种植物绿化环境；

（5）推进生活垃圾和生活污水的处理，以科学智能的方法实行管理，引导村民对生活垃圾进行分类，实现垃圾种类有效处理，可回收垃圾再生利用和不可回收垃圾及时处理；

（6）对白交祠村的特色村庄资源进行充分挖掘，形成白交祠村独具特色的景观，朝着“一村一景”的方向发展，对重点的旅游景观节点进行精细化打造，辅助以村内休闲空间，完善白交祠村旅游路线的“一条龙”服务全配套，以此增强白交祠村的旅游吸引力；

（7）完善白交祠村的公共基础措施，对村庄内外道路进行大整改，建设提升农村的“四好公路”，改善村庄的公共照明设施，合理配套升级原有的公共照明设施，完善村庄内的供水设施，[2]保障村庄的自来水供给，有计划地对山泉水进行开发和保护，在旅游路线中提供便捷美观的公厕设施，改造提升村庄公厕整体的设备环境。

白交祠村的发展推进路线，以深入学习贯彻习总书记关于生态文明建设重要

---

[1] 徐国民. 全面推进新农村精神文明建设 [J]. 神州，2014（5）.

[2] 徐国民. 全面推进新农村精神文明建设 [J]. 神州，2014（5）.

战略思想为基础，对白交祠村进行逐步整改，实现白交祠村“平改坡”整体村容村貌的改进计划，牢固树立和践行“四个意识”的实际行动，将生态文明建设自觉放到全面建成小康社会的全局中去认识和推进，将生态环境保护作为白交祠村的建设和经济发展中的最大价值、最大责任、最大潜力的发展资源。培育集约式节约型的发展方式，引导白交祠村村民倡导绿色生活出行方式，减少环境污染、资源浪费，努力提升白交祠村的生态保护工作水平，具体落实党中央提倡的“绿水青山就是金山银山”的发展理念。

在推进生态文明建设的同时，白交祠村也对人文发展进行大力推进，尤其是加强对村民们的精神文明建设。在新时代的总体背景之下，要深入贯彻党的十九大精神，特别是站在新的历史方位，要以一种崭新的面貌来面对时代的变迁。村中主要的带头干部深入贯彻习近平总书记关于以美丽乡村建设为主题的农村精神文明建设的系列重要谈话，仔细研究了关于“三农”工作和“美丽乡村”建设的重要指示精神，时刻注意总结建设过程中的经验，及时解决建设过程中存在的问题，对农村精神文明建设的战略意义、目标方向和任务要求进一步明确，不断深化对新形势下加强农村精神文明建设的认识把握，运用好党的十八大以来农村精神文明建设的成功经验，时刻清楚“美丽乡村”建设是为了什么，为了谁。抓住“美丽乡村”的核心价值引领建设，坚持以“为民利民惠民”作为建设过程中的鲜明导向，坚持以改进创新作为建设过程中的强大动力，[1]推进白交祠村取得较为高效长远的建设成果，不断满足村民日渐增长的对美好生活的期待和需求。

国家领导人在全国农村精神文明建设工作经验交流会议中再三强调建设“美丽乡村”过程中应该注意的问题：“要坚持目标导向和问题导向相统一，聚焦问题、补齐短板，着力提升文明素质，着力清新乡风民风，着力改善人居环境，着力丰富文化生活，着力推动脱贫攻坚，切实增强农村精神文明建设针对性实效

[1] 富艳玲，徐迪．加强农民自我教育 提高农村精神文明建设 [J]. 吉林农业，2013（11）.

性。”[1] 在方向上提出较为成熟且明确的目标，给“美丽乡村”建设列出路线图，提出质量为先、分类推进的理念，大力推进“美丽乡村”建设，并在“美丽乡村”建设过程中让农民成为真正受益的主体。在这一过程的实现中，加大力度宣传，动员农村群众，共同推进农村经济的发展，促进城镇公共服务向乡村延伸，促使城乡协调发展，实现城市现代文明向农村辐射，建设城乡共建的发展新格局。

在白交祠村村容村貌发生焕然一新的变化过程中，不仅充分发挥了基层党组织的核心作用，更有白交祠村广泛的乡村村民家庭的基础作用，还有乡贤的带动作用、各类的能人志士对乡村建设的推动作用，他们构建了共同推动农村经济社会的工作力量格局。[2] 白交祠村的建设，有较为完善的乡规民约来约束，村民不仅有健全的法律法规来约束，还继承优良传统道德文化，形成尊老爱幼、邻里和睦、热情好客、诚实守信的良好淳朴民风。白交祠村整体社会和谐安定，悠久的农耕文明和民俗文化在时代进展的过程中，得到较好的传承与保护，乡风民俗在创新意识的改造下还成了旅游中的特色节目，节目内容与形式广受游客的青睐，这成为白交祠村“美丽乡村”建设中的一个亮点，并且进一步增进了白交祠村成为美丽乡村的强劲活力。

白交祠村着力于旅游脱贫，认真贯彻习近平同志的生态文明思想，[3] 坚决打赢污染防治攻坚战，改善生态环境质量，让群众有更多的环境获得感的同时，建设生态旅游为主导的乡村发展产业，使人民的幸福感和金融与经济的良性循环、健康发展紧密联系在一起，促进文旅融合大发展。白交祠村的旅游产业是基于生态

---

[1] 乌兰．贯彻落实好全区第八次精神文明建设经验交流会精神 [J]. 内蒙古宣传思想文化工作，2012（9）.

[2] 齐鲁网．全国农村精神文明建设工作经验交流会召开 [EB/OL].（2017-06-25）[2021-06-30]. http://news.iqilu.com/shandong/zhengwu/lddt/2017/0625/3596649.shtml.

[3] 共产党员网．人民日报评论员：新时代推进生态文明建设的重要遵循——二论学习贯彻习近平总书记全国生态环境保护大会重要讲话 [EB/OL].（2018-05-21）[2021-06-30]. http://news.12371.cn/2018/05/21/ARTI1526856752569726.shtml?from=groupmessage&isappinstalled=0.

环境的大幅度提升的基础上，成为白交祠村“美丽乡村”产业发展的亮点和经济增长点。白交祠村基于资源独特、环境优良的村落条件基础上，逐步建设完善公共设施，完成业态丰富的休闲农业的建设，并且利用高山资源优势，成为同安区有知名度、有影响力的休闲农业“打卡地”。在逐步推进白交祠村的旅游产业初步发展后，领导班子还对白交祠村的乡村旅游基础设施条件进一步开发，村民联合组织合作社，通过合作社的整体规划，更进一步提升管理的规范化，促进旅游业健康发展，集中力量办大事，打造特色突出、主题鲜明的休闲农业和乡村旅游精品工程，开设休闲观光园区、乡村民宿、森林人家、农耕体验、农事研学、康养基地等白交祠村经济增长主题活动，时刻对旅游建设发展情况监测[❶]，及时告知作为经营主体的村民适时调整经营策略，还为此提供科学有效的意见，建设“一村一韵”美丽休闲乡村，以吸引更多游客。

白交祠村的旅游产业蒸蒸日上，这让更多的村民、领导干部对白交祠村的乡村休闲旅游产业的发展，给予更为肯定的态度，也更好地认识乡村旅游产业的本质——“乡村旅游是一个富民的产业”，这也为如何建设打造乡村发展提供了较为清晰的思路和渐有成效的发展模板。当然，白交祠村“美丽乡村”的旅游产业能够稳定持续地走下去，供给侧结构性改革要实时跟上，摸清旅客所需所求，及时调整村落的基础措施，“做到‘近者悦，远者来’，游客来了能够吃得好、睡得香、玩得开心；百姓能够在家门口就业、愉悦生活”[❷]。亲切的服务体验，能够给予旅客更好的满足感，同时也能够刺激旅客的消费潜力。在服务方面，为了全方位满足旅客需求，白交祠村还形成了组织性旅游发展的一条龙体系。相关领导和干部明确指出，白交祠村的旅游产业发展，要注重提升产业链条紧密度和组织化程度，积极主动与专业化有实力的旅游公司合作，引进更多“人才智囊”，进行

❶ 中华人民共和国农业农村部 . 农业农村部办公厅关于印发《2020 年乡村产业工作要点》的通知 [EB/OL].（2020-02-17）[2021-06-30]. http://www.moa.gov.cn/ztzl/2020gzzd/gsjgzyd/202002/t20200217_6337195.htm.

❷ 陈小平，袁波，孟明锐 . 建设科技型合作社 推动农民增收致富 [J]. 江苏农村经济，2013（6）.

生产要素优化整合，形成具有统一性的规范服务，提升产业经营的管理水平，更好地打造乡村旅游品牌。❶

白交祠村在推进乡村旅游品牌的同时，也运用相关新媒体手段，通过图文直播等新媒体手段多角度、多形式进行宣传，实现白交村的“互联网＋旅游”，多手段、多角度、多形式地宣传白交祠村资源独特、环境优良、设施完备、业态丰富的休闲农业乡村旅游线路，借此更好地吸纳城乡居民成为游客，并且不断构建丰富白交祠村休闲农业乡村旅游精品景点线路，以更为优化的旅游服务来吸引更多旅客。白交祠村的旅游在建设方面表现较为突出，其将更多的自然资源和人文资源综合整合，化为自身的经济发展的亮点，大幅度带动了白交祠村的经济发展，包括民俗、农产品销售等，接连产生经济效益，让更多的白交祠村村民获得更大的经济效益。白交祠村具有视觉美丽、体验美妙、内涵美好的特色旅游产业，这为城乡居民提供了休闲度假、旅游旅居的好去处，大大加快了白交祠村现代化“美丽乡村”建设的步伐，并最终成为“美丽休闲乡村”、乡村旅游重点村以及休闲农业示范村。

（三）精准帮扶白交祠村，推进边远山村发展

白交祠村地处福建省厦门、泉州、漳州三市交界海拔 900 多米的山上，是厦门市海拔最高、最偏远的村。❷ 以前白交祠村的经济情况并不是很好，因为地理位置相对偏远又处于山区地界，公共基础设施不够完善，公共服务严重滞后，环境卫生设施短缺，大量危房需要维修和重建，尤其是在道路方面，如村内道路、入户路，因为海拔较高，交通设施的不便利也导致白交祠村与外界的接触相对困

❶ 陈小平，袁波，孟明锐 . 建设科技型合作社 推动农民增收致富 [J]. 江苏农村经济，2013（6）.

❷ 中国经济网 . 厦门白交祠村、军营村：沿着足迹学 跟着典型做 [EB/OL].（2016-10-03）[2021-06-30]. http://www.ce.cn/xwzx/gnsz/gdxw/201610/03/t20161003_16468471.shtml.

难，村内的农产品与外界的流通不够顺畅，而外界的资源也难以补充到白交祠村的发展过程中，所以经济因素难以活跃起来，村子发展活力未被激活，村民的收入相对微薄，一些积贫积困的发展问题尚未得到有效解决，成为昔日远近皆知的“偏僻穷山村”。

进入新的历史发展节点，如何将白交祠村建成闻名遐迩的“富美新农村”，习近平总书记曾为此提出了许多宝贵的指导意见。习近平总书记在厦门市工作时，结合村落经济实际情况，认真分析村落发展落后的原因，总结探索出发展的崭新道路，以科学的眼光引导村民脱贫，围绕着集体经济发展、基础设施建设、农业生产、教育事业各个方面进行了具体精确的指导和方向引领。在村落发展脱贫过程中，要清醒认识和把握实现脱贫任务所要面临任务的艰巨性，要清醒把握住脱贫过程中存在的突出问题，不放松、不停顿、不懈怠，清醒认识解决突出问题的紧迫性，做好应对和战胜各种困难挑战的准备[1]，以昂扬的精神、饱满的状态和真抓实干的作风，推进各项任务落地见效。

对于白交祠村这样的偏远山区，推动其经济建设更是深受各级党委政府和各级部门的高度重视，政策扶持、社会帮助，将更多的资源普及到乡野之中，各界纷纷出钱出力。白交祠村凝聚各方力量，坚持充分发挥政府和社会两方面力量作用，加大政府财政投入，强化政府资金支持，作为脱贫攻坚的重要保障，使得政府能够进行宏观调节，发挥投入主体和主导作用，增加金融资金在贫困地区的投放，发挥出市场资源的支持作用，更多的社会资金以多渠道多样化的形式，广泛参与脱贫攻坚的建设活动。[2]白交祠村的脱贫不仅是加大外界的引资引智，还注重激发内生动力，作为脱贫攻坚对象的贫困群众，引导他们成为脱贫致富的主

[1] 共产党员网 . 在打好精准脱贫攻坚战座谈会上的讲话 [EB/OL].（2018-02-12）[2021-06-30]. http://www.12371.cn/2020/04/30/ARTI1588231315940547.shtml.

[2] 共产党员网 . 决战决胜！学习《习近平谈治国理政》第三卷第五专题 [EB/OL].（2020-08-26）[2021-06-30]. http://www.12371.cn/2020/08/26/ARTI1598413669654890.shtml.

体。加强扶贫更应要与扶志、扶智相结合，寻找具有巨大经济价值的新兴经济体，来激发贫困群众的积极性和主动性。并在短期脱贫的基础上，实现长期致富的可持续发展之路，激励和引导贫困群众奋斗不息，引导培养贫困群众依靠自力更生实现脱贫致富的意识[1]。正如“幸福是奋斗出来的”，各级部门不断改进帮扶方式，组织动员群众以双手劳动来换取自身的经济增长，像是以工代赈、生产奖补、劳务补助等方式，通过物质奖励、精神鼓励等形式来提倡多劳多得，对劳动脱贫的群众来做示范典型，营造出勤劳致富的氛围。

在白交祠村脱贫过程中，村干部群众坚定脱贫致富的信念，“发展山区的思想，首先要振奋精神、扶贫扶志”“山上戴帽、山下开发”[2]，站在历史发展新起点，要牢牢抓住“五位一体”建设、“美丽乡村”建设等机遇，依托其特有的自然风光和人文景观，在市、区、镇各级政府和相关部门的大力支持下，不断推进基础设施的完善和旅游景点的打造，一批特色景点先后被开发出来，从而吸引了大量游客。大量的游客带动了整体的经济发展情况。[3]而相关部门也提出一系列措施，来支持白交祠村的贫困地区产业发展，支持白交祠村开发特色资源、发展特色产业，鼓励农业产业化龙头企业、农民合作社与贫困户建立多种形式的利益联结机制，实现绿色食品、有机农产品原料生产。白交祠村更是通过和企业合作，开展富民强村项目的建设，成立了农村旅游合作社，同时还引进了农业龙头企业发展现代农业，丰富乡村旅游的产品，促进产业融合发展，增强乡村产业聚合力，一系列强劲有力的动作也为白交祠的乡村旅游注入了新活力。

白交祠村建成美丽乡村，真抓实干从严要求，聚焦经济发展中的突出问题和

---

❶ 广州市黄埔区人民政府广州开发区管委会 . 中共中央 国务院关于打赢脱贫攻坚战三年行动的指导意见 [EB/OL].（2018-06-15）[2021-06-30]. http://www.hp.gov.cn/zwgk/shgysyjs/content/post_3632564.html.

❷ 中国经济网 . 厦门白交祠村、军营村：沿着足迹学 跟着典型做 [EB/OL].（2016-10-03）[2021-06-30]. http://www.ce.cn/xwzx/gnsz/gdxw/201610/03/t20161003_16468471.shtml.

❸ 厦门市人民政府 . 精准帮扶 支持边远山村发展 [EB/OL].（2018-03-26）[2021-06-30]. http://www.xm.gov.cn/xmyw/201803/t20180326_1863241.htm.

薄弱环节，坚持精准扶贫，集中力量，以更加有力精细的举措完善乡村旅游业和现代农业脱贫攻坚与实施乡村振兴战略的有机衔接，以产业扶贫、就业扶贫、消费扶贫来助力打赢脱贫攻坚战的有效成果，巩固和扩大产业扶贫成果，实现脱贫效果的可持续性，脱贫结果能够经受住历史洪流的考验。这一过程还需要相关的干部村民，坚定践行习总书记的嘱托，以"山上戴帽，山下开发"的指导，用坚持不懈的"钉子"精神艰苦奋斗。

一是充分挖掘了发掘白交祠村的资源优势、景观优势和文化底蕴，开发有独特优势的特色产品，引导其创建"一村一品"示范村镇、最美休闲乡村，推介休闲旅游精品路线和精品点；❶

二是引导龙头企业建基地，引导重点龙头企业与白交祠村进行产业化合作，生产绿色食品、有机农产品原料，加强白交祠村的企业培育，实现以企带村、以村促企、村企互动；❷

三是开展农产品产销对接。举办白交祠村的农产品展示展销活动，免费提供摊位，让白交祠村的农产品走出山区、进入城市、拓展市场，实现农民收入快速增长，增加白交祠村的村民幸福感，摘掉白交祠村的贫困帽，确保白交祠村能够如期脱贫，实现经济高质量高效率的发展。

（四）以农民意愿为主体，传承白交祠乡村文化

农民作为推进美丽乡村建设的主体，在推进乡村振兴发挥着巨大的作用，坚持以农民为发展主体，以农民意愿为发展目标，才是建设美丽乡村的根本出发

❶ 中华人民共和国农业农村部 . 农业农村部办公厅关于印发《2020 年乡村产业工作要点》的通知 [EB/OL].（2020-02-17）[2021-06-30]. http://www.moa.gov.cn/ztzl/2020gzzd/gsjgzyd/202002/t20200217_6337195.htm.

❷ 中华人民共和国农业农村部 . 农业农村部办公厅关于印发《2020 年乡村产业工作要点》的通知 .[EB/OL].（2020-02-17）[2021-06-30]. http://www.moa.gov.cn/ztzl/2020gzzd/gsjgzyd/202002/t20200217_6337195.htm.

点。习近平总书记指出："乡村振兴要推动乡村文化振兴，加强农村思想道德建设和公共文化建设，以社会主义核心价值观为引领，深入挖掘优秀传统农耕文化蕴含的思想观念、人文精神、道德规范，培育挖掘乡土文化人才，弘扬主旋律和社会正气，培育文明乡风、良好家风、淳朴民风，改善农民精神风貌，提高乡村社会文明程度，焕发乡村文明新气象。"❶"美丽乡村"建设给新时代的未来乡村发展描绘了一个更为光明的前景，这幅未来乡村的美丽蓝图的基本要求是，"产业兴旺、生态宜居、乡风文明、治理有效、生活富裕"，将农业乡村的发展提高到一个新的高度，为新时代的乡村振兴勾勒出中国乡村发展的美好蓝图。

白交祠村的美丽乡村建设，离不开其特色的乡村文化支撑，但乡村文化建设是一篇大文章，在新时代的乡村建设过程中，切记不能失去自身的乡村特色，白交祠村在发展过程中，强化了自身的文化特质，强化了农民在乡村文化建设中的主体地位，而不是将农民裹挟在现代化的潮流中，失去了文化的自主选择；也不是用政府"自上而下"的主导性代替农民"自下而上"的主体性，而是将二者有机结合❷，让农民自身的主体性得到显著的发挥。习近平总书记参加十三届全国人大一次会议山东代表团审议时强调指出："实施乡村振兴战略，要统筹谋划，科学推进。要充分尊重广大农民意愿，调动广大农民积极性、主动性、创造性，把广大农民对美好生活的向往化为推动乡村振兴的动力，把维护广大农民根本利益、促进广大农民共同富裕作为出发点和落脚点。"❸在"美丽乡村"建设过程中，将"一心为民"的理念贯彻到底，充分尊重农民在乡村治理中的主体地位，广泛征求农民的意见，尊重农民的意见，真正赋予农民自主处理经济活动的权利，保障

---

❶ 央广网.【十九大·理论新视野】乡村振兴要充分尊重农民的主体地位 [EB/OL].（2018-03-27）[2021-06-30]. https://www.sohu.com/a/226490541_362042.

❷ 央广网.【十九大·理论新视野】乡村振兴要充分尊重农民的主体地位 [EB/OL].（2018-03-27）[2021-06-30]. https://www.sohu.com/a/226490541_362042.

❸ 新华网.习近平眼中的"强美富"[EB/OL].（2020-12-28）[2021-06-30]. http://www.xinhuanet.com/politics/xxjxs/2020-12/28/c_1126916214.htm.

农民对土地的处置权、使用权和收益权，将人民的幸福放在乡村发展中的重要位置，并为之不断奋斗，让农民成为乡村经济发展的主要获益者。[1]通过村民自治实现村民直接参与乡村治理，以引导为主，帮助为辅，不断锤炼农民主体自我治理的能力，让村民的力量成为乡村振兴的内生动力。要实现村民自治，就要充分重视农民的话语权，让村民自我管理、自我教育、自我服务，来实现美丽乡村的建设，因为振兴的乡村是农民自己的家园，农民期盼建设一个什么样的家园，农民需要一个什么样的家园，农民自己最清楚，也最有发言权。[2]

因此，在白交祠村“美丽乡村”的建设过程中，基层管理者要转变思维，积极为农民提供表达利益诉求的良好环境，培养农民们话语表达的意识，充分了解和调研农民对于美好生活的向往和需求[3]，引导扶持农民参与美丽乡村建设规划，充分发挥农民的主体积极性，让农民成为乡村振兴中的践行者和受益者，激发乡村振兴中源源不断的动力。就像习近平总书记所说的，乡村振兴战略的要求，就是要充分了解民意，尊重民意，引导农民主动参与乡村振兴，必定能够走出一条中国特色的社会主义乡村振兴之路。[4]

白交祠村在美丽乡村建设过程中，充分尊重与理解农民的文化观，发掘优秀传统农耕文化资源，将传统与现代有机融合。[5]乡村建设不能急躁，要逐步引导农民接受新的思想观念的熏陶，并将其不断融入新的时代，赋予乡村文化以时代

---

❶ 央广网.【十九大 · 理论新视野】乡村振兴要充分尊重农民的主体地位 [EB/OL].（2018-03-27）[2021-06-30]. https://www.sohu.com/a/226490541_362042.

❷ 央广网.【十九大 · 理论新视野】乡村振兴要充分尊重农民的主体地位 [EB/OL].（2018-03-27）[2021-06-30]. https://www.sohu.com/a/226490541_362042.

❸ 央广网.【十九大 · 理论新视野】乡村振兴要充分尊重农民的主体地位 [EB/OL].（2018-03-27）[2021-06-30]. https://www.sohu.com/a/226490541_362042.

❹ 央广网.【十九大 · 理论新视野】乡村振兴要充分尊重农民的主体地位 [EB/OL].（2018-03-27）[2021-06-30]. https://www.sohu.com/a/226490541_362042.

❺ 央广网.【十九大 · 理论新视野】乡村振兴要充分尊重农民的主体地位 [EB/OL].（2018-03-27）[2021-06-30]. https://www.sohu.com/a/226490541_362042.

气息，做到与时俱进，正如求是网《乡村振兴要充分尊重农民的主体地位》一文中强调的，“乡村文化反映的是农民生活方式与生产方式，折射出的是时代和社会对农民生产生活方式的影响。离开农村这片沃土，离开农民的生产生活就创造不出农村文化。所以说乡村文化是关于农民的文化，农民是农村文化形成与发展的主体。”❶

白交祠村的乡村建设，也是基于白交祠村村民对美好生活的基本需求，结合白交祠村的传统文化因子，挖掘本土文化资源，给予农民更多的文化建设参与权、话语权、表达权，积极调动起农民参与乡村文化建设的积极性、主动性和创造性，❷引导农民自觉形成文明乡风、良好家风、淳朴民风，创造出符合时代发展要求、独具本土特色的农民喜闻乐见的文化，推动乡村文化繁荣发展、乡村振兴稳步向前。农民生产的自觉意识被唤醒，才能够更为深刻地、持续性地将发展成果延续下去，更好地通过自身劳动实现经济增长。所以建设好乡村文化是乡村建设发展中的必要因素，良好的乡村文化建设不仅能够满足广大农民对文化的需求，还能够提高村民们的精神境界，形成有利于培养新兴职业农民需要的认知方式、思维模式、价值观念、情感状态、处世态度、人生追求、生活方式等内容的文化育人环境。❸村民的精神境界逐步提高，对于整个村落的健康发展有着不可小觑的影响，能够促使农民的主体价值最大限度地发挥出来，能够更好地促进白交祠村村民主体活力不断更新，促进其整体发展更为强劲。

白交祠村在发展过程中，始终注意做好乡村文化振兴示范，建设保障农民在

---

❶ 央广网.【十九大·理论新视野】乡村振兴要充分尊重农民的主体地位 [EB/OL].（2018-03-27）[2021-06-30]. https://www.sohu.com/a/226490541_362042.

❷ 央广网.【十九大·理论新视野】乡村振兴要充分尊重农民的主体地位 [EB/OL].（2018-03-27）[2021-06-30]. https://www.sohu.com/a/226490541_362042.

❸ 央广网.【十九大·理论新视野】乡村振兴要充分尊重农民的主体地位 [EB/OL].（2018-03-27）[2021-06-30]. https://www.sohu.com/a/226490541_362042.

乡村文化建设的主体地位的长效机制[1]，白交祠村的文化振兴不仅是要精心守护老祖宗留下的文化遗产，而且是要让历史文脉更好地传承下去，真正推动白交祠村的文化大发展大繁荣，成为新时代的文化乡村的建设模板。

（五）推动“主题党日 +”打造特色党建品牌

乡村治理是实现乡村振兴战略的基石，“美丽乡村”建设离不开党和政府的领导和规划。[2]坚持党的领导为根本，强化组织保证，就要坚持发挥党组织总揽全局、协调各方的作用，贫困县党委和政府要对脱贫攻坚负起主体责任，增强政治担当和责任担当，肩负高度的历史使命感，对乡村脱贫亲力亲为抓好主干，为脱贫攻坚提供坚强政治保证[3]，把主要精力用在脱贫攻坚上。党的十九大报告也提出了加强农村基层基础工作，健全自治、法治、德治相结合的乡村治理体系的具体要求，为振兴乡村指明了方向。[4]

为此，白交祠村在建设美丽乡村的过程中，全面贯彻党的十八大和十八届三中、四中、五中、六中全会精神，深入贯彻习近平总书记系列重要讲话精神和治国理政新理念新思想新战略，学习习近平总书记“夙夜在公、以身许党”的工作奉献精神，传承好他身体力行的扎实作风，认真落实党中央、国务院决策部署，统筹推进“五位一体”总体布局和协调推进“四个全面”战略布局，牢固树立和

[1] 央广网.【十九大 · 理论新视野】乡村振兴要充分尊重农民的主体地位 [EB/OL].（2018-03-27）[2021-06-30]. https://www.sohu.com/a/226490541_362042.

[2] 央广网.【十九大 · 理论新视野】乡村振兴要充分尊重农民的主体地位 [EB/OL].（2018-03-27）[2021-06-30]. https://www.sohu.com/a/226490541_362042.

[3] 共产党员网. 在打好精准脱贫攻坚战座谈会上的谈话 [EB/OL].（2018-02-12）[2021-06-30]. http://www.12371.cn/2020/04/30/ARTI1588231315940547.shtml.

[4] 央广网.【十九大 · 理论新视野】乡村振兴要充分尊重农民的主体地位 [EB/OL].（2018-03-27）[2021-06-30]. https://www.sohu.com/a/226490541_362042.

贯彻落实创新、协调、绿色、开放、共享的发展理念，以加快补齐白交祠村基础设施短板、推进城乡发展一体化为目标，以创新乡村产业形式为突破口，明确各级政府事权和投入责任，拓宽投融资渠道，优化投融资模式，加大建设投入，完善管护机制，深入学习贯彻《中国共产党农村工作条例》，把加强党的领导落实到“三农”各个方面、各个环节，强化党建引领、强化统筹协调、强化问题整改、强化舆论引导，全面提高农村基础设施建设和管理水平，为白交祠村建设新时代美丽宜居乡村提供坚实保障。[1]

在白交祠村的发展过程中，常有专家学者、党委干部入村提供发展帮助，“打好脱贫攻坚战，关键在人，在人的观念、能力、干劲”[2]。贫困地区发展需要扶智，人才一直作为白交祠村长久发展的重要力量。在上级领导的帮助下，有大批干部和高端人才被委派进村，带动本地干部队伍建设和人才培养，加大干部培训力度，多采用案例教学、现场教学等实战培训方式，提高村干部对于乡村发展的思想认识，提高建设发展的实际能力，多学习掌握精准脱贫的方法论，培养研究攻坚问题、解决攻坚难题能力，提高扶贫干部的精准扶贫、脱贫工作能力，培育懂扶贫、会帮扶、作风硬的扶贫干部队伍。[3]在白交祠村发展建设过程中，不断精进村干部队伍，对全村的脱贫工作、美丽乡村的建设工作有更为长远、科学的布局规划，对人才的引进更要加大力度，以村中先贤带头，适当以物质上的奖励来吸纳鼓励更多的大学生、返乡军人等回乡创业，为白交祠村的整体发展献计献策。

白交祠村在“美丽乡村”建设过程中，除了在精神上贯穿上级精神，更是着眼于实际立场，综合自身的优势，善于将习近平总书记在白交祠村留下的宝贵经

---

❶ 鞠洪良 . 农村可再生能源基础设施投融资机制创新研究 [D]. 天津：天津商业大学，2011.

❷ 山西日报 .【认真学习《习近平谈治国理政》第三卷】决胜全面建成小康社会，决战脱贫攻坚 [EB/OL].（2020-12-01）[2021-06-30]. http://www.sxdygbjy.gov.cn/content/2020-12/01/420_299434.html.

❸ 中共共产党新闻网 . 树立攻坚之志 向人民交出脱贫攻坚满意答卷 [EB/OL].（2020-10-26）[2021-06-30]. http://theory.people.com.cn/n1/2020/1026/c40531-31906546.html.

验，转化为自身旅游业发展的人文优势，与党建教育相关联，开创出自己独具特色的“重走习总书记走过的路、重温习总书记的叮嘱”的系列党建学习线路。这一别出心裁的创新，为白交祠村在乡村旅游市场竞争益发激烈的当下[1]，赢得了更为有利的地位，具有其他村落无法比拟的村庄旅游特色。白交祠村在构建党建路线时，是将党的思想融入自己的乡村建设中，将一系列具有党建历史的地点组合起来，搭建完整的党建路线，从而凸显白交祠村的优势。并在各级各部门的支持下，以党建实现为引领，持续推进党建富民强村的工程，并且在这个方面做了大量的探索，大力推动乡村旅游进入品牌提升、产业融合的新阶段。[2]

白交祠村在发展过程中，一直有较为明确的指导思想。村委干部在建设布局的统筹规划中，牢牢抓住习近平总书记的主导精神，因地制宜，以发挥自身特色与生态建设相结合，开展“两学一做”学习教育活动，积极推动“主题党日 +”，把过好主题党日与当前重点工作相结合，与单位特点和工作实际相结合，把“主题党日 +”活动的政治性、思想性与生动性有机结合起来，打造特色党建品牌[3]，以“以学促做、知行合一”的要求，结合实际，通过学、听、走、看、做、议等形式，组织学习教育。[4]为了更快推动白交祠村乡村建设的步骤，加快党建品牌的构建，厦门市委党校组织的高山教学点和同安区委党校高山教学点，更是在白交祠村揭牌成立，创造出“党校办到高山上，教授请到家门口，学员深入田间地头”的活动形式，新颖流畅，这是白交祠村高山教学点的一大特色。而自从高山教学点开办后，市区两级党校在白交祠村邀请相关专家学者授课，开展体验式教

---

❶ 厦门市人民政府 . 精准帮扶 支持边远山村发展 [EB/OL].（2018-03-26）[2021-06-30]. http://www.xm.gov.cn/xmyw/201803/t20180326_1863241.htm.

❷ 厦门市人民政府 . 精准帮扶 支持边远山村发展 [EB/OL].（2018-03-26）[2021-06-30]. http://www.xm.gov.cn/xmyw/201803/t20180326_1863241.htm.

❸ 李东 . 管好用活活动场所 打造党建特色品牌 [J]. 新长征，2014（2）.

❹ 中国经济网 . 厦门白交祠村、军营村：沿着足迹学 跟着典型做 [EB/OL].（2016-10-03）[2021-06-30]. http://www.ce.cn/xwzx/gnsz/gdxw/201610/03/t20161003_16468471.shtml.

学，深入农村田间地头，助力贫困山区发展[1]，更是将白交祠村的“美丽乡村”建设和经济发展推上一个前所未有的新高度，实现在抓好“两学一做”学习教育党建思想工作的同时促进白交祠村整体经济的发展，在党建品牌的加持下，实现白交祠村经济发展更加迈进一步。

除了构建起白交祠村的党建品牌旅游路线，白交祠村还设立党风党纪监督岗、富民强村项目岗、乡村旅游引导岗等 12 种岗位，搭建党员作用发挥的平台，让更多党员为白交祠村更好地发展做出贡献，实现“全心全意为人民服务”的宗旨。[2]同时，这也加强了党的全面领导，为白交祠村实施乡村振兴战略提供了坚强保障，让基层党组织发挥先锋堡垒作用，以身作则，以实际行动、科学思想来推进白交祠村的发展，更好地落实党员的作用。

白交祠村在发展过程中也落实了领导责任。坚持领导统筹主抓乡村振兴，健全党委统一领导、政府负责、党委农村工作部门统筹协调的农村工作领导体制，领导规划先行，科学高效地确保乡村振兴的每一项重点任务，能够有规划、有章法地完成好、落实好；并且加大财政投入力度，坚持将更多的优惠政策落实到农村农业建设之中，坚持将“三农”投入作为财政支出优先领域，让更多的社会金融资本流向乡村振兴之中，促使更多的农村经济活力得以发展，鼓励各类人才通过多种方式到乡村创业创新；[3]深化农村改革，提升经济发展动力，坚持农民对自己土地的把控，坚持农村土地集体所有制性质，发展先进新型集体经济，坚持走共同富裕之路；村委基层干部要及时总结推广建设“美丽乡村”的先进典型、创新经验，积极营造全体村民支持参与乡村振兴的良好氛围，以“主题党日 +”的

[1] 中国经济网 . 厦门白交祠村、军营村：沿着足迹学 跟着典型做 [EB/OL].（2016-10-03）[2021-06-30]. http://www.ce.cn/xwzx/gnsz/gdxw/201610/03/t20161003_16468471.shtml.

[2] 中国经济网 . 厦门白交祠村、军营村：沿着足迹学 跟着典型做 [EB/OL].（2016-10-03）[2021-06-30]. http://www.ce.cn/xwzx/gnsz/gdxw/201610/03/t20161003_16468471.shtml.

[3] 厦门市人民政府 . 聚焦重点任务全面推进乡村振兴 [EB/OL].（2018-09-28）[2021-06-30]. http://www.xm.gov.cn/xmyw/201809/t20180928_2119538.htm.

特色党建品牌，促进白交祠村的“美丽乡村”进程。

白交祠村的发展敢于创新，善于将政策给予的扶持转化为自身发展的优势，善于缔结不同要素形成推动白交祠村经济发展、“美丽乡村”建设的驱动力，在党建方面更是走在前端，充分利用浓郁的党建文化因子，建设出自身的党建品牌，走出一条与众不同的“主题党日 +”的旅游道路，形成白交祠村自身独特的文化自信。

五、总结

白交祠村是习近平总书记早年精准扶贫理念和生态文明思想的生动实践地。在白交祠村建设“美丽乡村”过程中，首先是抓住了如何促进经济发展这一重要主题，如何帮助村民们脱贫致富，来实现乡村振兴。在白交祠村的扶贫过程中，借助现代互联网的优势，对扶贫脱贫做到精准化，采取数据共享和分析的方法，确定好扶贫对象、制定对应的帮扶措施、促进决策能够对标对点实施，对脱贫对象提供点对点的帮扶，因地制宜、因村因户因人施策，深入推进精准决策，提高脱贫实效，结合乡村振兴战略，实现农业的产业增收，成功促进白交祠村的大发展大变革。

白交祠村近两年以“美丽乡村”建设项目为载体，强化规划引领，统筹谋划，科学推进，加强各类规划的统筹管理和系统衔接，不断完善各项环境整治和基础设施建设，将吃住行游购娱学等休闲旅游旅居要素统一协调，整合生产生态生活资源，合理配置餐饮、住宿、体验、康养、文化展示等基础设施，合理利用闲置农房村舍等发展乡村特色民居、精品民宿[1]，使村落民居原生状态保持完整，实现道路硬化、村庄绿化，文化园、卫生所、图书馆等一应俱全[2]，结合当地实际自然环境优美、生态资源丰富的特点，大力发展乡村旅游、发展精致农业，扩展农业的加工增值、观光体验以及生态保护等衍生功能，进一步明确产业发展方向，扶持领军企业，壮大特色品牌，深入推进农产品、旅游产品的优质化、特色化和品牌化，通过振兴乡村产业、人才、文化等多个方面，提高农民对建设美好生活的推动力，提质增效农产品加工业，快速发展乡土特色产业，大力发展富民乡村产业，加快一二三产业融合，以乡村休闲旅游旅居业联农带农，维护广大农民的根本利益，推进村民共同富裕，让发展成果惠及所有村民，让更多农民搭上致富“快车”，实现全面小康和乡村振兴的美好宏图。

白交祠村作为“五位一体”建设试点村，在不断发展的过程中，充分利用自身特色资源：云雾、高山、茶园、山寨等，融合乡村自然风光和人文资源，开发了一系列独具山村特色的自然文化景点，譬如六郎庙、徐水垵水库、茶山竹海、杜鹃石寨、百丈崖、月牙梯田、叠水步道、杨氏民居、鲁班宫等，成为远近闻名的“生态村”“文明村”，一度成为厦门岛内居民首选的养心怡情、旅游观光、休闲度假的好去处。[3]因白交祠村深具休闲农业和乡村旅游的特色，发展势头强劲，具有极好示范带动作用的强效果，并已被各级党校选为培训实训的基地，更获得了“美丽乡村”市级示范村的荣誉称号，还入选中国“美丽乡村”名单。

白交祠村善于抓住历史发展的机遇，从创建美丽乡村的各个方面严格要求自身，在村领导的带头牵引下，以及全体村民共同配合下，白交祠村村民获得了更

[1] 中华人民共和国中央人民政府 . 农业农村部办公厅关于开展中国美丽休闲乡村推介活动的通知 [R/OL].（2019-09-03）[2021-06-30]. http://www.gov.cn/xinwen/2019-09/03/content_5426879.htm.

[2] 中国经济网 . 厦门白交祠村、军营村：沿着足迹学 跟着典型做 [R/OL].（2016-10-03）[2021-06-30]. http://www.ce.cn/xwzx/gnsz/gdxw/201610/03/t20161003_16468471.shtml.

[3] 同安生活网 . 同安少有人知道的茶园风光，这里茶香飘万里！ [R/OL].（2017-09-16）[2021-06-30]. https://www.sohu.com/a/192457470_99960755.

多的满足感，实现了更多物质与精神的获得感，将白交祠村从昔日落后的偏远山区村落，变成同安区乃至厦门市独具特色的美丽乡村旅游村，实现村容村貌的大整改，让村落整体焕然一新，实现质的飞跃，并且在这条路上，以农民的主体性为发展长远有效的内在活力，让白交祠村的脱贫致富经得起时间的考验，成为其他村落脱贫发展的典型模板。

而且在发展过程中紧跟党的思想，因地制宜，集中发挥自身优势之处，实现与时俱进的发展思路，浓郁深厚的党建文化更是演变成白交祠村发展的文化自信，是高山村落旅游路线中最为亮眼之处，也成为许多村落如何在发展过程中将党建思想融入实际的建设规划之中的重要模板，是中国“美丽乡村”的典型之作。因此，白交祠村的发展也成为其他村落建设中国美丽乡村可借鉴、可模仿的样板村，具有一定的模式复制性和发展思维的典型性，能够成为乡村振兴的重要部分。

六、展望未来，白交祠村发展新思路

（一）利用地缘优势，建设闽南文化活化石

文明形态、文化遗产、民俗风情等都是一个民族和国家的核心价值观的载体，是传统文化及其特色的文明体现，其中涉及文化保护权、文化发展权、文化话语权多项文化发展重点。作为闽南地区的村落，在历史发展过程中沉淀着许多闽南文化的因子。

2020 年，白交祠村因传统建筑保护完整，被正式列入福建省第三批省级传

统村落名录。[1] 政府对于白交祠村的传统建筑的保护给予莫大肯定。站在新的起点高度，白交祠村应该借助传统文化保存良好的优势，将文物保护与活化纳入乡村经济发展体系的框架中，就像是在《〈福州古厝〉序》一文中，习近平总书记提到的“发展经济是领导者的重要责任，保护好古建筑，保护好传统街区，保护好文物，保护好名城，同样也是领导者的重要责任，二者同等重要”[2]。传统村落作为重要载体，承担传承历史文脉、保留城市记忆的重要作用，在乡村发展过程中，加大保护传统村落的力度，同经济发展占据同等地位。

厦门市政府带头做好闽南文化文物建筑、民俗风情的保护，在基本调研获取实际历史风貌和传统村落的基本情况之后，系统梳理厦门市历史风貌道路、传统街巷、村庄、历史建筑等保护对象[3]，利用项目带动和立法保障，陆续编撰多种单项规划，如《厦门市历史风貌建筑保护规划》《厦门市历史文化名城保护规划》等，作为历史文化保护和活化的法律依据。厦门市资源规划局在一千多个自然村落进行调研，构建完整的传统村落和历史建筑保护体系，编撰成《厦门市传统村落保护名录推荐》，妥善处理传统村落保护和城市发展的关系，并予以重点传统村落以保护利用，切实推动历史文化遗产项目的保护利用，明确历史文化的保护范围、管理方式、开发利用的规划及控制，明确区域历史文化保护的保护要素和保护方法、重点内容，推动厦门市历史建筑保护与活化利用[4]，在功能改变、产权问题和资金来源等方面积极推进历史文化建筑的修缮和活化并重演进，让历史文

---

❶ 厦门市同安区人民政府 . 同安白交祠村 翔安金柄村列入省级传统村落 [R/OL].（2020-03-27）[2021-06-30]. http://www.xmta.gov.cn/zc/gzdt/tayw/202003/t20200327_619105.htm.

❷ 人民网 . 人民网评：古建筑被毁，你就下得了手？ [R/OL].（2018-04-27）[2021-06-30]. http://opinion.people.com.cn/n1/2018/0427/c1003-29954788.html.

❸ 中国农业农村信息网 . 同安白交祠村 翔安金柄村列入省级传统村落 [R/OL].（2020-04-01）[2021-06-30]. http://www.agri.cn/zx/xxlb/fj/202004/t20200401_7344658.htm.

❹ 中国农业农村信息网 . 同安白交祠村 翔安金柄村列入省级传统村落 [R/OL].（2020-04-01）[2021-06-30]. http://www.agri.cn/zx/xxlb/fj/202004/t20200401_7344658.htm.

化遗产焕发新价值、新风采。[1]

李克强总理曾说，“中华民族传统文化中一直非常重视精神生活和精神追求，在当今发展市场经济的过程中，更要深入研究、传承传统文化的精髓”[2]。并在多个场合强调，要始终坚持保护、传承和发扬优秀传统文化，让悠久文明的精髓融入现代生活[3]，用文明的力量助推发展进步。党中央一直强调在发展过程中，要牢牢抓住四个自信，其中文化自信是坚定道路自信、理论自信、制度自信的题中应有之义，作为道路自信、理论自信和制度自信的精神基石和文化滋养。[4]文化自信就是对本民族传统文化和现代文化价值有充分肯定、积极认同和积极践行，要对自身文化及其生命力持有坚定信心。

在乡村发展建设过程中，对于传统文化要进行有辨别的保留并加以活化利用，便是在寻找和构建自身发展的文化自信。依山就势的白交祠村风景秀丽，拥有更多的闽南传统建筑，有建于清代的灵应亭遗址、杨氏祠堂和建于明代的杨六郎庙[5]，多用石头砌筑而成的石头房，极具闽南特色的“燕尾脊”被完好保留，而且白交祠村还存留 2 处古寨址、10 株古树、1 座古桥、1 条古河道。[6]除了传统建筑的保留，当地村民还保留了大量的传统风情民俗，如传统劳动民歌“莲花褒歌”，传统民俗活动“齐醮”“进香”。白交祠村在乡村建设过程中，着力促进历史建筑及特色建筑的保护，完整保存自身区域特色，完善历史文化保护体系。在

---

[1] 中国农业农村信息网 . 同安白交祠村 翔安金柄村列入省级传统村落 [R/OL].（2020-04-01）[2021-06-30]. http://www.agri.cn/zx/xxlb/fj/202004/t20200401_7344658.htm.

[2] 李栋楠 . 弘扬中国传统文化 [J]. 网友世界，2014（16）.

[3] 骆承烈 . 弘扬优秀传统文化实现“中国梦”[J]. 理论学习，2014（2）.

[4] 新华网 . 坚持“四个自信”的内在依据和重大意义 [R/OL].（2016-10-27）[2021-06-30]. http://www.xinhuanet.com/politics/2016-10/27/c_1119795391.htm.

[5] 中国农业农村信息网 . 同安白交祠村 翔安金柄村列入省级传统村落 [R/OL].（2020-04-01）[2021-06-30]. http://www.agri.cn/zx/xxlb/fj/202004/t20200401_7344658.htm.

[6] 中国农业农村信息网 . 同安白交祠村 翔安金柄村列入省级传统村落 [R/OL].[2020-04-01].http://www.agri.cn/zx/xxlb/fj/202004/t20200401_7344658.htm.

编制组织白交祠村的保护与发展规划的发展中，积极探索传统村落保护和发展新路径，从而助力乡村振兴。

首先，白交祠村保留下来的闽南特色建筑能够成为研究闽南历史的活体化石博物馆，洽接不同研究所、院校的闽南文化研究活动，对接各色闽南传统建筑的专项研究项目，加快挖掘阐释白交祠村的文化底蕴与内涵，锻造自身文化特性，从而确立文化发展战略，寻求文化支撑，坚定白交祠村的文化自信，更好地走新时代乡村经济建设的道路。就像是习近平总书记指出的：文化自信是更基础、更广泛、更深厚的自信，是更基本、更深沉、更持久的力量。[1]足以见得，文化的指导作用无以复加，文化自信是乡村走什么样的发展道路的最基本因素，能够决定一个村落文化发展的逻辑起点，决定建设自身文化的眼光和格局。

其次，充分利用闽南特色文化，将传统建筑并入旅游路线之中，作为重点讲解白交祠村文化内涵和底蕴的有形载体，将传统文化民俗设计成旅游体验项目之一，加强旅游过程中的趣味性，同时加深旅客对于白交祠村的印象，加深旅游记忆亮点，进一步使得白交祠村的旅游品牌得到巩固与宣传。

白交祠村保存好自身传统文化的建设，与时俱进，不落窠臼，不断赋予传统文化以新时代内涵，让白交祠村的历史文化遗产焕发出新的风采，展现出其文化的新境界、新格局，提升白交祠村的精神与内涵，提振引领白交祠村的文化创意产业、旅游产业发展，提高乡村整体发展的综合竞争力，进一步提升文化自信、文化魅力，展现高颜值、高素质的白交祠村风采，是乡村文明发展程度和可持续发展能力的重要表征。

---

❶ 张晓军，舒细玲 . 中国传统文化和文化自信 [J]. 网友世界，2014（3）.

（二）利用网络优势，借助直播平台扩大宣传

乡村经济作为中国总体经济的重要组成部分，促进乡村经济需要更多与时俱进的发展思路，拓宽乡村经济发展方式。我国一直坚持科技强国战略，深入贯彻新发展理念，深入实施创新驱动发展战略，坚持面向世界前沿，坚持面向经济主战场，加快各领域的科技创新，实施创新驱动发展战略，提高核心竞争力，来应对发展环境的变化，把握好发展自主权，优化我国科技事业发展总体布局，更好地引领我国经济发展新常态。[1]

我国在科技建设中投入了大量的人力物力，尤其在网络技术方面，革新换代速度惊人，不断更新我国互联网体系的搭建。信息技术的迅速发展，为经济发展提供科学新颖的生发点，深度推动实体经济和数字经济融合具备的可能性，5G为建设现代化经济体系提供了一条现代化的可行之路。乡村经济发展能够以科技为支撑，促进现代科技和乡村治理的深度融合，恰到好处地利用好我国科技设施建设，能够促进"互联网+"、智慧农业、农村电商直播等数字化乡村建设的实现。

我国当前处于发展方式转变期，也是优化经济结构、转换增长动力的关键时期。为了深化供给侧结构性改革[2]，推动经济发展动力变革、效率变革、质量变革[3]，发展数字经济是部署"着力推动高质量发展"的重要着力点，走好数字经济这个高质量发展的道路，可以成为农村经济发展的一大新引擎。在寰球范围内，开展蓬勃的数字经济，在科技革命和产业革命的急剧变化中，实现对人类生产生

[1] 许瑞表．努力提高服务发展效能 为建设创新型国家做出更大贡献 [J]. 中华商标，2012（6）；华鸣．建设世界强国需要人才 [J]. 国际人才交流，2011（8）；雷珺．习近平人才思想研究 [D]. 辽宁：渤海大学，2017.

[2] 吴道友，廖中举．出版产业环境创新驱动要素及实施路径研究 [J]. 中国出版，2011（8）.

[3] 李润波．中国共产党第一次全国代表大会 [J]. 北京档案，2011（8）：6-8.

活方式的重大改变，数字经济便是这场生产生活方式变革所要前进的大方向，能够增强生产发展的竞争力和凝聚力。

数字经济，具体是指以数字化知识与信息作为生产的关键要素❶，同时对传统信息的基础设施加以升级，实现数字化总体力度的改造，借助现代信息网络的高效载体，对信息通信技术进行有效利用，设置科学灵活便于接入的平台，实现用户互联网化，以现代信息网络体系搭建人类生产生活的平台，促进经济结构有效优化和效率的大幅度提升，实现信息网络的推动作用。乡村经济发展要实现数字经济的转变，要强化乡村信息资源的互联互通，不断提高乡村基层的数据建设和利用水平，抓紧跟上信息社会的发展步伐，实现技术进步成果的共享，加快推进乡村经济发展现代化。

如今我国的网络平台行业迅速发展，网络直播势头愈发强劲，直播与电商的结合，内容涉及领域广、覆盖范围大❷，直播模式为经济振兴提供新的发展思路。通过政府搭台，启用直播电商经济发展新模式、新管道，引导推动互联网、大数据、人工智能和实体经济深度融合❸，推进直播电商的商业变现模式深入乡村经济发展框架中。

首先，借助直播电商快速发展的势头，将白交祠村的特色农副产品以云平台的方式共享出去，力求通过“主播带货 + 户外直播 + 扶贫助农”的形式，展现白交祠村的高山生态产品，如茶叶、地瓜、农家蔬果和农家家畜等，不断创新农副产品的服务模式，如新鲜蔬果时节预售模式，定时定点送货上门营销手段，构建白交祠村农副产品规划式供销一体的发展模式。

其次，借助以大数据为战略引领，推动“互联网 + 旅游业”向纵深发展，释

❶ 冯欢 . 数字时代动漫发展的新机遇 [J]. 文化月刊，2014（7）.

❷ 袁亚妮 .O2O 商业模式发展现状和优势分析 [J]. 科技致富向导，2014（20）.

❸ 陈庆修 . 打造经济发展新引擎 [J]. 高科技与产业化，2012（8）.

放数字经济对传统经济的放大、叠加、倍增作用[1]，以云平台为依托，进一步深化旅游业的相关发展，以“云旅游”模式从多平台多渠道宣传白交祠村的著名景点，以沉浸式的直播向更广范围的群体介绍白交祠的整体旅游体系，招徕更多游客资源，适当借助具有半公益性质的人气型明星、网红等加大对白交祠村的旅游资源的介绍，从一定的粉丝基数中提升白交祠村旅游体系的名气，从而打响白交祠村旅游品牌，以提高村民的经济收入。

（三）利用人才优势，助推乡村经济

白交祠村不仅拥有深厚的历史文化底蕴，其人文精神也异常丰厚。习近平同志在厦门市任副市长的时候，去同安区军营村和白交祠村调研实践时的生态理念，根据白交祠村和军营村的实际情况，提出了“山上戴帽，山下开发”发展的新思路，为走出白交祠村的特色发展道路提供了宝贵的指导思想。在白交祠村的发展过程中，沿着习近平总书记提出的发展路子，打造出自己的党建品牌，深入将“党建+”融入白交祠村发展的各方面。

白交祠村在发展中，以绿色发展为理念，以生态资源为依托，以党组织覆盖为基础，践行习近平生态文明思想，坚持党建引领，朝着国家生态文明示范区建设发展，党员干部齐心协力地构建白交祠村党建新格局。党建班子在白交祠村落地生根，有效吸纳人才共同建设白交祠村，对白交祠村接下去的发展贡献自身的智慧，形成广阔的智慧汲取池，为白交祠村“美丽乡村”建设提供源源不断的发展新思路。

同时，利用好白交祠村形成的党建培训基地，与厦门市各级高校党校互联共通，不仅能够深化白交祠村的现代文化内涵，不断更新白交祠村的发展思路，纵

[1] 蒋玉平．当前制约我国农村经济进一步发展的问题 [J]. 经济研究参考，2013（54）.

向拓深白交祠村的文化因子，还能拓宽白交祠村党建牌子的受众对象，间接形成长期稳定的民宿入住量，在一定程度上形成了宣传效果，能够促使白交祠村的旅游品牌向外延展，向外辐射。

白交祠村要先编制生态文明建设的红色网络，筑牢基层堡垒，充分发挥基层堡垒的服务带动作用。习近平同志在白交祠村调研时，积攒下来的乡村发展的宝贵思路，成为白交祠村开展“重走总书记走过的路，重温总书记的叮嘱”党日活动的主题，促使白交祠村成为市区党员培训的重要基地，日常推进党员干部们“两学一做”的学习教育常态化和制度化。

白交祠村把党的组织覆盖到各个产业的党支部中，如产业基地、工业园区、各类生态产业等，下派各色干部下到村里，寻求村落发展新思路。引进重大人才战略，推动人才向基层聚力，加快“美丽乡村”建设的各项任务落实到底，不仅加强力度对人居环境的整治，还设置构建责任体系，抓严抓实“党政同责，一岗双责”，全面推行“一把手”责任制，落实“蓝天保卫战、净水攻坚战、净土持久战”的职责，构建“上下贯通，左右衔接”的生态文明建设责任体系。❶ 在长期的“美丽乡村”建设活动中，号召党员干部全员参与，提升城乡融合品质❷，要保持机制能够长效发挥作用，深化国家生态文明体制，形成的先进工作经验能够在厦门市推广开来。

其次，以“红色铁军”锻造生态文明建设，深入开展“深化大学习，提振精气神”专项活动。专题讲授生态文明建设党课，纵深推进生态建设能力，学习习近平总书记关于生态文明的思想，全面提升广大党员干部生态文明建设水平，提升生态文明建设的专业领导队伍，提升关于农业农村建设的全系统能力水平，涵

---

❶ 厦门市同安区人民政府 . 擦亮“党建红”底色 描绘“生态绿”图景——同安区抓党建促生态文明建设 [EB/OL].（2020-08-24）[2021-06-30]. http://www.xmta.gov.cn/zc/gzdt/tayw/202008/t20200824_743166.htm.

❷ 厦门市同安区人民政府 . 擦亮“党建红”底色 描绘“生态绿”图景——同安区抓党建促生态文明建设 [EB/OL].（2020-08-24）[2021-06-30]. http://www.xmta.gov.cn/zc/gzdt/tayw/202008/t20200824_743166.htm.

盖农业综合多领域，将节能减排、生态保护、生态文明建设纳入政府总体建设布局中。

最后要激活生态文明建设“红色动能”。利用多渠道的宣传途径，如银城党建、同安微信公众号、微博，户外宣传栏，“村村通”广播等，构成宣传矩阵，深入推动生态文明建设宣传覆盖全民，全面提升广大群众绿色发展理念，树立先进典型来作为生态文明建设的领头羊，激励其他部分跟上生态文明建设的步伐，发挥示范引领作用。注重发挥基层党员的人才作用，创新延伸村居党员责任，鼓励党员大力参与生态文明建设新平台，积极探索基层党建与生态文明互联互通、互动双赢的新模式[1]，组织群众自发成为生态建设中的一分子，形成美丽乡村建设共建共享的工作格局。

---

[1] 厦门市同安区人民政府. 擦亮“党建红”底色 描绘“生态绿”图景——同安区抓党建促生态文明建设[EB/OL].（2020-08-24）[2021-06-30]. http://www.xmta.gov.cn/zc/gzdt/tayw/202008/t20200824_743166.htm.

参考文献

[1] 福建省同安县文物管理委员会编 . 同安文物纵横第 1 集 [M]. 华安印刷厂，1985.

[2] 李建兴 . 中国社会教育发展史 [M]. 台北：三民书局，1986.

[3] 厦门市思明区文艺联谊会 . 台湾研究丛书 • 民俗——闽台民俗风情 [M]. 厦门：鹭江出版社，1989.

[4] 施立学 . 故国神游 [M]. 长春：吉林文史出版社，1990.

[5] 同安县民间文学集成编委会 . 中国民间歌谣集成 • 福建卷 • 同安县分卷［M］. 厦门：同安县民间文学集编委会，1991.

[6] 洪文章、陈树硕 . 同安文化艺术志 [M]. 厦门 : 厦门大学出版社，1996

[7] 钟敬文 . 民俗学概论 [M]. 上海：上海文艺出版社，1998.

[8] 政协厦门市同安区委员会文史资料委员会编 . 同安文史资料 同安姓氏专辑 [M]. 厦门博览印务有限公司，2000.

[9] 许嘉璐主编；倪其心分史主编 . 二十四史全译宋史第 10 册 [M]. 上海 : 汉语大词典出版社，2004.

[10] 林衍经 . 地方志与旅游 [M]. 北京：方志出版社，2005.

[11] 干宝 . 搜神记 [M]. 北京：北京燕山出版社，2007.

[12] 郑岩，崔广彬 . 旅游资源概论 [M]. 哈尔滨：黑龙江人民出版社，2007.

[13] 陈文 . 厦门古代建筑 [M]. 厦门：厦门大学出版社，2008.

[14] 郑政，林志杰 . 闽南民间表演艺术 [M]. 厦门：鹭江出版社，2009.

[15] 解缙，等 . 永乐大典：第 4 卷 [M]. 全新校勘珍藏本 . 北京：大众文艺出版社，2009.

[16] 石赟 . 国学常识一本通 [M]. 延吉：延边大学出版社，2011.

[17] 福建省炎黄文化研究会，龙岩市人民政府台湾地区中华闽南文化研究会 . 闽南文化新探——第六届海峡两岸闽南文化研讨会论文集 [C]. 厦门：鹭江出版社，2012.

[18] 叶红旗 . 同安文物大观 [M]. 厦门：厦门大学出版社，2012.

[19] 李诚 . 国学小百科书系——元曲小百科 [M]. 成都：巴蜀书社，2013.

[20] 蔡清毅 . 闽台传统茶生产习俗与茶文化遗产资源调查 [M]. 厦门：厦门大学出版社，2014.

[21] 孙景琛 . 中国乐舞史料大典：杂录编 [M]. 上海：上海音乐出版社，2015.

[22] 孟子 . 孟子·滕文公上 [M]. 南昌：江西人民出版社，2017.

[23] 刘满衡 . 寻找失落深山的脚印 [M]. 北京：民族出版社，2017.

[24] 杜志政 . 同安窑系：珠光青瓷 [M]. 厦门：厦门大学出版社，2017.

[25] 黄金贵，黄鸿初 . 古代文化常识 [M]. 北京：商务印书馆国际有限公司，2017.

[26] 中共厦门市委党校课题组 . 习近平同志在厦门 [M]. 北京：中共中央党校出版社，2020.

[27] 南怀瑾 . 易经杂说 [M]. 上海：复旦大学出版社，2018.

[28] 北京乾圆国学文化研究院 . 易学与建筑环境学（中）[M]. 北京：北京工艺美术出版社，2018.

[29] 周啸天 . 古文鉴赏 [M]. 成都：四川辞书出版社，2019.

[30] 李珊珊 . 厦门市同安区北部农业带发展现状与对策研究 [D]. 福州：福建农林大学，2007.

[31] 雷珺 . 习近平人才思想研究 [D]. 辽宁 : 渤海大学，2017.

[32] 鞠洪良 . 农村可再生能源基础设施投融资机制创新研究 [D]. 天津 : 天津商业大学，2011.

[33] 罗贤宇，俞白桦，曾丽萍．社会主义新农村生态文明建设若干问题研究 [J]. 福建农林大学学报 (哲学社会科学版)，2013（4）.

[34] 林惠平．福建闽南现代民间绘画研究 [D]. 福州：福建师范大学，2013

[35] 翁荣和．美丽乡村建设中的农民主体性研究——以福州市为例 [D]. 福州：福建农林大学，2017.

[36] 雷泉明．三明市美丽乡村建设研究 [D]. 福州：福建农林大学，2015.

[37] 李卫平，石光，赵琨．我国农村卫生保健的历史、现状与问题 [J]. 管理世界，2003（4）.

[38] 劳动和社会保障部．关于贯彻落实中共中央办公厅国务院办公厅引导鼓励高校毕业生面向基层就业意见的通知〔劳社部发〔2005〕21 号〕[J]. 四川劳动保障，2005（9）：38.

[39] 徐晓丹，张志忠．新农村建设中的大学生村官制度探析——以福建省选聘生工作为例 [J]. 合肥工业大学学报（社会科学版），2010（4）:30-36.

[40] 柯秋锦．同安区发展“一村一品”特色农业的做法和成效 [J]. 福建农业，2010（1）.

[41] 李润波．中国共产党第一次全国代表大会 [J]. 北京档案，2011（8）:6-8.

[42] 华鸣．建设世界强国需要人才 [J]. 国际人才交流，2011（8）.

[43] 吴道友，廖中举．出版产业环境创新驱动要素及实施路径研究 [J]. 中国出版，2011（8）.

[44] 李玉珍．农业品牌化引领山东新农村建设——以沾化冬枣品牌农业为例 [J]. 法制与社会，2011（15）.

[45] 许瑞表．努力提高服务发展效能 为建设创新型国家做出更大贡献 [J]. 中华商标，2012（6）.

[46] 陈庆修．打造经济发展新引擎 [J]. 高科技与产业化，2012（8）.

[47] 乌兰．贯彻落实好全区第八次精神文明建设经验交流会精神 [J]. 内蒙古宣传思想文化工作，2012（9）.

[48] 罗贤宇，俞白桦，曾丽萍 . 社会主义新农村生态文明建设若干问题研究 [J]. 福建农林大学学报 (哲学社会科学版)，2013（4）.

[49] 曹众 . “绿水青山就是金山银山” [J]. 法治与社会，2013（5）.

[50] 陈小平，袁波，孟明锐 . 建设科技型合作社 推动农民增收致富 [J]. 江苏农村经济，2013（6）.

[51] 蓝晓 . 培养美丽村民 建设美丽乡村 [J]. 传承，2013（7）.

[52] 王玉庆 . 关于生态文明建设的几点思考 [J]. 绿叶，2013（10）.

[53] 江河 . 生态文明关系民族未来 [J]. 决策与信息（上旬刊），2013（10）.

[54] 富艳玲，徐迪 . 加强农民自我教育 提高农村精神文明建设 [J]. 吉林农业，2013（11）.

[55] 蒋玉平 . 当前制约我国农村经济进一步发展的问题 [J]. 经济研究参考，2013（54）.

[56] 邵忍丽 . 关于发展现代农业的战略思考 [J]. 农业经济，2014（1）.

[57] 陈芳 . 培育新型农业经营主体 促进农业适度规模经营 [J]. 河南农业,2014(1).

[58] 余谋昌 . 把生态文明融入文化建设各方面和全过程 [J]. 桂海论丛，2014（2）.

[59] 许佩晖 . 论莲花褒歌的艺术特点与保护传承 [J]. 闽南师范大学学报（哲学社会科学版），2014（2）.

[60] 李东 . 管好用活活动场所 打造党建特色品牌 . 新长征，2014（2）.

[61] 骆承烈 . 弘扬优秀传统文化实现“中国梦” [J]. 理论学习，2014（2）.

[62] 张晓军，舒细玲 . 中国传统文化和文化自信 [J]. 网友世界，2014（3）.

[63] 赖文兴 . 美丽乡村的规划设计与实践 [J]. 中华建设，2014（3）.

[64] 徐国民 . 全面推进新农村精神文明建设 [J]. 神州，2014（5）.

[65] 周先旺 . 绿水青山是最好的金山银山 [J]. 党建，2014（6）.

[66] 何平 . 把方向　循规律　担使命——学习贯彻习近平总书记关于宣传思想工作重要论述 [J]. 中国记者，2014（9）.

[67] 李栋楠 . 弘扬中国传统文化 [J]. 网友世界，2014（16）.

[68] 冯欢 . 数字时代动漫发展的新机遇 [J]. 文化月刊，2014（7）.

[69] 袁亚妮 .O2O 商业模式发展现状和优势分析 [J]. 科技致富向导，2014（20）.

[70] 习近平 . 决胜全面建成小康社会　夺取新时代中国特色社会主义伟大胜利——在中国共产党第十九次全国代表大会上的报告 [R]. 北京：人民出版社，2017.

[71] 黄志强 . 厦门市同安区农民专业合作社发展现状与对策 [J]. 福建农业科技，2016（7）.

[72] 王弘鸣，李瑞君 . 闽南大厝的地域性特征 [J]. 设计，2017（18）：117-119.

[73] 李森，汪建华 . 我国乡村教育发展的历史脉络与现代启示 [J]. 西南大学学报（社会科学版），2017（1）：61-69.

[74] 李淋、周小儒 . 浅谈闽南红砖古厝的文化内涵 [J]. 才智 ，2018（6）.

[75] 王胜三 . 关于地名文化的几点思考 [J]. 中国地名，2018（06）.

[76] 郑云鹏 . 高校校园文化产品设计开发研究 [J]. 美与时代（上），2018（11）.

[77] 杜焱强 . 农村环境治理 70 年 : 历史演变、转换逻辑与未来走向 [J]. 中国农业大学学报（社会科学版），2019（5）.

[78] 中华人民共和国国务院 . 全国生态环境保护纲要 [S/OL]. (2000-11-26)[2021-06-30]. http://gov.cn/gongbao/content/2001/content-61225. html.

[79] 吴耀东，卢漳华 . 点赞！看同安军营村白交祠村：穷乡绣壤致富路……[EB/OL].（2017-9-07）[2021-06-30]. http://www.xmta.gov.cn/zc/gzdt/ztbd/201709/t20170907_228664.htm.

[80] 交通部 . 交通部网站访谈 : 公路司副司长谈农村公路建设 [EB/OL].（2016-09-08）[2021-06-30]. http://www.gov.cn/zwhd/2006-09/11/content_384448.htm.

[81] 厦门社会宣传教育网 . 同安区：“网红 + 村官” 直播带货　163.8 万人在线观看 [EB/OL].（2020-05-11）[2021-06-30]. http://shxc.xmnn.cn/lqlb/202005/t20200511_5365597.htm.

[82] 东南网．厦门军营村、白交祠村举行乡村直播，市民游客尽情赏月 [EB/OL].（2020-10-03）.[2021-06-30]http://xm.fjsen.com/2020-10/03/content_30497668.htm.

[83] 新华网．“高山党校”与特区“高山两村”的振兴——厦门军营村．白交祠村蹲点观察 [EB/OL].(2020-06-23). [2021-06-30]. http://www.xinhuanet.com/mrdx/2020-06/23/c_139160118.htm.

[84] 天气万年历．齐醮是什么意思　齐醮的含义是什么 [EB/OL].（2020-04-29）[2021-06-30]. https://wannianli.tianqi.com/news/271547.html.

[85] 中华人民共和国中央人民政府．中共中央、国务院关于推进社会主义新农村建设的若干意见 [EB/OL].[2021-06-30].http://www.gov.cn/gongbao/content/2006/content_254151.htm.

[86] 中华人民共和国农业农村部．中共中央 国务院关于加快发展现代农业 进一步增强农村发展活力的若干意见 [EB/OL]. [2021-06-30]. http://www.moa.gov.cn/ztzl/yhwj2013/zywj/201302/t20130201_3213480.htm.

[87] 百味书屋．专题党课讲稿：深入学习贯彻习近平生态文明思想　坚定不移走绿色发展之路 [R/OL].（2021-02-08）[2021-06-30]. http://m.850500.com/news/217832.html.

[88] 中青在线．中华人民共和国宪法修正案 [EB/OL].（2018-03-12）[2021-06-30]. http://news.cyol.com/yuanchuang/2018-03/12/content_17012677.htm

[89] 中华人民共和国中央人民政府．国务院关于促进乡村产业振兴的指导意见 [EB/OL].（2019-06-28）[2021-06-30]. http://www.gov.cn/zhengce/content/2019-06/28/content_5404170.htm.

[90] 中华人民共和国中央人民政府．农业农村部办公厅关于开展中国美丽休闲乡村推介活动的通知 .[EB/OL].（2019-09-03）[2021-06-30]. http://www.gov.cn/xinwen/2019-09/03/content_5426879.htm.

[91] 国家林业和草原局（国家公园管理局）. 国务院关于促进乡村产业振兴的指导意见 [EB/OL].（2019-06-28）[2021-06-30]. .http://www.forestry.gov.cn/main/4815/20190628/173000151468264.html.

[92] 厦门市人民政府 . 实施乡村振兴 25 个村试点先行 [EB/OL].（2018-08-16）[2021-06-30]. http://www.xm.gov.cn/xmyw/201808/t20180816_2104951.htm.

[93] 厦门市人民政府 . 聚焦重点任务 全面推进乡村振兴 [EB/OL].（2018-09-28）[2021-06-30]. http://www.xm.gov.cn/xmyw/201809/t20180928_2119538.htm.

[94] 中华人民共和国农业农村部 . 农业农村部办公厅关于印发《2020 年乡村产业工作要点》的通知 [EB/OL].（2020-02-17）[2021-06-30]. http://www.moa.gov.cn/ztzl/2020gzzd/gsjgzyd/202002/t20200217_6337195.htm.

[95] 齐鲁网 . 全国农村精神文明建设工作经验交流会召开 [EB/OL].（2017-06-25）[2021-06-30]. http://news.iqilu.com/shandong/zhengwu/lddt/2017/0625/3596649.shtml.

[96] 共产党员网 . 人民日报评论员：新时代推进生态文明建设的重要遵循——二论学习贯彻习近平总书记全国生态环境保护大会重要讲话 [EB/OL].（2018-05-21）[2021-06-30]. http://news.12371.cn/2018/05/21/ARTI1526856752569726.shtml?from=groupmessage&isappinstalled=0.

[97] 中国经济网 . 厦门白交祠村、军营村：沿着足迹学 跟着典型做 [EB/OL].（2016-10-03）[2021-06-30]. http://www.ce.cn/xwzx/gnsz/gdxw/201610/03/t20161003_16468471.shtml.

[98] 共产党员网 . 在打好精准脱贫攻坚战座谈会上的讲话 [EB/OL].（2018-02-12）[2021-06-30]. http://www.12371.cn/2020/04/30/ARTI1588231315940547.shtml.

[99] 共产党员网 . 决战决胜！学习《习近平谈治国理政》第三卷第五专题 [EB/OL].（2020-08-26）[2021-06-30]. http://www.12371.cn/2020/08/26/ARTI1598413669654890.shtml.

[100] 广州市黄埔区人民政府广州开发区管委会 . 中共中央 国务院关于打赢脱贫攻坚战三年行动的指导意见 [EB/OL].（2018-06-15）[2021-06-30]. http://www.hp.gov.cn/zwgk/shgysyjs/content/post_3632564.html.

[101] 厦门市人民政府 . 精准帮扶 支持边远山村发展 [EB/OL].（2018-03-26）[2021-06-30]. http://www.xm.gov.cn/xmyw/201803/t20180326_1863241.htm

[102] 央广网 .【十九大・理论新视野】乡村振兴要充分尊重农民的主体地位 [EB/OL].（2018-03-27）[2021-06-30]. https://www.sohu.com/a/226490541_362042.

[103] 新华网 . 习近平眼中的“强美富”[EB/OL].（2020-12-28）[2021-06-30]. http://www.xinhuanet.com/politics/xxjxs/2020-12/28/c_1126916214.htm.

[104] 共产党员网 . 在打好精准脱贫攻坚战座谈会上的讲话 [EB/OL].（2018-02-12）[2021-06-30]. http://www.12371.cn/2020/04/30/ARTI1588231315940547.shtml.

[105] 山西日报 .【认真学习《习近平谈治国理政》第三卷】决胜全面建成小康社会，决战脱贫攻坚 [EB/OL].（2020-12-01）[2021-06-30]. http://www.sxdygbjy.gov.cn/content/2020-12/01/420_299434.html.

[106] 中共共产党新闻网 . 树立攻坚之志 向人民交出脱贫攻坚满意答卷 [EB/OL].（2020-10-26）[2021-06-30]. http://theory.people.com.cn/n1/2020/1026/c40531-31906546.html.

[107] 厦门市人民政府 . 聚焦重点任务全面推进乡村振兴 [EB/OL].（2018-09-28）[2021-06-30]. http://www.xm.gov.cn/xmyw/201809/t20180928_2119538.htm.

[108] 厦门市同安区人民政府 . 擦亮“党建红”底色 描绘“生态绿”图景——同安区抓党建促生态文明建设 [EB/OL].（2020-08-24）[2021-06-30]. http://www.xmta.gov.cn/zc/gzdt/tayw/202008/t20200824_743166.htm.

[109] 中华人民共和国中央人民政府 . 农业农村部办公厅关于开展中国美丽休闲乡村推介活动的通知 [R/OL].（2019-09-03）[2021-06-30]. http://www.gov.cn/xinwen/2019-09/03/content_5426879.htm.

[110] 同安生活网 . 同安少有人知道的茶园风光，这里茶香飘万里！ [R/OL].（2017-09-16）[2021-06-30]. https://www.sohu.com/a/192457470_99960755.

[111] 厦门市同安区人民政府 . 同安白交祠村 翔安金柄村列入省级传统村落 [R/OL].（2020-03-27）[2021-06-30]. http://www.xmta.gov.cn/zc/gzdt/tayw/202003/t20200327_619105.htm.

[112] 人民网 . 人民网评：古建筑被毁，你就下得了手？ [R/OL].（2018-04-27）[2021-06-30]. http://opinion.people.com.cn/n1/2018/0427/c1003-29954788.html.

[113] 新新华网 . 坚持“四个自信”的内在依据和重大意义 [R/OL].（2016-10-27）[2021-06-30]. http://www.xinhuanet.com/politics/2016-10/27/c_1119795391.htm.

后　记

厦门以“海上花园”著名，沿海美景吸引游客纷至沓来，然而鲜有人知，厦门也是有高山的。

课题组第一次驾车前往高山村——白交祠村，一千多米高的山村，山路十八弯，蜿蜒向上。刚刚抵达，便是当地的山野美味，味蕾的悸动最容易引起人们对一方水土的兴趣。走过田野，地里有老人家在耕耘，放下扁担，用水瓢舀出扁担两头系着的水壶中的水，浇灌在土地上，声音厚重安稳。田间地头有老奶奶正在晒地瓜，金黄的地瓜条在太阳下暖烘烘的，跟老人家的笑容一样。走过石桥，渐闻水声潺潺出于两石之间，山泉水尤清冽。清晨同行一起登山，拾阶而上，山上的茶树送来清新的绿意，时不时能瞥见远处云遮雾绕的山峰。站在山顶一览众山小，才发觉众多座小山围在村庄周围，晨曦下，白交祠村像静静地卧在一个摇篮里。原来这样温煦的美景，熨帖着大地，潜伏在山谷。这个村庄有着怎样的历史呢？生活在这里的祖祖辈辈靠什么养家糊口？习近平同志考察之后，这里发生了怎样的变化呢？

带着这些问题，课题组开始实地调研。首先追溯村庄的历史，考察白交祠村的历史文化古迹，探索其现代发展历程，总结白交祠村的农业文化形态，展现其“五位一体”的建设形式，挖掘其隐含的旅游资源，并最终发现白交祠村作为美丽乡村样板的价值和意义。很多资料无例可循，常常需要多方确认考察，才能撰文著录，其中艰辛，如人饮水，冷暖自知。所幸多方支持，收获颇丰，文稿在按计划步步推进，终成此书。

感谢白交祠相关单位的大力支持。感谢集美大学易莎、曾一晏、马皓斌、郑珊珊、李静仪、倪艺洋、田松婷、王淳等同学的参与，课题组成员的相互鼓励、支持与帮助，让文稿的撰写从来不是孤军奋战。谨对所有给给与本书编辑、出版等工作以关心和帮助的领导和各界人士致以诚挚的敬意和感谢。囿于水平，本书存在的不足与疏漏，敬请读者批评指正。

厦门是个有故事的城市，白交祠村是一个值得落笔留念的地方。在山与海之间游览记录，用热忱的生命去贴一贴这颗星球的嶙峋一角。